Wilhelm Hoffmann

Deutschland und Europa im Licht der Weltgeschichte

Wilhelm Hoffmann

Deutschland und Europa im Licht der Weltgeschichte

ISBN/EAN: 9783743326255

Hergestellt in Europa, USA, Kanada, Australien, Japan

Cover: Foto ©ninafisch / pixelio.de

Manufactured and distributed by brebook publishing software
(www.brebook.com)

Wilhelm Hoffmann

Deutschland und Europa im Licht der Weltgeschichte

Deutschland und Europa

im Lichte der Weltgeschichte.

Ein zurückgelegtes Capitel aus: Deutschland Einst und Jetzt
im Lichte des Reiches Gottes.

Von

W. Hoffmann,

Dr. der Theologie, Hof- und Dompvrediger und Schloßpfarrer zu Berlin,
General-Superintendent der Kurmark Brandenburg u. s. w.

Berlin.
Verlag von Stilke & van Muyden,
21. Unter den Linden.
1869.

Vorwort.

„Ein zurückgelegtes Capitel" sind die nachfolgenden Blätter. Es wurde zurückgelegt, als das Buch zu umfangreich zu werden drohte, um es nicht um fünf weitere Bogen zu vergrößern. Aber zugleich, um nicht in so zusammengepreßter Rede, die fast nur andeuten konnte, dasjenige zu besprechen, was der Verfasser lieber in erweiterten Athemzügen wollte laut werden lassen. Auch jetzt hat er sich gleichwohl wieder beschränkt und Vieles nur berührt, fast nur die Stelle bezeichnet, wo ein ausgeführteres Bild seinen Platz hätte finden mögen.

Es versteht sich von selbst, daß diese Blätter das größere Buch voraussetzen, nicht um überhaupt verstanden zu werden, wohl aber, um die Beleuchtung zu erhalten, welche ihrem Inhalt gebührt. Der Verfasser muß sich natürlich gefallen lassen, den Vorwürfen, welche sein größeres Buch ihm da und dort zugezogen hat, auch bei manchen Lesern des kleineren nicht zu entgehen, wiewohl er sich bei den öffentlichen Stimmen über jenes mehr für freundliche Aufnahme zu bedanken, als über rauhe Beurthei= lung zu beschweren hat.

Der „Schwärmerei" seiner Ueberzeugung, daß die bisherige Geschichte und daß die geographische Natur der Länder und der Grundcharakter der Nationen eine Prophetie der Zukunft sei, und der Hoffnung, daß die deutsche Nation, wenn sie wieder frei athmen kann, sich zu den Zielen dieser Zukunft bewegen werde, ist er auch jetzt noch zugethan. Daß seine Zuversicht, die deutsche evangelische Kirche werde eine einheitliche in der dem deutschen Stammesleben gemäßen Verschiedenheit noch mehr werden, als sie schon ist, etwas mehr bedeuten will, als eine neue „Handhabe für die hohenzollernsche Hausmacht" wissen auch diejenigen, welche solche Phrasen zu erfinden sich nicht schämen.

Von anmaßendem Rathgebenwollen in so großen Dingen, wie dieses Buch sie bespricht, weiß der Verfasser sich frei, aber seine Gedanken aus der Vergangenheit und Gegenwart heraus zu sagen, muß ja jedem denkenden Deutschen unbenommen bleiben. Die großen Prozesse der Weltgeschichte bewegen sich weder nach den Dictaten seiner, noch irgend einer anderen Studirstube.

Berlin, den 30. October 1868.

Der Verfasser.

Inhalts=Verzeichniß.

Kampf zwischen Wissenschaft und Glauben. Lösung des Zwiespaltes durch die germanische Reformation. Das „Volk von Denkern" der Bahnbrecher Europas auf geistigem Gebiete. Einseitige Richtung auf das Praktische bei Franzosen und Engländern; daher convulsivische Sprünge an Stelle ruhiger Entwicklung. Aufgabe der Herstellung einer Harmonie in Staats- und Volksleben. Erfüllung derselben durch Verallgemeinerung der Erkenntniß; Seltnerwerden hervorragender Individualitäten. Die Volkserziehung in ihren verschiedenen Stufen.

gegenüber Verbindung der anderen Mächte. Allianzenspiel. Deutsch=
land gegen Frankreich meist wehrlos. Friedrich der Große. Er=
neute Präponderanz Frankreichs durch die Revolution und Na=
poleon. Ungerechte Behandlung Deutschlands nach dem Siege.
Herstellung eines einheitlichen Deutschlands das sicherste Gegen=
gewicht gegen Frankreich. Scheitern derselben an dem inneren
Antagonismus Preußens und Oesterreichs. Pentarchie. Ueber=
triebene Schonung Frankreichs namentlich durch Rußland. Ein=
fluß der Revolutionen von 1830 und 1848 auf Deutschland.
Machtlosigkeit des Legitimitätsprincips der Pentarchie. Verkehrte
Steigerung des französischen Selbstgefühls. Schmeichelei der fran=
zösischen Herrscher gegen das Ruhmbedürfniß der Menge, vornehm=
lich geübt von Napoleon III. Zerstörung der alten Gleichgewichts=
idee durch dessen Thronbesteigung. Der „Retter der Gesellschaft.“
Der Krimkrieg. Geschichte answärtige Politik Napoleons III.
Demüthigung Englands. Der italiänische Krieg. Mexico. Der
dänische Krieg. Napoleons Unfreiheit Deutschland gegenüber eine
Folge seiner unsicheren Stellung in der Heimath. Falsche Rech=
nung in Bezug auf den deutschen Krieg. Veränderte Stellung
Oesterreichs. Zorn in Frankreich, Compensationsgelüste. Bedeu=
tung der Mainlinie. Mögliche Allianzen Frankreichs. Das Be=
denkliche eines Krieges für die Dynastie. Nothwendigkeit für
Deutschland, einen aufgezwungenen Kampf durchzufechten. Pflicht
der Mächte, einem solchen vorzubeugen. Kurze Perioden der Zu=
friedenheit des französischen Volkes. Die sociale Frage der innerste
Grund der Unruhe. Gefahren der Armeereorganisation für den
Kaiser. Titres de la dynastie napoléonienne. Oesterreichs
wahre Interessen. Die spanische Revolution. Frankreich der
Fahnenträger einer verfälschten Freiheit; Umschlag derselben in
Säbelregiment, Bureaukratie, Capitalherrschaft. Tiefe Verwirrung
der sittlichen Begriffe. Ohne innere Umkehr keine Zukunft
Frankreichs.

Verwandtschaft und Verschiedenheit Englands und Deutschlands.
Das germanische Element in England das productivere. Größte
Verwandtschaft mit dem deutschen Norden. Fremdes Verhalten
beider Völker im Mittelalter, trotz der britischen Missionen im
Anfange desselben. Frühere Entwicklung gegliederten Staatslebens
in England. Die politische Reform, aus germanischer Quelle
stammend, älter als die religiöse. Heinrich VIII. und Luther.
Irrige Meinung von einer ganz selbständigen Entwicklung des
englischen Volkes (Buckle). Langsamer Fortschritt des sittlichen
und socialen Lebens. Die Stuarts. Vortheile der politischen Aus=

bildung für den religiösen Kampf. Die englische Reformation
wesentlich von Rechtsfragen ausgehend. Wycliff. Die anglicanische
Kirche und ihre romanisirende Form. Die Puritaner. Der Independentismus und seine Uebertreibungen. Die Levellers und
ihre Unionsideen. Cromwells Gedanken von der Solidarität der
Evangelischen und dem Princip der Freiheit im Protestantismus.
Ermattung der Bewegung. Wilhelm III. Das Nebeneinander
der Staatskirche und der Denominationen. Deismus und Naturalismus. Unter Wilhelm III. England die protestantische Großmacht. Wirken auf Deutschland. Hochkirche und Niederkirche.
Das Haus Hannover. Die Regierungsweise der ersten George
Ursache der Mißachtung deutschen Wesens in England. Wider-
sprüche der inneren und der auswärtigen Politik. Aufschwung
unter Georg III. und dem Prinzregenten gegenüber der französischen Revolution und Napoleon. Politik der Wühlerei im Auslande, eine Folge der Herrschaft der Mittelclassen; Vorwiegen der
Handelsinteressen. Mißachtung Englands bei anderen Nationen.
Herabsinken der Königsmacht durch unkluge Hofpolitik. Königin
Victoria. Prinz Albert; sein Wirken für Annäherung zwischen
England und Deutschland. Die Successionstheorie der Episcopal-
kirche. Die 39 Artikel. Congregationalismus in England, Pietismus in Deutschland. Englischer Methodismus. Gliederung der
englischen Denominationen. Schottland. Irland. Abschließen
aller kirchlichen Richtungen gegen die Theologie des Festlandes.
Neue Erweckung des religiösen Lebens durch den Methodismus.
Das evangelische Missionswesen, zum Theil aus deutschen Anregungen entsprungen (Halle, Brüdergemeinde) und ein Binde-
glied zwischen den Gläubigen beider Länder. Basler Mission.
Englisch-preußisches Bisthum in Jerusalem. Evangelische Allianz.
Einfluß der deutschen „Neologie“ auf England. Puseyismus (Ritualismus). Gefährlichkeit desselben für die Staatskirche. Idee
einer Union dieser Letzteren mit dem Methodismus, der Erweiterung auf andere Denominationen fähig. Nothwendigkeit des Zu-
sammenschlusses aller gläubigen Richtungen der evangelischen Kirche
in England und Deutschland. Die Entwicklung der englischen
Litteratur seit dem si-benzehnten Jahrhundert. Die englische
Wissenschaft. Baco. Empirismus, Neigung zum Materialismus.
Universale Richtung der deutschen Wissenschaft. Nothwendige
Ergänzung beider durch einander. Die Arbeiterfrage, zuerst (1832)
in England in Angriff genommen. Nachfolge Deutschlands. Idee
der Selbsthülfe der Arbeiter. Der Nationalitätsgedanke, ein Ergebniß der europäischen Gesammtcultur, weist auf Verbindung
Deutschlands und Englands. Die Geringschätzung gegen Deutsch-

land seit 1866 verschwunden. Steigender Werth einer deutschen
Allianz (Bündniß der ersten Seemacht mit der ersten Landmacht
Europas). Das germanische Bündniß, zwischen Slawen und Ro-
manen aufgerichtet, eine Friedensbürgschaft. Alte Schuld Englands
gegen Deutschland. Nur in diesen Ländern ein friedliches Verhältniß zwischen Kirche und Staat. Deutsche Colonisationsgedanken.
Aufgabe gemeinsamer gegenseitiger Förderung.

I.

Die Arbeit Europas

in der

Weltgeschichte.

Die Geschichte der Menschheit hat sich von Osten nach
Westen bewegt. Soweit wir immer in den Erinnerungen der
Culturvölker aufwärts steigen, immer weisen sie nach Asien als
ihrer Urheimath. Will man uns auch glauben machen, daß
überall aus der mütterlichen Erde durch millionenjährige Zwischen=
formen sich die Bildungskraft bis zu einer Menschengattung durch=
gerungen habe, so ist doch dieses den Ländern urangehörige Men=
schengeschlecht überall verschwunden, und an seine Stelle sind die
Einwanderer getreten, die ihren Weg aus dem Osten nach dem
Westen gezogen sind. Der Meder und Assyrer, der Finne und
Mongole, wie der Hellene, der Römer, der Slawe und Germane
sind aus dem Völkersee des inneren Asien abgeflossen, und diese
Letzteren sind es, die wir im mehrtausendjährigen Besitze Europas
finden. Sie haben es zu dem gemacht, was es heute ist, wäh=
rend die beglaubigte Geschichte uns von den Schwingern der
Steinäxte und den Bewohnern der Pfahlhütten keinen Einfluß
auf das jetzige europäische Dasein aufzeigt. Es mag sein, daß
sie nur die Bestimmung hatten, den ersten Wald zu roden und
die Ungeheuer zu erlegen, die in ihm hausten. Unser Erdtheil
hatte zu ihrer Zeit denselben, dem Cirkel des Aequators gleichen
Küstenumfang, dieselben tief eingreifenden Meeresarme, dieselben
Halbinsel=Glieder, dieselben sich gegenseitig zuwinkenden Gestade
diesseits und jenseits der schmalen Meeresstraßen, dieselben Insel=
reihen, die wie Meilenzeiger in der See die Straße zwischen den
Ländern weisen. Aber die Urbewohner blieben einander fern und

fremd, und nur erst ein späteres Zeitalter läßt Spuren von Handel, von vereinzelter Einwanderung und beginnender Civili= sation wahrnehmen. Es mußten sehr begabte Menschenstämme erscheinen, um den Beruf des Erdtheils, wie er geographisch vor Augen liegt, erfüllbar zu machen. Es ist dieser Erdtheil bekanntlich, verglichen mit dem ver= schlossenen Ei, welches Afrika heißt und dem nur durch acht bis zehn Strommündungen beizukommen ist, verglichen selbst mit dem gestaltreicheren Asien in seinem riesigen Centralkörper, wie ein vielgliedriges Organ zu betrachten, welchem die Ver= arbeitung des Völkerlebens der alten Welt zugewiesen war und noch jetzt ist. Wenn wir Europa nebst den übrigen Erdtheilen mit den Organen des menschlichen Leibes vergleichen, so gemahnt es uns wie das Gehirn mit seinen zahlreichen Windungen der Oberfläche gegenüber der Leber, dem Magen und anderen ein= tönigeren Werkzeugen der Verdauung. Diese Verarbeitung konnte erst beginnen, als die dazu geeigneten Nationen die Länder Europas besetzt hatten.

Die hellenischen und italischen Stämme waren hierin die ersten, und die ganze Geschichte Griechenlands, die ganze Ge= schichte der römischen Republik mußte verlaufen sein, ehe die eigenthümliche, das Sinnliche und Ideale im Gleichgewicht haltende Cultur, welche wir die classische nennen, ihre glanzvolle Erscheinung darbot. Diese südeuropäische Bildung bereitete in Staat, Kunst und Wissenschaft die unschätzbaren Mittel und Kräfte, welche, seitdem unsterblich, in aller Bildung der Mensch= heit ein nicht zu entbehrender Factor sein sollten. Aber nicht diese Nationen selbst, deren bestes Leben sie der Nachwelt ver= gegenwärtigen, sollten die Bildner der Nationen sein, so lange sie selbst auf der Höhe ihres eigenthümlichen Lebens standen. Zwar hat Griechenland seine besten Gaben in die näher liegenden Theile der alten Welt schon durch seine Colonien in Kleinasien, in Nord= afrika, in Italien, Gallien, Spanien und nordwärts am schwar zen Meere strömen lassen, aber es hat doch erst in Alexander dem Großen machtvoll ins tiefere Vorderasien hineingewirkt und eine Mischung der hellenischen und der semitischen und anderer asiatischer Lebensformen geschaffen.

Allerdings war diese Umgießung des Orients die folgenreichste That des griechischen Geistes, insofern sie das Gefäß schuf, in welches das Christenthum seine Lebenswasser ergoß, um sie weiter im Raume der Erde zu tragen. Wie nach Osten, so auch nach Westen hat Griechenland seine veredelnden Kräfte walten lassen. Das verwandte römische Volk war aus den italischen Stämmen erwachsen, in seinem Kampfe mit ihnen und in der Ausbildung eines eigenen politischen Lebens groß und stark geworden, und zwar so groß und stark, daß die schmale Halbinsel es nicht mehr einzuschließen vermochte. Rom eroberte die Länder um das Mittelmeer und disciplinirte mit seinem mächtigen Gesetzesstaat die rohen Völker, indem es zugleich selbst durch die hellenische Cultur erweicht und beweglicher gemacht wurde, derselben an seiner zähen Knochenstärke Anhalt und Dauer gab, und mit ihr auch die ältere phönicische, ägyptische und kleinasiatisch-assyrische Cultur in Eins verarbeitete, dennoch aber niemals so sein Reich zu einem lebendigen Ganzen gestaltete, daß nicht die alte Natur siegreich hervorbrechen konnte, sobald das eiserne Band der Herrschaft abfiel, welches durch äußeren Druck die Einheit hervorbrachte oder ertäuschte. Auch die uralte keltische Einwanderung, sowohl in Kleinasien als in Deutschland, Frankreich und Spanien war nicht im Stande, dieser Herrschermacht und der ihr folgenden Cultur zu widerstehen. Schon die Zeit der Republik machte Gallien, der Anfang des Kaiserreichs auch Spanien und selbst einen Theil Britanniens zur römischen Provinz, das befestigte Kaiserthum konnte mit dem Reste der alten Römerkraft noch Deutschland im Süden und Westen unter das römische Joch beugen.

Es war dies eine Zeit der Umbildung der Nationen, und das Christenthum kam mit seiner, die innere Welt des Menschen erschließenden Geistesmacht diesem Prozesse nur zu statten. Romanisirte Kelten und Germanen bildeten den Uebergang zu den nachher entstehenden römisch-germanischen Völkern. In Deutschland blieb der Süden, auch als dort die römische Herrschaft durch neue Völkerwogen zertrümmert war, von römischen Bildungselementen berührt. Donau- und Rheinthal waren die Grenzen dieser Berührung gegen Norden und Osten. Selbst die zerstörten Culturstätten verkündigten ihren Eroberern noch ein Leben, das wenigstens die Ahnung eines menschlicheren Daseins weckte, als welches die Völkerschwärme aus dem fernen Osten mitgebracht hatten. Die Ost- und West-gothen, die Vandalen, Burgunden, Langobarden, die Franken Alemannen und Sueben, sie alle wurden stärker oder schwächer romanisirt und eben damit auch civilisirt. Als hernach das Rö-mische mit dem Christlichen zusammenfiel, da zog sich um die ro-manisirten Völker durch die Kirche ein neues Band der Gemein-schaft, und als es dem erstarkten franko-gallischen Reiche gelang, dem Andrang der muhammedanischen Saracenen ein Ziel zu setzen, so daß nur Spanien südlich vom Ebro in deren Gewalt blieb, da war die christlich-germanische Welt als die herrschende Macht Europas bereitet. Die germanische Eigenthümlichkeit erwies sich innerhalb derselben sowohl in der Sonderung der Stämme und Nationen, als in dem Streben nach Einheit derselben in Kirche und Reich. Von nun an stellte die Geschichte und eben damit das Reich Gottes, das in ihr seine Entwicklung hatte, jeder dieser Nationen ihre besondere und allen zusammen eine gemein-same Aufgabe. Die gemeinsame sollte natürlich die besonderen be-herrschen, aber diese griffen im Laufe der Jahrhunderte immer mehr über, und die allgemeine kann sich daher nur aus dem Gegensatz und der Versöhnung und dem schließlichen Zusammen-klang der besonderen ihrer Lösung nahen.

Es ist die Aufgabe der Menschheit, welche Europa zu lösen und in diese Lösung die Nationen der Erde hineinzuziehen be-stimmt war und noch ist. Aber in Europa sind es wieder in erster Linie die germanischen und die romanischen Völker mit ger-manischer Mischung, nur in zweiter Linie aber die slawischen, welchen die göttliche Schöpferhand dieses große Werk vertraut hat. Jene sind auch die Besitzer des geographisch reichgestalteten Europas, diese aber nehmen nur den eintönig breiten, mehr der Grundbildung Asiens angehörigen östlichen Hintergrund ein, und nur da, wo sie in das Erbe der späteren Griechenwelt eintreten konnten, in der östlichsten der drei europäischen Halbinseln, würden auch sie an der geistigen Arbeit Europas sich betheiligen, wenn nicht die asiatische Türkenmacht hier den geistigen Tod über die Länder breitete. Die slawisch durchschossenen Hellenengeschlechter haben das Erbe der alten Welt nur in ihrer Sprache, nicht aber in ihrer geistigen Bildung bewahrt (nur in der Kirche ist ein Nachklang der griechischen Kirchenväter geblieben), während den Abendländern mit der Sprache auch die Schätze des geistigen Lebens aus der Römerwelt einigermaßen als Eigenthum blieben. Freilich auch bei ihnen trat eine Zeit ein, in welcher sie sich an den trüberen Abflüssen des Alterthums begnügten, bis ihnen der vollere Strom erst nach dem Untergang des griechischen Kaiser= reichs und nunmehr auch der hellenische neben dem römischen wieder entgegenrauschte.

Was war es für ein Schicksal des christlichen Abendlandes in der ersten Hälfte des Mittelalters gewesen, daß ihm die Ge= danken griechischer Philosophie und Naturkunde nur durch die Vermittlung der muhammedanischen Araber in Spanien und ihrer Colporteure, der Juden, zukamen, daß die, welche als die tödtlichsten Feinde der damaligen europäischen, nämlich der römisch=christlichen Bildung galten, das Licht vortragen mußten, bei dessen Schein all= mälig die Aufgabe Europas sich vollzog, nämlich die, der geistigen Welt, welche südlich von den großen Gebirgsmassen (Pyrenäen, Alpen, Balkan) geschichtlich bereitet worden war, ihre dauernde Heimath im Norden dieser Grenzmauern zu bauen. Es war die Versteine= rung der christlichen Kirche im Osten, welche durch ihren Fana= tismus gegen die freiere Wissenschaft die Träger hellenischer Phi= losophie und Naturforschung an die Höfe der moslemischen Herr= scher trieb und erst durch deren Vermittlung sie, statt von Osten her, vielmehr von dem äußersten Westen aus in das mittlere Europa dringen ließ. Am Hofe der deutsch=italiänischen Hohen= staufen=Kaiser, in dem Kampfe derselben mit dem Papstthum, warf dieses fremdartige Licht seine Strahlen aus, und die ger= manische Welt wurde zum erstenmal wieder stärker von den Ge= danken der antiken Welt berührt. Nichts ist merkwürdiger als das allmälige Ineinandergehen des germanischen und des helleni= schen Geistes, wie wir es in der Folgezeit sehen. Es fand aber auch dieses erst im Süden Europas und erst später auch in der Mitte und im Norden statt. Das gothisch=arabische Ritterthum mit seinen echt germanischen Grundgedanken ist eine der merk= würdigsten Erscheinungen. In ihm zeigte sich die Macht des

Germanischen, wie sie nicht etwa blos über das Romanische, son=
dern hier sogar über das Morgenländische übergriff, wie sie nicht
blos in der Gemeinsamkeit des Christenthums, sondern auch bei
so feindseliger Verschiedenheit des Glaubens zwischen Christ und
Muselman hervortrat. Der arabische oder maurische Ritter und
Glaubenskämpfer nahm die Formen des christlichen Helden an,
die Selbstaufopferung der Persönlichkeit für das Ganze, für den
Glauben, für das Reich. Ja selbst in den fernen Orient war
dieses germanische Ritterthum durch die Kreuzzüge gedrungen und
so ein Vorspiel von der Lösung der europäischen Aufgabe durch
die germanischen und germanisch=romanischen Völker bereits in die
Scene der Weltgeschichte gesetzt. Wenn hier das Christenthum
mit seiner großen Idee der Hingabe des Lebens „für einen
ewigen Kranz" wirkte, und zwar harmonisch mit dem germani=
schen Geiste, so hatte es auch bereits in der Ueberwindung der
antiken Sklaverei und in der Einsetzung der Frauen in ihre hö=
here Stellung in der Familie seine siegreiche Macht bewiesen.

Die alte heidnische Welt hatte den Unterschied zwischen
Freien und Sklaven durchweg als den wesentlichsten socialen Un=
terschied gekannt. Entsprungen war er wohl aus den Wande=
rungen der Völker, welche zur Ueberfluthung von Länderstrecken
führten, die zuvor schon von schwächeren und niedriger gebilde=
ten Racen besetzt waren. Die an die Scholle gebundenen Vor=
bewohner wurden — das war die praktische Regel — so weit
vom Schwerte verschont, als sie durch Zahl und Kraft den
neuen Besiegern ungefährlich waren und durch ihre Vertrautheit
mit dem Anbau des Landes und der Ausbeutung seiner Schätze,
auch wohl durch Kenntniß des Handwerks den durch Krieg und
Wanderung der ruhigen Arbeit entwöhnten Eroberern nützlich
sein konnten. Die Art ihrer Behandlung hing von der Religion,
Sitte, Bildung, von der Zahl und dem Verhältnisse derselben
zum Lande, von der Lage des letzteren und dem Verkehr mit an=
deren Nationen ab. Aber immer waren sie ein sächliches Eigen=
thum, und als die überwundenen Ureinwohner ausgestorben oder
doch an Zahl sehr vermindert waren, wurde der Ausfall durch
Kriegsgefangene und später durch Ankauf ersetzt, so daß allmälig
der Menschenhandel zur stehenden Ordnung heranwuchs. Diese

sociale Einrichtung, dem christlichen Gedanken der Gleichheit aller Menschen vor Gott so fremd und so entgegengesetzt, muß als ein durchgängiger Zug im Bilde des Heidenthums betrachtet werden. Die germanischen Völkerstämme brachten ihn in ihre neuen Sitze mit, die Hellenen und Römer waren von ihm ebenso wenig frei, wie Jene. Ja in diesen Freistaaten war die Sklaverei geradezu eine unentbehrliche Voraussetzung des Staates geworden. Wer sollte den Acker bauen, die Hausgeschäfte thun, die Kleidung be= schaffen, sogar die Kinder erziehen, wenn der freie Besitzer als Mitverwalter des Staates in Aemtern, als Wähler und Hörer bei den Volksversammlungen, als Priester oder als Krieger den öffentlichen Angelegenheiten seine Zeit und Kraft widmete? Die Sklaverei war der Unterbau der staatlichen Freiheit der Griechen und Römer, zu welcher es (wenn auch) in Folge langer po= litischer Kämpfe) gehörte, daß möglichst alle freien Einwoh= ner an der Verwaltung des Staates thätigen Antheil nahmen. Sie hörte auf, diese wichtige Bedeutung für den Staat zu haben, als die freien Gemeinwesen gebrochen waren und Alleinherrscher durch ihre Statthalter und Beamten regierten. Von nun an wurde die Sklaverei ein schädliches Uebel, weil sie den Häuptern der Familie ein Leben in Müßiggang und Ueppigkeit nicht nur möglich machte, sondern eigentlich aufnöthigte. Die ursprünglich zwar nicht menschlich edle, aber geschichtlich und social nöthige Einrichtung wurde zum fressenden Krebs der Gesellschaft.

Hier trat das Christenthum heilend und erneuernd ein, indem es zwar nicht mit Einem Schlage durch ein die Gesellschaft desorgani= sirendes neues Lebensgesetz die Sklaverei aufhob, aber doch all= mälig durch die innere Macht der Liebe und der Gleichheit vor Gott sie verschwinden ließ. Die dienenden Glieder des Haus= haltes blieben natürlich auch in der christlichen Familie noch ab= hängig und konnten sich von derselben nicht trennen, ohne ins Bodenlose zu fallen, aber ihr Festhangen an ihr war jetzt mehr Wohlthat für die Dienenden, als willkürliche Nöthigung der Gebietenden. In diesem Zustande der Familie kam die antike Welt in die Berührung mit den heidnischen Germanen. Bei ihnen war der Sklave so sehr das Eigenthum des Herrn, daß er ihm auch im Tode folgen mußte, um ihn im Jenseits zu bedie=

nen. Als diese Menschenopfer dem Evangelium weichen mußten, konnte die Sklaverei nur in die Hörigkeit und Leibeigenschaft übergehen. Sie wurde an den Grund und Boden geknüpft und stand im Wesentlichen auf der gleichen Stufe, wie die römisch-christliche Dienstbarkeit. Eine Volksklasse war damit geschaffen, welche die breite Unterlage für das germanische Lehenssystem bildete, aber durch die christliche Sitte war ihr, wie die innerliche Freiheit im Glauben ihr nicht entzogen wurde, so auch der Weg zur äußeren Freiheit verschiedentlich geöffnet. Die europäische Arbeit in der Weltgeschichte war damit in vollem Gange, die Stände wurden ausgebildet, aus welchen Jahrhunderte lang in leiser Fortbewegung die Gesellschaft bestehen sollte.

Noch höher und mächtiger trat diese Arbeit in Betreff der Stellung der Frau in der Familie und Gesellschaft hervor. Dem Heidenthum der orientalischen Völker, selbst noch dem Judenthum der Semiten, eignete die Knechtschaft des Weibes, wie sie in der Vielweiberei ganz entschieden sich darstellt. Aber auch wo das Weib durch monogamische Sitte höher gehoben war, gehörte sie dem Haushalte so sehr an, daß keine noch so hohe Achtung der römischen Matrone sie vor der berechtigten Nebenbuhlerschaft der Sklavin sicherte. Sie war die Verhüllte für die Welt (nupta) und der Mann in einem Sinne ihr Herr und Gebieter, der nur die edelsten Gemüther und Kreise zu vorübergehender Anerkennung ihres Gleichwerths mit dem Manne gelangen ließ. Wenn auch im römisch-griechischen Bildungskreise die Monogamie das herrschende Verhältniß wurde, so riß doch die Leichtigkeit der Ehescheidung die schützende Schranke, welche theils Verarmung, theils edlere Sitte um das Weib gezogen hatte, in zahllosen Fällen wieder hinweg. Erst das Evangelium brachte der Frau das Recht, in der Gemeinde neben dem Manne zu stehen und als Miterlöste seine Ehren zu theilen. Die Ehe wurde jetzt erst recht als eine geweihte Einheit Beider betrachtet, und von einem Minderwerth eines Geschlechts konnte nicht mehr die Rede sein. Heldinnen und Märtyrerinnen schmückten die Kirche ebenso wie männliche Todeszeugen. Die christliche Frau erstieg durch das Leben der besonderen Weihung an Gott eine Höhe, wie sie nie zuvor dem Weibe erreichbar gewesen. Die

Familie veränderte ihren Charakter durch die Gleichheit der Ehe=
gatten, dadurch erst wurde sie zur wirklichen Heimath, nicht mehr
blos zum Vorhofe des öffentlichen Lebens, aus welchem der
Sohn des Hauses in die eigentliche Arena des menschenwürdigen
Daseins trat. Jetzt kehrte der Mann in sie zurück, um in ihr
frische Kräfte und geweihtere Antriebe für die Arbeit des Staa=
tes in Krieg und Frieden zu schöpfen. Die Zerstörung dieses
heiligen Herdes war in der alten römischen Kaiserzeit schon zu
weit vorgeschritten, als daß das Christenthum Alles wieder her=
stellen konnte. Desto mehr kam ihm hier das germanische Wesen
verwandt entgegen; denn bei den Helden der deutschen Stämme
war das Weib die Begleiterin des Mannes sogar in den Kampf
der Schlacht. Sie wurde stiller und eingezogener durch die christ=
liche Emporhebung, und aus dem christlich=germanischen Familien=
geiste hob sich das Ritterthum mit aller seiner Zartheit für die
Frauen, der keusche Dienst der Frauen empor, der zu den edel=
sten Zierden des Mittelalters gehörte und dessen Fortbildung
die edle Achtung und Pflege des weiblichen Geschlechts in der
jetzigen gebildeten Welt ist.

In diesen beiden sittlichen und socialen Umgestaltungen voll=
zog Europa die ersten Theile seiner Aufgabe in der Weltgeschichte.
So roh auch später ganze Volkstheile der europäischen Christen=
heit in die alten heidnischen Wege der Sklaverei und der Zer=
störung der Ehe und Familie zurückgefallen sein mögen, der
herrschende Grundsatz, das Princip und Gesetz war doch ge=
wonnen, und der Protest und die Gegenwirkung gegen diesen
Rückfall blieb nicht aus, und es ist nur ein Beweis, daß nicht
alle Völker Europas in ihrem Theile an der gemeinsamen Arbeit
treu fortgearbeitet haben, wenn wir noch so wenig der völligen
Durchführung dieser christlichen Ordnung nahe stehen. Doch
können wir fragen: Wo ist in der europäischen Welt die Skla=
verei und selbst ihre mildere Form, die Leibeigenschaft? Ebenso:
Wo ist in christlichen Landen die von der Gesellschaft anerkannte
Vielweiberei und die gesetzlich gültige Zertretung des Weibes?

Es ist kein Zweifel, daß schon das Mittelalter hindurch in
allen europäischen Landen, selbst in den rein slawisch bewohnten,
diese Arbeit bis auf eine gewisse Stufe sich hinaufgerungen hat.

Aber freilich müssen wir gestehen, daß hiermit immer nur der Anfang der Arbeit gethan war. Europas Aufgabe war, eine echt menschliche Gesittung zu schaffen, und zu dieser gehört es, daß eine gemeinsame Bildung durch alle Völker und Länder gehe. Und ist dies nicht in größerem Maße erreicht? Giebt es nicht einen Begriff des gebildeten Mannes, der gesitteten Frau, welcher von Moskau bis Lissabon, von Palermo bis Stockholm reicht? Allerdings sind die im Wesentlichen so gleichen oder sich doch so nahe liegenden Naturbedingungen des europäischen Lebens die physische Unterlage dazu. Denn nimmermehr werden der Neger von Bornu und der Jukagire an der Lena in der Natur ihrer Länder die Antriebe zu gleichartiger Bildung des sittlichen und Gemüthslebens finden. Aber eben die im Ganzen und Großen so geringen Unterschiede des europäischen Klimas und daher des Pflanzenwuchses und des Verhältnisses beider zur Arbeit und Geistesthätigkeit des Menschen machen Europa zu dem günstigen Organe der Nationen=Verarbeitung, deren schließliches Product eine Gesittung sein muß, welche auch die Naturhindernisse des Nordens und des Südens überwindet und allmälig die gesammte Menschheit in ihren Herrscherkreis zieht. Nur in geringem Grade hat das Mittelalter dies vermocht, aber so weit es die Kraft dazu besaß, hat es in dem Urbild der Ritterlichkeit, wie schon bemerkt, auch auf die asiatischen Nationen in der Nähe Europas oder innerhalb des Erdtheils in dieser Richtung gewirkt. Ihm aber blieben die unteren Klassen der Gesellschaft von seiner Bil= dung ausgeschlossen, nur die Hohen wurden von dem Sonnen= lichte des Geistes angeleuchtet.

So sehr im Mittelalter die Persönlichkeit, das Individuum in der Masse versunken war, es arbeitete doch beständig, eben schon durch die Hochwerthung des weiblichen Geschlechts, der Frau, wie durch das Lehenssystem als Grundform der Gesell= schaft und des Staates, an ihrer allmäligen Hervorhebung. Selbst im Islam hat das Wenige, was vom Christenthum in ihm lag, diese Wirkung auf die Araber geübt. Die übrigen asiatischen Nationen lagen neben und bald unter ihnen nur als Racen= Schichten. Noch mehr aber war Italien die eigentliche Heimath der erwachenden Persönlichkeit. Dieses Land der Kämpfe zwischen

Römern, Deutschen, Griechen, Normannen, Saracenen, Franzosen, in welchem trotz des Reiches und Papstthums der moderne Staat seine mannigfaltigen Vorspiele hatte, ließ in den kleinen Fürsten und Condottieren, ihren Frauen und ihren Gegnern und den Parteihäuptern der größeren Staaten selbstbewußte Persönlich= keiten erwachsen*). Gerade da, wo zuletzt nur Eine Person Gel= tung haben sollte, die des Statthalters Christi, regte und bewegte es sich wundersam von Charakteren und Individualitäten auf allen Gebieten des Lebens und der Kunst. Die alte Welt der Massen und Gesammtcharaktere ging unter und die neue dämmerte herauf. Aber nur auf den Höhen des Lebens durfte der persön= liche Charakter sich geltend machen. Die Mehrzahl der Menschen schlummerte noch in der Allgemeinheit des Standes, zu dem sie gehörten, fort. Europas Erwachen feierte am Ende des drei= zehnten Jahrhunderts und im vierzehnten nur erst seinen Morgen= traum. Da gab es einzelne Menschen, welche das Wissen und Können ganzer Classen in sich vereinigten, die Universalmenschen wie Dante, Alberti, Lionardo da Vinci, Michel Angelo erschie= nen, es war wie eine Weissagung davon, daß der voll erwachten Persönlichkeit Alles gelingen müsse. In Deutschland waren es die Persönlichkeiten der Fürsten und Herren, welche an diesem Feuer entzündet waren, aber die Volksmassen träumten noch in Dunkelheit und rangen sich an dem Erwerbe für das äußere Da= sein von Geschlecht zu Geschlecht müde. In Frankreich wie in England erweckte der Kampf der Königsmacht um den Alleinbesitz des Landes in geringerem Grade die Individualität. Nur in den Slawenländern zeigte sich noch kein Widerhall dieser euro= päischen Arbeit um das Recht und die Macht der Person. Ein Petrarca, Savonarola, ein Huß, ein Wycliff, ein Abälard, ein Aretino, Fürsten wie die Hohenzollern, die Burgunder=Herzoge Philipp und Carl, die Habsburger in ihren besten Helden trugen dieses Licht des persönlichen Bewußtseins in verschiedene Gebiete des Lebens hinein. Insbesondere aber hatte das Bürgerthum der Städte, erst in Italien, dann in Deutschland, Frankreich,

---

*) J. Burckhardt: Die Cultur der Renaissance in Italien. Basel, 1860. S. 132 ff.

den Niederlanden die Persönlichkeit gehoben, weil es den Bürger neben den Ritter und den Kleriker stellte und durch die Ent= stehung eines gemeinsamen Bildungsstandes die Schranken zwischen den Volksclassen erniedrigte. Das Verhältniß des Menschen zur Natur veränderte sich durch die großen Entdeckungen auf dem Felde der Physik und Astronomie, durch die künstlerische ideale Darstellung der Natur in Landschaftsgemälden; die gewaltigen Entdeckungen auf dem Wege der Schiffahrt im Westen und im Osten steigerten das Kraftbewußtsein und die Ahnung der Ueber= windung des Raumes durch Einsicht und Willenskraft, und das Herzuströmen der Güter aus weitesten Fernen zum Schmuck des Lebens an den Fürstenhöfen glich das Leben der höher Gestellten immer noch weiter aus und ließ allmälig, als Spanien, Portu= gal, Frankreich, England, Niederland, die deutsche Hansa mit in diesen Wettlauf eintraten, der auch von Italien ausgegangen war, die gemeinsame Arbeit wenigstens des westlichen und südlichen Europas heller in das Bewußtsein treten. So war das sechs= zehnte Jahrhundert hereingebrochen.

In diesem Jahrhundert trat Deutschland aus den Wolken hervor, die es im Kampfe der Kaiser und Päpste umhüllt hatten, und erschien wieder als das, was es war, als die geistige Mitte Europas. Alle die bewegenden Strömungen, welche durch das europäische Leben gegangen waren, sammelten sich hier in der Reformation. In ihr trat das Recht und der Werth der Per= sönlichkeit, nicht mehr blos der Sklaverei, der Herabdrückung der Frau und der schwächeren Glieder der Familie, nicht mehr blos den einzelnen Ständen und Stufen der Gesellschaft gegenüber, also nicht mehr blos der relative Werth der Persönlichkeit hervor, sondern über ihre absolute Bedeutung, Gott und der ewigen Welt gegenüber, wurde gehandelt. Die Schwankungen der Reformation bewegten sich durch die Länder und Völker Europas, aber noch war ihre Zeit nicht gekommen, in der sie Allen in gleicher Weise das heilbringende Licht sein konnte. In demselben Maße als die romanische Bildung die einzelnen Theile Europas beherrschte, knüpfte die neue Bewegung an die alten Regungen an und ging in Italien rasch in unchristliche, ja antichristliche Aufwallungen über. Der romanische Leib hatte das starke Blut des antiken

Heidenthums in sich aufgenommen, war aber zu schwach, nun auch noch die scharfen Gedanken der christlichen Wahrheit zu ertragen. Hier gestaltete sich, was in Deutschland gesund und kräftig aufschoß, zur Ketzerei. Auch in Spanien war dem Gemenge gothischer, römischer, arabischer und keltischer Art kein harmonisches Leben abzugewinnen. Die Reformation in diesen Ländern war zu sehr zugleich politisch und nach allen Seiten negativ. Es war daher der römischen Kirche möglich, indem sie alle ihre Kräfte zusammenraffte, zugleich die ganze Staatsmacht gegen den Protestantismus ins Feld zu führen, und er mußte erliegen.

In Frankreich trat allerdings auch dasselbe romanische Wesen gegen die Reformation in die Schranken, aber wie ganz anders als in Spanien und Italien! Hier war der Einfluß des deutschen Geistes einmal schon tiefer in der Nation selbst von ihrer Entstehung aus, dann aber wirkte Deutschland in unmittelbarer Nähe mächtig auf die Reformation. Es bedurfte eines hundertjährigen Bürgerkrieges, der freilich die politischen Gegensätze und die kirchlichen Widerstreite mit einander verflocht, um dort dem romanischen Princip den Sieg über das Germanische zu verschaffen. Aber wie tief waren wenigstens die peripherischen, mehr an der Oberfläche liegenden Gedanken der Reformation in die Nation gedrungen! Selbst religiös blieb im Jansenismus und kirchlich im Gallicanismus ein Product der Reformation in Frankreich, aber wie mächtig arbeitete in den Geistern die Befreiung der Persönlichkeit auf dem Boden des bürgerlichen Lebens bis zu dem vulcanischen Ausbruche hin, den diese Gährung in der Revolution fand. In Deutschland, Schweiz, Niederland, in Dänemark, Schweden, Norwegen und ganz besonders in England war die weltgeschichtliche Arbeit Europas in Bewegung, und von hier aus griff sie auch in die romanischen Gebiete hinüber.

Es war die Entschränkung des menschlichen Geistes, der sittlichen Persönlichkeit von den beengenden Mauern, womit ihn die Institutionen umgeben hatten, die gleichfalls aus endlichen Wurzeln erwachsen waren. Die Familie, wie sie aus dem Heidenthum überkommen war, beherrscht von dem Begriffe des Eigenthums, als dessen Besitzer der Hausvater erschien, die Sklaverei, wie sie aus Kriegsrecht, Eroberungsrecht, dem bloßen Rechte des Stär-

keren entsprungen, wie sie durch das Interesse des Genusses oder
des sogenannten freien Staats (denn der wirklich freie Staat ist
erst in seiner Erscheinung begriffen) erhalten und in der Leib=
eigenschaft nur christlich modificirt war, indem sie das Leben und
den Bestand der Familie sicherstellte, sie waren doch rein irdische
Mächte gewesen. Nicht minder dieses Ursprungs waren die stän=
dischen und feudalen Beengungen der Persönlichkeit. Die Refor=
mation stellte die Persönlichkeit auf religiösem Grund und Boden
selbständig der ganzen Welt gegenüber, unabhängig von Menschen=
macht und menschlicher Auctorität, und machte es ihr möglich,
nur Gott verantwortlich, alle von Menschen ihr angelegten Fesseln
von sich zu werfen.

Der erste Moment einer solchen Befreiung ist insofern ein
gefährlicher, als die Expansion auch über die Grenzen hinaus=
gehen kann, welche die göttliche Weltordnung dem Einzelnen
setzt. Die Frage: Was gehört der unabänderlichen göttlichen
Ordnung an und was ist nur menschlichen Werthes? muß
zur Beantwortung kommen. Die Arbeit Europas ist daher
durchaus nicht blos eine sociale und politische, sie ist eine das
innerste Centrum der menschlichen Cultur=Interessen, eine die
höchsten Lebensfragen des Menschen betreffende. Wird diese
Frage nicht klar und allgemein gültig entschieden, so kann, wie in
der Kirche des Mittelalters geschah, alles blos Menschliche willkür=
lich unter die Sanction der göttlichen Ordnung gestellt und die
ganze Arbeit Europas und des Christenthums im Wesentlichen
zu einem vergeblichen Ringen gemacht werden, die Persönlichkeit
wird von Neuem unfrei und trägt ihre Fesseln geradezu im Namen
der ewigen Ordnung Gottes. Es kann aber auch das Gegentheil
eintreten und jede objective göttliche Ordnung geleugnet, dem zu=
fälligen Ich ein absoluter Werth beigelegt oder dieses Ich ma=
terialistisch als bloßes Product des Stoffes erklärt, somit der
bloßen Naturkraft die absolute Herrschaft zugeschrieben werden.
Dann ist der Einzelne der ganzen Welt gegenüber mit der nicht
zu widersprechenden Forderung gestellt, sie zu seinem Werkzeug zu
machen, wenn in ihm die Stoffeskraft so weit tragen mag, es ist
der Krieg Aller gegen Alle erklärt und die Barbarei mit aller
Vernichtung der Persönlichkeit von Neuem eingesetzt. Daß weder

das Eine noch das Andere das Ziel der europäischen Arbeit sein kann, ist wohl allen wirklich Denkenden unserer Zeit und Nation klar, und es frägt sich für sie nur noch um die Größe der Schwankungen und Bewegungen, welche innerhalb dieser Grenzen vor sich gehen können. Hier ist das Feld aller kirchlich-religiösen Thätigkeit und das weite Gebiet aller wissenschaftlichen Arbeit, aber nicht minder auch das der socialen und politischen Erkenntniß und praktischen Gestaltung.

Das Christenthum, als die absolute Religion, über welche hinaus noch völligere Religion oder Gemeinschaft des Menschen mit Gott nicht gedacht werden kann, weil der Schritt über die in ihm gegebene Gemeinschaft entweder Leugnung Gottes oder des Menschen, also die Aufhebung der Gemeinschaft in der völligen Vermenschung Gottes (im Pantheismus), oder Vergötterung des Menschen (im Akosmismus) wäre, beide wesentlich Atheismus, wird in der europäischen Cultur stets eine bestimmende Macht bleiben, und kein Augenblick der Geschichte, der über dasselbe zur Tagesordnung gehen wollte, würde mehr, als ein verschwindendes Moment sein. Es ist daher die große religiöse Bewegung das Erste in dieser weltgeschichtlichen Arbeit, und ehe sie zu ihrem Ziele gelangt ist, wird sie die Culturvölker Europas unablässig ergreifen. Es wird Ruhezeiten und aufregende Momente, es wird Perioden stiller, kaum merklicher Entwicklung und Jahre und Jahrzehnte mächtiger Fluctuationen geben, es werden einzelne Männer als die angestaunten Träger der neuen Ideen emporragen, und es wird auch wieder bald die ganze Nation, ja die gesammte europäische Menschheit, als Theilnehmer in den geistigen Entwicklungen erscheinen. Ebenso wird zu der einen Zeit die religiöse und kirchliche, zu einer anderen die sociale und politische, zu einer dritten die intellectuelle und wissenschaftliche oder auch die ästhetisch-künstlerische Seite der Entwicklung den Vorrang haben, oder es werden mehrere dieser Seiten neben und mit einander in Bewegung begriffen sein. So spricht man von einer Reformation in Deutschland, in der Schweiz, in Frankreich, in England u. s. w. und denkt dabei nur an die großen Wogenschläge des sechszehnten Jahrhunderts. Allein diese Reformation hat ihre verschiedenen Perioden in verschiedenen Ländern gehabt,

und noch lange nicht sind· die Erwerbnisse der deutschen Refor=
mation dem verwandten englischen Volke oder die der englischen dem
deutschen Volke, und noch weniger sind die Güter dieser beiden
germanischen Nationen in vollerem Maße den übrigen Nationen
Europas zu eigen gemacht worden. Die Arbeit hat sich isolirt
und ist in dieser Isolirung energischer durchgeführt worden, hat
aber in demselben Maße ihre europäische Art und Natur einge=
büßt und ist englisch, deutsch, französisch u. s. w. geworden.
Wer will leugnen, daß die religiösen Fragen am tiefsten und
kräftigsten in Deutschland, die kirchlichen in England, die politi=
schen und socialen in Frankreich und England, die intellectuellen
wieder am meisten auf deutschem Boden gefördert worden sind?
Nur einzelne höchst wichtige Seiten der letzteren tragen stärker
das europäische Gepräge, diejenigen nämlich, welche sich auf die
Erkenntniß der Naturgesetze, auf die Darstellung und das Ver=
ständniß des Kunstschönen und auf die philosophische Erforschung
der moralischen und materiellen Bedingungen der Gesellschaft und
des Staatsbaues beziehen. — An diese letztere Arbeit Europa's
knüpfen wir an, um den Begriff der europäischen Arbeit in der
Weltgeschichte klarer zu gewinnen.

Auch sie gehört wesentlich zu der Befreiung des Geistes, der
Persönlichkeit aus den Banden des Stoffes, der Masse, der
bloßen Natürlichkeit. Auf den ersten Anblick freilich scheint es
anders zu sein. Wenn der forschende Verstand durch die Menge
der Thatsachen und Erscheinungen, welche das ihnen gegenüber=
stehende menschliche Ich zu erdrücken und zu verwirren drohten,
auf mühsamen Wegen zu der Einsicht in das Gesetz hindurch
gedrungen ist, das alle diese Erscheinungen hervortreibt, bewegt,
beschränkt, beherrscht und wenn die höher schauende Vernunft die
Gesetze selbst unter sich in Zusammenhang gebracht hat, also daß
die Welt der Erscheinungen ein mächtiges Gewebe von Nothwen=
digkeiten wird, welchen gegenüber der menschliche Einzelwille in
seiner Ohnmacht dasteht, so scheinen sie hier grade das Recht und
die Macht der Persönlichkeit zu beschränken. Aber es ist dies
eben nur Schein. Denn das Gesetz, welches der denkende Geist
gefunden hat, ist ja eben sein Gesetz; er hat in seinem Denken
die Natur überwunden und steht mit seinem Bewußtsein von ihr

und ihrem Treiben hoch und stolz über der Materie und ihren Erscheinungen, und eben diese Befreiung des Geistes, welche zugleich eine Anerkennung der in der Natur verborgenen Gesetzmäßigkeit ist, gehört zu der Entwicklung der Menschheit, welche die Aufgabe Europa's ist.

Der Norden Europa's, Deutschland, hatte die großen Vorläufer der Naturerkenntniß geliefert, in Albert dem Großen aus Schwaben, der in Coeln lehrte und einem Abt Trittheim; Roger Baco war aus England, dagegen hatte Venedig und Genua durch Columbus und Vasco de Gama die neue und die älteste Welt aufgeschlossen, und der Portugiese Fernando Magelhaens hatte die Erde umsegelt. Eine alte Welt von Vorstellungen ging unter und eine neue richtigere Kunde von der Erdoberfläche stieg empor. Hier waren die Westländer an der Spitze der Bewegung gewesen. Die Vergleichung der Völker und ihrer Cultur in den neu entdeckten Ländern mit denen Europa's ließ die Idee einer einheitlichen aber vielgliedrigen Menschheit aufdämmern. Dieselbe gehörte mit zu dem Gedanken=Material, womit die Reformation arbeitete. Es war diese Idee nicht von geringerer Bedeutung für die Bildung der Menschen, als die Entdeckungen des Copernicus aus Thorn in Preußen und des Galilei, welche erst durch des Schwaben Kepler Umlaufsgesetze der Planeten und durch des Holländers Huyghen und des Engländers Isaak Newton Theorie der Gravitation ihre universale Bedeutung erlangten. Hier zum erstenmal trat das Naturgesetz in seinen mathematischen Verhältnissen als der Herrscher der Welten auf, und der Gedanke Gottes, der ewige Schöpferwille erschien in größerer Höhe und Reinheit. Wie in der Reformation die Stellung der sittlichen Welt, so kam in der Naturerkenntniß die der physischen Welt zu Gott in ein anderes Licht. Aber keineswegs war durch die nunmehr erkannte Kleinheit des Menschen gegenüber der Welt auch schon die Bedeutung des Geistes im Universum gekannt oder gar sein Dasein beseitigt und alles Leben auf den bloßen Stoff zurückgeführt. Nur wo die romanische mittelalterliche Kirche sich gegen die Reformation behauptete und den Menschen (Papst) oder einen Theil der Menschheit (Kirche) an die Stelle Gottes setzte, Gott aber in die unerreichbare Ferne dichtete, zu welchem eine

Annäherung nur durch eine unabsehbare Reihe von Vermittelungs=
stufen möglich war, trat die Lehre und der Anspruch der Religion
den Verkündigungen der Wissenschaft feindlich gegenüber. Die
Welt konnte nicht die sein, welche sie nach sicherer Erkenntniß
der Forschung war, wenn Gott der war, welchen diese Kirche
predigte. Der Kampf der Wissenschaft und des Glaubens (näm=
lich des Kirchenglaubens,) war damit eröffnet, und der Glaube
mußte mit jeder Entdeckung in der Natur an Boden verlieren.
Die Arbeit Europas schien es werden zu müssen, den Glauben
und mit ihm das Christenthum, die Offenbarung, zu überwinden
und den menschlichen Geist mit der Natur allein auf dem end=
losen Felde zurück zu lassen. So war es, wenn Europa nur aus
den romanischen Völkern, wie die Christenheit nur aus der römi=
schen Kirche bestand.

Es gab aber eine germanische Nationen=Gruppe und in ihr
das deutsche Christenthum, den Protestantismus. Er hatte der
kirchlichen Einheit und hierarchischen Autorität gegenüber das
Recht der Person behauptet und dadurch für Millionen die blos
menschlichen Mächte auf dem Gebiete der Religion zertrümmert.
So klein hier dem allmächtigen Gott und seiner Gnade gegen=
über der Mensch erschien, so verschwindend auch jede Zahl von
Menschen, so stand diesem Glauben doch die nach dem Bilde Got=
tes geschaffene und in dasselbe durch Christum wieder hergestellte
Menschheit, in welcher Gottes Wesen und Wille sich spiegeln
sollte, durch den Gott verwandten Geist als eine mächtige Reali=
tät da. Gott aber ward in seiner Unendlichkeit und sein Wille
als der unendlich persönliche erkannt. Mit dieser geistigen An=
schauung Gottes und des Menschen vertrug sich nicht nur die
Wissenschaft in allen ihren Fortschritten, sie verstärkte sogar die
Gewißheit davon, und die Arbeit des europäischen Geistes ging
auf dem religiösen und geschichtlichen, wie auf dem astronomisch=
naturwissenschaftlichen Gebiete harmonisch fort. Es ist daher
hauptsächlich im germanischen Völkerkreise die Bemühung nach
einer allgemeingültigen Lösung der Frage nach dem Ursprung der
menschlichen Erkenntniß, d. h. der Hauptfrage der Philosophie in
Bewegung geblieben und wird sicher auch ferner in Bewegung
bleiben. Den Geist selbst also, sowohl als endlichen, wie als

unendlichen, suchte die Forschung, um, wenn sie seine nothwendige Stellung in der Welt gefunden haben würde, das Räthsel der Welt auf dem Felde des Wissens gelöst zu haben. Es versteht sich von selbst, daß das Verhältniß von Glauben und Wissen, von Offenbarung und Philosophie mit in die Frage gezogen wurde und daß daher nur auf protestantischem Boden sich diese Entwicklung frei bewegen konnte. Die lange und ernste, auch durch die unbefriedigende Lage der äußern Dinge in Deutschland vielen bewegten Geistern als Zuflucht dienende Beschäftigung mit ihr hat den Deutschen den zweideutigen Ruf eines „Volkes von Denkern" bei den Engländern und Franzosen zugezogen, so lange diese vergaßen, daß es die Arbeit Europa's war, an welcher die deutsche Intelligenz sich abmühte. Allerdings wandten sie selbst, diese beiden Nationen, was immer an Erkenntniß durch die Ent= deckungen und auch durch die innerlichsten Erforschungen ihnen geliefert wurde, sofort den praktischen Interessen und dadurch der Steigerung des materiellen Wohlstandes, nicht minder der Anwen= dung auf die politische und sociale Sphäre zu. Es war ja die Gebundenheit Deutschlands, daß es dies nicht konnte, sondern sein eigenstes Gut auszunutzen den Andern überlassen mußte. Daher ist es auch gekommen, daß die Befreiung der Persönlich= keit nicht in der Weise einer dem germanischen Geiste gemäßen ruhigen Entwicklung, sondern in gewaltsam heftigen Stößen, weil das Romanische wie eine eiserne Klammer gegenhielt, in den fran= zösischen Revolutionen und in den Versuchen, die Familie, das Eigenthum zu vernichten (Communismus, Socialismus) auftrat und daß ein roher Materialismus die Wirklichkeit einer göttlichen Weltordnung selbst leugnete. Damit ist die Arbeit des europäi= schen Geistes nur umgangen, nicht geleistet. Diese Arbeit muß und wird dahin gehen, daß alle wahre Entdeckung der Wissen= schaft, jegliches Resultat der wirklich geistigen Forschung mit der Offenbarung im Christenthum harmonisch bleiben wird, so zwar, daß keineswegs alle als christlich und sogar als allein christlich geltenden Ansichten und Vorstellungen fortgelten, aber die Grund= gedanken des Evangeliums alle in schönstem Einklang mit der Erkenntniß der Natur und der Geschichte stehen werden, wenn die Arbeit Europa's gethan sein wird.

Gleichwohl hat es diese Arbeit nicht blos mit Erkenntnissen und geistigen Anschauungen, sondern sie hat es mit Wirklichkeiten, mit Realitäten, mit dem Leben der Menschen in Staat, Kirche, Gemeinde, Familie und dem gesellschaftlichen Verhältniß derselben innerhalb jeder Nation und zwischen den verschiedenen Nationen, zuerst Europa's, dann der Erde überhaupt zu thun, und hier erst wird es gelten, die innere Harmonie herzustellen zwischen Monarchie und Freiheit, zwischen Mitwirkung des Volkes im Staate und Gesetzgebung durch die Besten im Staate, zwischen der Eigenthümlichkeit der historischen Stämme und der Einheit der Nationen, zwischen der ungestörten Freiheit des Erwerbes und Benutzung des Kapitals und der menschenwürdigen Existenz des Arbeiters, zwischen der stillforschenden Wissenschaft und dem bewegten Markte des Lebens, zwischen der himmlischen Bestimmung, welche die Religion im Bewußtsein erhält, und dem irdisch-natürlichen Dasein der Einzelnen. Zwischen diesen Gegensätzen aber ist das lebendige ausgleichende Band zu erkennen und zu knüpfen. Nicht in der Aufhebung des einen Gliedes dieser Gegensätze und der Alleinherrschaft des andern besteht das Ziel der Bewegung, in welcher Europa fortgeht, denn dies würde nur ein Rückschritt sein, der hernach wieder gut zu machen wäre, sondern es gilt wirklich die richtige und ganze Ausgleichung, es gilt die volle Entwicklung der Persönlichkeiten, der Stämme, der Nationen, der Menschheit, und zwar in der freien, freudigen Selbstbeschränkung, ohne welche sie niemals zur wirklichen Entwicklung wird, ohne welche die Freiheit zu ihrem Zerrbild verkehrt wird und, um einst dennoch möglich zu werden, wieder die Zwischenwirkung der halben oder ganzen Unfreiheit bis zur Sclaverei fordert.

Um zu diesem Ziele zu gelangen, genügt es nicht mehr, daß es in jeder Nation eine Kaste derer gibt, welche im Besitz der Schlüssel zu den Geheimnissen des Wissens sind, noch weniger, daß in Distanzen von Jahrhunderten einzelne Geister sich erheben, welche, hoch wie die Könige des Waldes über das niedere Gestrüpp, über die Menschenmassen vor ihnen und neben ihnen auftragen. Vielmehr muß es die Frucht der fortschreitenden Arbeit der gesitteten Menschheit sein, daß, was sonst nur Wenige unter sich vertheilt halten, jetzt das Gemeingut Vieler, ja wo möglich

Aller werde, ja daß solches Emporragen Einzelner durch die Theilnahme der Vielen am Wissen und Erkennen sich der Unmöglichkeit nähere. Der Schein muß entstehen, daß die geistige Umfassung und die geistige Hervorbringung der neueren Zeiten gegen die der älteren zurückstehe, weil die angestaunten Wundermänner immer seltener werden. Dagegen wird der durchschnittliche Höhengrad der Erkenntniß in ganzen Völkern sich langsam emporheben und das Gold, welches früher in gediegener Masse an Einer Stelle glänzte, wird weite Räume in dünngeschlagener Schicht überdecken. Die Theilnahme an der Hebung und Befreiung der Persönlichkeit wird daher eine allgemeinere sein, und ein Bestreben wird sich hervorthun, die Reichthümer des lebendigen Wassers nicht nur in imposanten Strömen und weitgedehnten Seeflächen zu sammeln, sondern in zahllosen unscheinbaren Canälen durch das Volksleben zu leiten.

Die Arbeit der geistigen Erziehung und Bildung der Massen, und zwar auf verschiedenen Stufen, ist auch wirklich in Europa im Gange. Aus den Klöstern, in welchen ein ziemlich trübes Wasser der Wissenschaft gesammelt war, ist dasselbe in die reinigenden Seeen der Universitäten und die der eigentlichen Akademieen gegangen. Aber auch von ihnen floß es, wenn auch ungemein viel reicher und reiner, doch nur in die höheren Gebiete der Gesellschaft, und Bildung und Erkenntniß waren ein aristokratisches Vorrecht. Wiederum war es die Reformation und zwar vorzugsweise die deutsche, welche die Nothwendigkeit zur Erkenntniß brachte, durch Volksschulen diese mächtig hebende und belebende Kraft nach allen Seiten hin und bis in das kleinste Dorf zu leiten. Aber es galt hier vor Allem die Kenntniß zum Behufe des religiösen und kirchlichen Lebens. Von unschätzbarem Werthe war es, daß jeder Christenmensch seine Bibel handhaben und daraus die mächtigste Kraft des geistigen Lebens, das Bewußtsein der Berufung jeder Seele zur Gemeinschaft mit Gott, schöpfen lernte. Es wird für alle Zeiten dies die unentbehrliche Nahrung des höheren Lebens der Nationen bleiben, denen dieser hohe Vorzug zu Theil wurde. Aber die Bildung durch die Geschichte, durch die Kenntniß der Natur, durch die Anschauung des Schönen blieb dennoch nur gewissen

Claffen der Gesellschaft vorbehalten, und diese befanden sich durch diese ihre Eigenbildung der Mehrzahl gegenüber in der Lage der Eingeweihten und der Reichen, ja in einer andern Stellung selbst zu den Stoffen, an welche sich das religiöse Leben der Nation knüpfte. Durfte denn das immer so bleiben? Verlangte nicht der Fortschritt in der politischen Freiheit von den bevorzugten Ständen zu den weiteren Kreisen auch ein Fortschreiten der inneren Freiheit in derselben Richtung? Und war damit nicht das Unmögliche gefordert? Die bloßen Resultate des Erkennens sind meist geringen Werths, wenn der Prozeß, der Gang des Gedankens und der Erfahrung, durch welchen sie erlangt worden sind, verhüllt bleibt! Und wenn man auch diesen Gang den Meisten mittheilen wollte, welches Opfer an Zeit und Kraft würde erfordert und wie viel davon müßte den praktischen Thätigkeiten des Lebens entzogen werden! Hier thut sich ein großes und schwieriges Problem für die Arbeit Europa's auf, die Aufgabe der Volkserziehung. Es muß ein Maß geben, in welchem sie Jedem im Volke zu Theil wird und in aufsteigender Stufenreihe wird dieses Maß sich vergrößern in Volksschule, Bürgerschule, Realschule, Specialschule besonderer Fächer, Gymnasium, Universität, Akademie; welche Reihe von Stufen und zwischen ihnen noch mancherlei Mittelglieder!

Nicht derjenige wird das Problem gelöst haben, welcher einfach Allen den Segen der Volksschule verschafft oder verhältnißmäßig Vielen die höheren Stufen geöffnet hat, sondern derjenige, welcher, ohne die religiöse gemeinsame Grundlage aufzulösen, die Meisten zu derjenigen Bildung führt, in welcher sie sich in ächt menschheitlicher Größe und Kraft durch die erhöhte Persönlichkeit und doch in wahrhaft menschlicher Demuth als eingeordnet in das Ganze der lebendigen Existenzen erkennen. Vor Allem wird es gelten, den tödtlichen Schlaftrunk von unsern Völkern abzuwehren, welchen ihnen die materialistische Afterwissenschaft mit marktschreierischer Ankündigung, daß nunmehr erst auch die moralische Welt streng wissenschaftlich dem Gesetz der Nothwendigkeit und dem mathematischem Calcul unterworfen sei, darzureichen bemüht ist. Diese vermeintlich höchste Cultur, in welcher die sittlichen Zurechnungen verschwinden und nur die Berechnung des Nutzens noch als Motiv wirkt, führt mit Nothwendigkeit zur Barbarei und bringt uns das Recht des Stärkeren als einzige gültige Sprungfeder unter dem Heuchelschein der Bildung.

Wie viel nun und welchen Antheil jede Nation an dieser Arbeit geleistet oder zu leisten hat, das läßt sich freilich nicht wie das Pensum einer Schule darstellen, aber es läßt sich aus der Vergangenheit und Gegenwart dafür doch manches helle Licht sammeln und dies ist der Gegenstand der nachfolgenden Blätter, deren schließliche Absicht auf die Stellung Deutsch= lands in Europa gerichtet ist, weil diese Stellung eben von jener Theilnahme an der geschichtlichen Arbeit bedingt ist.

Wir müssen uns hier einer Hinüberschau über den atlanti= schen Ocean enthalten, so sehr auch die dortigen Erscheinungen dazu verlocken möchten. Dort gilt Europa nicht als das arbei= tende Organ der Menschheit, sondern als der abgemattete, alters= schwache Leib eines Aeltervaters, der den frischen jugendlichen Nachkommen die Hauptarbeit hinterlassen hat. Und dieser jugend= liche Erbe ist nach dortiger Ansicht die neue Welt, nicht neu nur durch ihre Entdeckung oder auch selbst durch ihr Empor= tauchen im Ocean, sondern neu vor Allem in dem Menschenleben, welches sie entfaltet, in dem Bau des Staats, der Gesellschaft, in den Ideen, welche eine gänzliche Umgestaltung der mensch= lichen Dinge versprechen. Zwar Gedanken, Ideen, philosophische und sociale Weltbeglückungs= und Welterneuerungspläne sind auch aus dem Moder des alten europäischen Leichnams emporgestiegen. Aber wo sind die gewaltigen Erscheinungen zu Hause, an welche ein neues Weltalter sich anknüpft? Nur in Amerika, in dem Theile dieses Erdtheils, welcher bereits zum Bewußtsein seiner Bestimmung erwacht ist. So reden Viele dort drüben mit sich selbst in ihren Herzen. Ist nicht gerade dort die großartigste Bewegung der ganzen Neuzeit gegen die Sclaverei geschehen? Hat nicht der Wille des germanischen Nordamerika mit Einem Schlage viele Millionen Sclaven in freie Menschen verwandelt? Hat nicht von dort aus Onkel Toms Hütte auch in die weiße Sclaverei in Europa ein Donnerwort hineingerufen? und wenn es sich um die Stellung der Frau handelt, wo erschallen die lauten Rufe für ihre wirkliche Gleichstellung mit dem Manne, für ihre

freie Vereinigung mit ihm in der Familie, für ihre volle Theil=
nahme an dem öffentlichen Leben? Hören wir die Stimmen der
amerikanischen Kämpferinnen für das Recht des Weibes, so ist
bisher in der ganzen Christenheit das Weib ein „Spielzeug,
Opfer, Sclavin und nußbares Thier" der Männer gewesen und
ist in Indien und in der Türkei troß aller Vielweiberei das Weib
freier und selbständiger als in Europa und Amerika. Die
Frau giebt bei der Heirath ihren Namen, Willen, Besitz und ihre
Eigenschaft als selbständige Staatsbürgerin auf, und der Mann
ist ihr Gebieter und alleiniger Vertreter. Wo tritt das Gesetz
gegen die stillen Qualen eines unglücklichen Eheweibes auf, wo
in der Christenheit wird der Richter, wenn eine christliche Ehe=
frau die Bergpredigt, das Gesetz Christi, in der Hand vor ihn
tritt und im Namen dieses Gesetzes ihr Christenrecht fordert,
mehr thun als achselzucken oder lächeln? Ist es denn unwahr,
was ein geistreicher Schriftsteller *) eben bei Besprechung dieser
Zustände sagt, daß nämlich troß achtzehnhundertjähriger Herr=
schaft des Christenthums die Stellung der verehelichten Frau
zwar durch die christliche Sitte und Gesinnung, durch das Ge=
fühl und das Urtheil der Gesellschaft, aber noch kaum durch
Gesetz und Recht und öffentliche Ordnung gebessert sei? Kaum
ist das Eheweib vor Mißhandlungen, gar nicht vor den bittersten
Kränkungen, am wenigsten in ihrem Besitze gesichert. Die Gesetz=
gebung über die Familie stammt zum geringsten Theile aus dem
Evangelium, zum großen Theile aus dem heidnischen Rom, und
nur das Gröbste hat das Kirchengesetz, welches dieser Sphäre
sich — Dank der mittelalterlichen Verkehrung der christlichen
Religion — allein bemächtigte, beseitigt. Der innere Widerspruch
unserer Gesetzgebung und unserer Religion und der höheren Sitt=
lichkeit, welche sie fordert, tritt nirgends so grell hervor, als in
dem rechtlosen Zustande der Ehefrau.

Sind wir genöthigt, diesen Stimmen gegenüber die Segel
zu streichen und unseren Anspruch an die Arbeit Europa's auf=
zugeben, die Erbschaft Amerika's anzuerkennen? Nein. Denn auch
Amerika wird weder seinen Mormonen und Perfectionisten in die

---

*) Dixon: New-America. Leipzig 1867. Vol. 2. pag. 115.

Vielweiberei und die Ehe mit „geistlichen Ehefrauen", noch seinen Shakers in die Ehelosigkeit folgen; es wird auch nicht die Frauen zu Gouverneurinnen seiner Staaten und zu Congreßmitgliedern wählen, sondern der gesunde Sinn seiner Frauen selbst wird das Verhältniß des Schutzes erhalten, der von dem Manne seinem Weibe und zwar nicht mit der Miene der Protection, sondern mit dem Gefühle des Selbstschutzes geweihet wird, in dem Gefühle, daß Mann und Weib nur Eine moralische Person sind.

Wollt ihr das Weib von dem Manne lösen, sie mit ihrer um= schriebenen Rechtssphäre dem Manne gegenüberstellen und dies eine Emancipation nennen, so habt ihr nichts Geringeres vor, als die christliche Ehe zu vernichten und die muhammedanische an ihre Stelle zu setzen. Die Emancipation der Frau im Sinne der Amerikanerinnen wird sich zum Christenthum verhalten, wie die Religion und Sitte der Spiritualisten, der hellsehenden, Geister rufenden, selbst in das Herz eines Mühlsteins hineinschauenden und darin Gemälde der Urwelt entdeckenden transatlantischen hysterischen Weiber. Die Stellung der türkischen Ehefrau setzt die orientalische Vielweiberei, den Harem des Osmanli, voraus, und dieser for= dert allerdings, was der Koran, das Religionsgesetz auch für das bürgerliche Leben dem Weibe gibt. Nichts als Karikatur, eine häßliche Verzerrung der Gesellschaft würde die Frucht der Durch= führung amerikanischer Emancipation sein. Die ungeheure Mehr= zahl der Frauen Amerika's hat kein Gelüste danach, sondern zieht es vor, in wirklicher Einheit mit der Familie als Frau und Mutter zu leben.

Derselbe Verfasser gibt uns ja auch den Schlüssel für die Ausartungen des amerikanischen Lebens und Strebens in die Hand, indem er uns die Einflüsse der rothen Indianer auf dasselbe wahrnehmen läßt und den heidnischen wilden Ursprung selbst der geistlichen Ehen der Perfectionisten (einer Art der Methodisten) und der groben Polygamie der Mormonen aufzeigt. Nicht minder läßt er uns in der unnatürlichen Stellung des weiblichen Geschlechts in Nordamerika zu dem männlichen, nämlich in der großen Min= derzahl des ersteren die Quelle finden, aus welcher die aufge= schraubte und gespannte Richtung von alten Jungfern und ihnen ähnlichen Ehefrauen, die Uebergeistlichkeit der Shakers und der

Spiritualisten, welche lieber den Geistern als dem Geiste glauben und sich in einer dicken Wolke religiöser Illusionen bergen, aber nicht minder die Kehrseite davon in der tiefsten Herabwürdigung des Weibes in der Stadt New-York hervorgehen. *)

Was aber die Abschaffung der Sclaverei betrifft, wie sie im Gefolge des fünfjährigen Krieges zwischen dem Norden und Süden sich aufdrängte, so kann nur anerkannt werden, daß der germanisch-christliche Geist in den nördlichen Staaten sie forderte und daß dieser Forderung nichts durch die anderweitigen politischen und national-ökonomischen Erwägungsgründe benommen wird, welche dabei mit im Spiele waren. Aber noch ist nichts darüber im Klaren, wie die schwarze Race neben der weißen, rothen und gelben künftig zu stehen kommen wird. Amerika ist noch jetzt das Land des Racenkampfes. Wie es mit der rothen Race geht, liegt der Welt vor Augen, und wie es den Negern ergehen wird, gegen die auch die begeistertsten Anhänger ihrer Freiheit voll Antipathie und Vorurtheil stecken, läßt sich wenigstens vorhersehen. Wenn in Amerika, das keine einheitliche Geschichte hat, die Arbeit der Stände und ihrer Ausgleichung den umgekehrten Weg, wie in Europa, zu gehen verspricht, indem der Arbeiterstand schießlich das Heft des Staates in der Hand haben wird, so ist auch darin die Karikatur dessen zu finden, was die Weltgeschichte den europäischen Nationen als Aufgabe gestellt hat.

Es wird also doch bei der europäischen Arbeit sein Verbleiben haben, und die Culturvölker der alten Welt werden in ihren Ausläufern in die neue Welt nur eben unter den Bedingungen daran mitwirken können, welche ihnen die Natur und die ungeheure Größe ihres Landes, das Zusammenleben mit andern Nationen und die coloniale Besonderheit ihrer Existenz auferlegt. Europa aber wird unbeirrt durch die Einflüsse von drüben sein weltgeschichtliches Werk thun.

---

*) Ebendaselbst **pag.** 29. ff.

II.

Spanien und Portugal.

Die pyrenäische Halbinsel ist sowohl durch ihre Lage in Europa als durch ihre geographische Structur den Bewegungen, welche das Herz des Erdtheils durchzucken, ferne gestellt. Sie ist in ihrer ganzen innern Gestalt und ihrem äußern Umriß dem ihr so nahen Erdtheil Afrika verwandter als dem europäischen Festlande und daher auch mehr als dieses in Erschütterungen hineingezogen worden, deren Folgen noch heutiges Tages das Völkerleben Afrika's beherrschen, während die hohe Gebirgsmauer der Pyrenäen die Einflüsse des mittleren Europa's von ihr abhielt. In uralter Zeit hat sie, von Iberern und Kelten bewohnt, die Samenkörner höherer Cultur durch phönicische Seefahrer, also aus dem vordern Asien erhalten, welchen sodann die Angehörigen ihrer afrikanischen Haupt = Colonie, die Karthager, folgten. Es gelang diesen nicht, sich das Halbinselland zu unterwerfen, wohl aber den Römern, dasselbe nach zweihundertjährigem Kampfe dem gewaltigen Reiche ihrer Herrschaft einzuverleiben. Auch hier zeigte sich die Fähigkeit der Kelten, deren Verwandte die Iberer waren, nach einmaliger Ueberwindung sich rasch den Siegern zu assimiliren, aber auch die Unfähigkeit des römischen Kaiserreichs, seine Provinzen in blühendem Zustand zu erhalten. Die Halbinsel wurde daher eine leichte Beute der anstürmenden germanischen Eroberer. Die „römisch=germanische" Volksmischung ließ die Bevölkerung nicht sofort derselben Unterwürfigkeit unter die römische Kirche verfallen, wie in Italien. Die spanische Kirche rühmte sich der Gründung durch die Apostel Paulus und Jacobus, sie besaß eine Liturgie, die unmittelbar an die morgenländische Kirche anknüpfte, von der römischen sich unterschied, daher auch der Kirche ein gewisses Bewußtsein der Unabhängigkeit von Rom gab. Die Bemühungen der Päpste, ihre gregorianische Liturgie in Spanien zur Herrschaft zu bringen, drangen in späteren Zeiten allmählig durch, wenn auch, Dank der Fürsorge des Cardinals Ximenes (Vormunds Carls V.), ein Ueberrest der alten Uebung noch erhalten blieb. Das Andenken an die Märtyrer der spanischen Kirche, unter denen die Krieger, die Jungfrauen, die Diakonen an Zahl und Bedeutung hervorragten, gab ihr ein Recht zu einer eigenartigen Entwicklung; sie hatte große Bischöfe, wie einen Hosius von Corduba, einen Isidor von Sevilla, und berühmte kirchliche Schriftsteller, wie den Dichter Prudentius, den Geschichtschreiber Orosius aufzuweisen.

Die Entwicklung des Landes wurde aber durch den Einbruch der Araber aus Afrika herüber unterbrochen, und der Kampf mit den Mauren brachte fränkische Einflüsse ins Land und führte zur Festsetzung christlicher Herrschaft im Norden der Halbinsel. Die geistige Bedeutung Spaniens lag Jahrhunderte lang in der arabischen Bildung, Wissenschaft und Kunst, und die Christen konnten nur von der übrigen katholischen Welt entlehnen, was sie politisch und kirchlich aufrecht hielt, aber mit dieser entlehnten Kraft sich der Einflüsse des Islam nicht dauernd erwehren. So kam es, daß in Spanien die eigenthümliche Kraft, mit der das Christenthum sonst die germanisch gemischten Völker umschuf, viel weniger wirkte als sonst, und daß der Spanier daher, dem Muhammedaner als Nachbar gegenübergestellt, von der Sklaverei anders dachte, als die übrigen römisch-germanischen Bewohner Europa's. In der Hochhaltung des Familienrechts dagegen war auch dort das christliche Princip in voller Geltung, nur der Unterschied der rechtlichen Frau von andern trat, wiederum nach Art der Moslemen, mehr zurück.

Gleichwohl hielt sich auf der Halbinsel und besonders in Spanien der ritterliche Geist des Mittelalters, und der Spanier galt durch diesen als der Edelmann unter den Europäern, wie er durch seine Kämpfe mit den Mauren noch die höhere Weihe

des Kreuzfahrers behielt, als diese sonst überall längst geschwun=
den war. Ein stolzes Selbstbewußtsein, als hätten sie die
wichtigste Arbeit Europas allein gethan, erhob die Spanier,
nachdem sie die Halbinsel den Moslemen wieder abgewonnen
und die Portugiesen sogar siegreich ihre Waffen nach Afrika hin=
übergetragen hatten. Und kaum war diese Glorie durch die Zeit
etwas im Werthe gesunken, so wurden sie von neuem durch ihre
Entdeckungen im Süden, Westen und Osten verherrlicht. Die
große Zeit Spaniens und Portugals war gekommen, als sie für
das übrige Europa die Eröffner einer neuen Welt geworden und
als die Ströme des Goldes und Silbers durch ihre Seehäfen
hereinzogen. Jeder Spanier und Portugiese erschien als ein
Held, als ein Cröfus zugleich. Und als die Kronen auf Ein
Haupt sich sammelten und Carl V. nicht blos Spanien, sondern
auch Italien, die Niederlande und Deutschland beherrschte, da
schien es allerdings, als sollte wirklich die pyrenäische Halbinsel
das geistig herrschende Haupt Europa's werden. Und doch war
eben diese Zeit ihrer höchsten Blüthe gerade die des Unter=
gangs. Durch die Entdeckungen und Colonisationen entvölkert,
durch die Schätze Perus, Mexicos, Brasiliens und Indiens der
mühseligen Arbeit entwöhnt, moralisch entnervt, durch das Skla=
venwesen und die Gränelthaten an den amerikanischen Urbewoh=
nern verwildert, durch die Morde im großen Styl der Inquisi=
tion und Philipps II. zu einem herzlosen Fanatismus verzerrt,
wurde Spanien geradezu die Caricatur des geistig ringenden und
arbeitenden europäischen Völkerlebens. Der Kopf wurde hohl,
und nur die großsprecherische Gewöhnung blieb. Als endlich
auch seine Seemacht im langen Kampfe mit dem aufstehenden
England erlegen war, als seine Colonien keine Silberflotten mehr
sandten und vielmehr die beste Kraft des Volkes verzehrten, da
wurde offenbar, wie wenig gediegene, nachhaltige Kraft der Nation
innegewohnt hatte. Auch die eine Zeit lang mit einer gewissen
Selbständigkeit dastehende Kirche hatte ihren Schwung verloren.

Es rächte sich an der spanischen Nation, daß ihre Structur
eine so vorherrschend aristokratische war. Das Volk wurde von
jeher für nichts geachtet, und nur das Talent und die Willens=
kraft der Herrscher unter zusammentreffenden glücklichen Umstän=

den und das Erscheinen einer ganzen Reihe bedeutender Regenten, wie Ferdinand der Katholische und Isabella, Karl V. und in gleichem Maße auch Philipp II., erklärt das Jahrhundert der Blüthe und Macht; und die Schwäche und geistige Armseligkeit ihrer Nachfolger, während in England und Frankreich tüchtige Kräfte ihnen gegenüberstanden, macht es begreiflich, daß Spanien zuletzt nach allen Seiten an Macht und Gebiet verlor. „Wie kam es", fragt ein spanischer Geschichtschreiber*) „daß im siebzehnten Jahrhundert die Niederlande und Portugal für Spanien verloren gingen und es nur ein Skelett seiner früheren Größe blieb? Wodurch hat es mehr als die Hälfte seiner Bevölkerung verloren? Wie konnte ein Land, das die unerschöpflichen Gold= und Silberquellen der neuen Welt besaß, unter Philipp III. kaum noch sechs Millionen Dukaten Einkünfte haben? Wodurch wurde sein Ackerbau und seine Gewerbsamkeit zerstört, und wie ging fast sein ganzer Handel in die Hände seiner größten Feinde über? Weil weder die Nachfolger Karls V. und Philipps II., noch Männer wie die Herzoge von Lerma und Olivares, ihre Minister, die Talente besaßen, durch welche sie und der große Cardinal von Cisneros (Ximenez) sich auszeichneten." Kleine Fürsten von dem elendesten Aberglauben in beständiger Angst gehalten und jämmerliche nur im Intriguenspiel lebende Staatsmänner wären doch keine genügende Erklärung dieses unaufhaltsamen Sinkens, wenn nicht die vorherige Größe künstlicher gemachter Art gewesen wäre, weil eben die ganze Unterlage, worauf das prächtige Throngebäude stand, nämlich das spanische Volksleben, innerlich mürbe und verrottet gewesen. Es ist unverkennbar, daß der wachsende Einfluß der Geistlichkeit auf ein längst nicht mehr aus den unmittelbaren Quellen des Evangeliums erfrischtes und gestärktes Volk, sobald das Gegengewicht der Krone entweder gar nicht mehr denselben aufwog oder sogar auf seine Seite hinübergeworfen war, das Verderben mit Riesenschritten fortgehen lassen mußte. Die Kirche wurde reich, das Land arm, und die besten Benützer der Schätze des Landes, sowie die Beleber des inneren und auswärtigen Handels,

---

*) Sempere, Geschichte der Cortes. Bordeaux 1815. Pag. 265 ff. bei Buckle, History of Civilization. Leipzig, 1865. IV., 39.

nämlich die Mauren und die Juden, mußten dem fanatischen Hasse der Geistlichkeit zum Opfer fallen. Freilich bemühten sich später die französischen Herrscher Spaniens, dem endlich erkann=ten Uebel entgegenzuarbeiten; der Einfluß der Geistlichkeit wurde vermindert, aber das Volksleben rührte sich nicht, weil es durch die pfäffische Leitung eines Jahrhunderts völlig entmannt war. Auch selbst die späteren Versuche Karls III., die Austreibung der Jesuiten, der auf die Inquisition geübte Druck gab der Nation keinen neuen Schwung.

Die Literatur des spanischen Volkes hatte ihre beste Eigen=thümlichkeit in einem gewissen heiligen Hauche melancholischer Frömmigkeit. Sie versenkte sich noch weit über das Mittelalter hinaus in die ritterlich frommen Gefühle desselben, und als sie in Cervantes und seinen Nachfolgern anfing, diese naive Ritter=lichkeit zu ironisiren und zu persifliren, da tödtete sie die innerste Eigenthümlichkeit der Nation und ließ dieser ihr früheres, naiv festgehaltenes Leben als nichtig erscheinen.

Nachdem die Niederlande und England die Erben der Seeherr=schaft der pyrenäischen Halbinsel geworden, war auch der riesige Colonialbesitz zu einer halben Unwahrheit herabgesunken. War schon im Mutterlande das kirchlich=religiöse Leben durch die Unduldsamkeit, mit welcher die sittlich den gothischen Spaniern mindestens ebenbürti=gen Mauren und mit ihnen auch die Juden verfolgt, erdrückt, aus=gestoßen worden und durch das große Mordinstitut der Inqui=sition ein unwahres geworden, war der Hof mit den übergrei=fenden Ansprüchen auf Weltherrschaft zur lächerlichen Sklaverei der ausgebildetsten Etikette herabgesunken und schnurrte der Adel zu lauter steifen, kleinen Höfen ein, so mußte noch viel mehr in den Colonien das ganze politische und gesellige Leben in inneren Widersprüchen vorkommen.

Das ganze Schwergewicht der spanischen Monarchie und noch mehr der portugiesischen lag in diesen weit gestreckten, ganze Kaiser=reiche umfassenden Colonien, und nichts Widerlicheres kann gedacht werden, als diese prunkvollen Höfe von Vicekönigen, die über Millio=nen unbedingt geboten, während gleich in der nächsten Bevölkerungs=schichte nach ihnen das Sklaventhum die beherrschende Signatur der Gesellschaft war. Die Grausamkeit, mit welcher bis in das jetzige Jahr=

hundert herein die armen Schwarzen in Westindien, Mexiko, Brasilien, Peru u. f. w. behandelt wurden, läßt den Spanier und Portugiesen jenseits des atlantischen Meeres als einen entarteten Sohn des Mutterlandes erscheinen, und das Indianerblut, welches in weit höherem Maße als man gewöhnlich glaubt, in den Adern der hochmüthigen Hidalgos rann, gab sich in der ganzen colonialen Lebensführung zu erkennen. Dieses Indianer= und Negerthum wirkte bei dem starken Zusammenhang der Colonien mit dem Mutterlande in unheimlicher Weise auf dieses zurück. Immer und immer kehrten gewesene Vicekönige und Gouverneure, Militärbefehlshaber und Beamte, Bischöfe und Priester, Pflanzer und Kaufleute, nichts zu sagen von Seecapitänen und Matrosen, von der Westwelt in die europäische Heimath zurück und brachten von drüben die rohe Unsitte, die Ausgelassenheit in Hinsicht der Geschlechter, die Geringschätzung des Menschenlebens und der persönlichen Freiheit, sowie des gesunden Familienwesens mit. Gerade was dem Spanier als der stolzeste Vorzug seines Landes galt und den Einzelnen zu einem edelmännischen, hochfahrenden Wesen, das nur ein Zerrbild des in stolzer Selbstkraft freien, germanischen Mannes war, emporschraubte, machte ihn unfähig, an der Arbeit Europas seinen Theil der Aufgabe zu lösen. Wenn er auch in Spanien nicht mehr über eine Schaar von Sklaven gebot wie jenseits des Meeres, so hatte er doch keinen wahren Begriff von der Freiheit der in sich gegliederten Familie, und wenn ihm auch in Spanien das strenge Kirchengesetz eine hemmende Schranke hinsichtlich des Verkehrs mit dem weiblichen Geschlecht entgegenbaute, so war er doch durch die Furcht vor Kirchenstrafe und Inquisition noch nicht zur Anerkennung der wahren Stellung der Frau in der Gesellschaft gebracht.

Die Kirche selbst aber, deren besondere Aufgabe die Hebung des gesammten Volkslebens durch das Christenthum gewesen wäre, lag tief in den Fesseln eines geistlosen Traditionalismus und Formalismus. Das letzte Aufflackern ihrer Selbständigkeit, also ihres Nationalismus, war durch dieselben Ursachen wirkungslos für die Zukunft geworden, die auch sonst Spanien geistlich, sittlich und politisch entmannten. Die Halbinsel war seit dem siebzehnten Jahrhundert, besonders seit Philipps II. tückisch fanatischer Regierung, der Spielball

zwischen den sich bekämpfenden Interessen Frankreichs und Eng=
lands geworden. Aus zwei sehr verschiedenen Gründen vermochte
jedoch keine dieser Mächte, Spanien und Portugal in den Prozeß der
europäischen Entwickelung hineinzuziehen. Frankreich nicht, weil
es je länger je mehr diejenige Stellung im katholischen Europa
für sich selbst eroberte, welche auf Grund der bisherigen Ge=
schichte Spanien zugekommen wäre, nachdem es einmal die An=
fänge der Reformation in seinem Innern im Scheiterhaufen er=
stickt hatte, England nicht, weil es gerade entgegengesetzt das
starke Bollwerk des Protestantismus in Europa geworden und
weil es als germanisches Land zu wenig verwandt mit dem so
überwiegend romanischen spanischen Volkscharakter war und als
Erbe der Seeherrschaft Gegenstand des bittersten Hasses der spa=
nischen Nation sein mußte.

Die glückliche Zeit, in welcher die pyrenäische Halbinsel durch
friedliche Verschmelzung des maurischen und deutsch=romanischen
Elementes und durch Aufnahme der Reformation, die ohne Zweifel
dieser Verschmelzung gedient hätte, auch trotz seiner Colonien, ja durch
sie eine neue glänzende Weltstellung für die Dauer hätte erringen
können, war einmal unerkannt und ungenützt vorübergegangen. Mit
Deutschland, wenn dieses als Ganzes der evangelischen Wahrheit sich
hingegeben hätte, wie es einmal in raschem Fortgang dazu sich
befand, durch die Habsburger im engsten Bunde hätte Spanien
vermocht, die ganze für diese beiden Länder so unheilvolle poli=
tische Entwickelung Frankreichs in andere Bahnen zu drängen.
Dem zerstückelten Deutschland freilich, oder vielmehr nur seinem
österreichischen Theil sich anzuschließen, konnte zu nichts führen.
So blieb denn Spanien bis auf unsere Tage der sprüchwörtliche
Boden für ungestörte Herrschaft der mittelalterlichen Hierarchie
mit ihren Traditionen, das Land der zurückgebliebenen europäi=
schen Bildung, der hochmüthigen Unwissenheit, und statt, wie die
Karte es darstellt, der Kopf Europas zu sein, von dem die Lei=
tung des ganzen Leibes ausgeht, liegt es abseits und hat kaum
die Beziehungen der Haare dieses Kopfs zu dem übrigen leben=
digen Organismus. Zwar nimmt es, seit dem Verlust seiner
großen überseeischen Länder in sich selbst zurückgeworfen, an vielen
der politischen Bewegungen Europas einen gewissen Antheil, es

hat seine Revolutionen, seine Restaurationen, seine politischen Parteien, conservative und liberale, in verschiedenen Abschattungen, aber wo ist in der europäischen Gesittung und ihren besten Kräften der Antheil zu suchen, den die pyrenäische Halbinsel seit Karl V. ihr als erkennbaren Beitrag zugeführt hätte? Nur insofern kann man auch Spanien dem gebildeten Europa zurechnen, als es durch Nachahmung und unselbständige Aufnahme des Fremden in seinen höheren Volksclassen an der gemeinsamen gesellschaft= lichen Lebensform Theil nimmt, die eben den Europäer von dem Asiaten und Afrikaner unterscheidet.

Es ist aber keinem Zweifel unterworfen, daß ein zu seiner wahren Natur und Bestimmung politisch wie kirchlich zurückge= kehrtes oder zu ihr herangehobenes Deutschland noch heute fast das allein denkbare Mittel wäre, das spanische Volk, wenn in seinem Innern ein edlerer Funke der Sehnsucht nach geistiger Freiheit erglühen würde, gegen die unwürdige Knechtschaft zu schützen, in welcher es noch jetzt von Frankreich und England gehalten wird. Es läßt sich allerdings, so lange jener Funke nur etwa unsichtbar unter dem Aschenhaufen der Vergangenheit verborgen bleibt oder seine Gluth in Palastrevolutionen und klei= nen Aufständen vergeudet, ein lebendiger Anknüpfungspunkt nicht finden. Schwer bleibt es immer, von einem großen schönen Lande anzunehmen, daß es seine Rolle in der Weltgeschichte schon vor Jahrhunderten ausgespielt habe und seitdem kein auf das Ganze bezügliches Dasein mehr erlebe.*)

---

*) Neuere, nicht blos katholische, sondern auch protestantische Reisende in Spanien entwerfen ein günstigeres Bild von seiner nationalen Kraft und dem sich in und aus ihr entwickelnden geistigen Leben. Man darf ja auch den edlen Aufschwung nicht vergessen, welcher sich gegen die Zwingherrschaft des ersten Na= poleons erhob und wie es das stärkste Feuerzeichen auch für den deutschen Befreiungskrieg wurde, so möchte man gern dem günstigen Gemälde glauben und seine Hoffnungen für die europäische Zukunft der Halbinsel daran stärken.

III.

Italien und Deutschland.

～～～

Das erste und eigentlichste romanische Land Europas, der Herrschaftssitz der ewigen Stadt und ihres Kaiserreichs, hat für Deutschland zu allen Zeiten eine unermeßliche Bedeutung gehabt. Es giebt keine deutsche Geschichte, die nicht auch Geschichte Italiens wäre. Ist doch dieses Halbinselland das weltgeschichtliche Organ der Verarbeitung aller Culturen der alten Welt für die Central-Nation der neuen Welt, nämlich die germanische gewesen. Lange ehe in größerem Maße griechische Cultur in Berührung mit den germanischen Völkern trat, ist sie in römischer Gestalt und Sprache zu den Horden gelangt, welche die Völkerwanderung durch das westliche Europa trieb. Und lange ehe der erste Deutsche von jüdischen Rabbinern im Alten Testament unterrichtet oder das griechische Neue Testament als Lesebuch der griechischen Sprache in deutschen Schulen in Gebrauch genommen wurde, hat die römische Kirche in ihrer lateinischen Vulgata, in ihren Liturgien, Gesängen, Decreten und Edicten der germanischen Welt die Gedanken der heiligen Schrift zugeführt. Römische Befehlshaber und Provinzverwalter ahnten nicht, daß sie für diese höhere Schule die Schulmeister der germanischen Nationen waren. Und doch ist Deutschland nie ein romanisirtes Land, wie eine bloße Tafel gewesen, auf welcher die Künstlerhand des italischen Bischofs und seiner Abgesandten ihre farbigen Bilder auflegte. Vielmehr hatte die römische Cultur, soweit sie Deutschland bereits in Besitz genommen, erst wieder durch die germanische Barbarenhand hinweg-

3*

gewischt werden müssen, ehe das deutsche Volk, ohne seine Selb=
ständigkeit zu verlieren, die Eindrücke italischer Erkenntniß zu
eigenartiger Verarbeitung in sich aufnehmen sollte. Selbst das
Christenthum mußte dem Germanen früher durch griechische und
noch mehr durch keltische und wiederum durch germanische Pre=
diger gebracht werden, ehe es auch bei ihm in der Gestalt der
römischen Kirche zur Herrschaft gelangen durfte. Nur im südli=
chen Deutschland ist es wenigstens denkbar, daß die letzten heim=
lichen Reste altrömischen Christenthums sich mit den neuen Trä=
gern desselben die Hände gereicht hätten, wiewohl sichere histo=
rische Spuren davon nicht vorhanden sind.

Nicht minder mächtig als die Einwirkung Italiens auf
Deutschland war die Deutschlands auf Italien, wenn sogar ganze
Theile dieser Halbinsel bleibend von einem Aste des deutschen Na=
tionenbaumes bedeckt wurden, seit die Langobarden denselben in
Besitz genommen. Auch die ewige Stadt selbst sah deutsche Herr=
scher in ihren Mauern, und nur das Geschenk eines deutschen
Fürsten sicherte sie vor der Einverleibung in das deutsche Reich
und vor der niedrigeren Stellung einer Provinzialstadt. Wie
sehr das politische Schicksal Italiens mit dem Deutschlands
durch die Kaiserzeiten hindurch verflochten war, ist Jedermann
bekannt. Aber schwerlich wissen sich Viele eine Vorstellung
davon zu machen, in welchem Maße die Römerzüge der Kaiser,
statt auf einen lebendigen Austausch des Besten, was beide Na=
tionen hatten, vielmehr auf gegenseitige Mittheilung ihrer Sünden
und Fehler wirkten. Je mehr die Päpste mit ihren Umgebungen
nach unbedingter Herrschaft auch im staatlichen Leben trachteten,
desto ungescheuter trug die italiänische Geistlichkeit einen weltlichen
Charakter zur Schau, der den Deutschen zuerst einen häßlichen
Widerspruch zwischen Amt und Persönlichkeit offen legte und die
sittliche Achtung vor der Kirche herabsinken ließ. Freilich war
noch früher im fränkischen Reiche als in der italiänischen Klerisei
das weltliche Treiben der Geistlichen an der Tagesordnung ge=
wesen, aber dies hatte sich seit Karl dem Großen und besonders
in Deutschland seit Bonifacius wesentlich gebessert, und nur erst
aus Italien hatten die späteren Bischöfe das erweiterte Gewissen
mit nach Deutschland zurückgebracht, das ihnen erlaubte, mit den

weltlichen Großen in kriegerischer Wildheit, in rücksichtslosem Ehrgeiz
und entzügelter Herrschsucht, sowie in fleischlicher Wollust und in Frei=
heit von Scrupeln hinsichtlich der Wahl ihrer Mittel zu wetteifern.
Schwerlich hat Italien jemals so großen sittlichen Schaden durch
die Rohheit und Völlerei der deutschen Besucher genommen, als
Deutschland durch den Anblick dessen, was die Päpste selbst und vor
ihren Augen die italiänischen Bischöfe und Priester sich erlaubten.
Aber auch selbst ohne diese verführenden Einflüsse mußte
das Volk Italiens durch den so grellen und so häufigen Wechsel
der Herrschaft, der im Süden zwischen dem griechischen Reich,
dem römischen, den Gothen und Vandalen, den Saracenen,
Normannen, den Deutschen, den Spaniern, den Franzosen durch
die Jahrhunderte des Mittelalters stattfand, zu einer widerlichen
Mischlingsrace werden und überdies jedes nationale Bewußtsein,
jeden Gedanken der Einheit, ja sogar jedes tiefere Interesse daran
verlieren, wem durch das Würfelspiel der Kriege und Heirathen
die Herrschaft über sie zufiel. Ihre beste Zeit war offenbar die
der Hohenstaufen, die zu nicht geringer Beschädigung Deutsch=
lands lieber unter dem blauen Himmel Italiens weilten, als sich
in Deutschland mit den borstigen Fürsten herumschlugen. Da=
mals konnte von einer größeren bildenden Einwirkung Italiens
auf Deutschland die Rede sein, aber die Hauptträger derselben
waren kirchliche Personen, die großentheils die Einwirkung zu
einer vergiftenden machten. Die Deutschen erschienen denjenigen
Italiänern, welche ein politisches Bewußtsein in sich trugen, bald
als Befreier, bald als Unterdrücker, und im letzteren Falle hob
sich an dem Widerwillen gegen die Fremden auch das nationale
Bewußtsein. In den allgemeinen Culturbeziehungen, z. B. in
Verfassung freier Städte und der Verbündung derselben, ging
Italien unbedingt voran und Deutschland folgte seinem Beispiel,
während in der gesammten Landesverfassung, Lehenswesen, Ver=
hältniß des Adels zur Volksmasse, die germanische Art auch Italien
durchherrschte. Ebensowohl die deutsche als die päpstliche Politik
hetzte Italiäner gegen Italiäner, und als im vierzehnten und
fünfzehnten Jahrhundert die Tyrannis in den italiänischen Städten
zur Ausbildung gekommen war, bewegte sich der politische Kampf,
alle sittlichen Motive allmälig verzehrend, zwischen drei Mächten,

der päpstlichen, der immer abnehmenden deutschen und der immer wachsenden französischen, hin und her.

Jeder Rest von allgemeinem italiänischem Vaterlandsgefühl war unter diesem mit allen Greueln der List, der Lüge, des Partei= wesens, der Gewaltthat begleiteten Treiben hoher Politik längst unter= gegangen, und die Wenigen, in welchen diese Flamme loderte, wan= derten verbannt in die Fremde oder wurden von der äußeren Flamme verzehrt. Sie konnten nur Dichter sein wie Dante oder Propheten wie Savonarola. Wer ohne die äußerste Empörung und ohne das Leben geradezu unerträglich zu finden, sich an Ungeheuer auf dem ehrwürdigsten Bischofssitze der Christenheit gewöhnen konnte, der mußte den großen Fragen der christlich=germanischen Welt, den Fragen nach Freiheit der Person und des Geistes gegenüber ent= weder zur gleichgültigsten Stumpfheit oder zu frecher Frivolität oder zur gemeinen Zerlumptheit des Bewußtseins gelangen. Ein Volk, seine Fürsten, auch seine Kirchenfürsten mit inbegriffen, das auf diese Wege gekommen war, vermochte natürlich kein Wort mitzureden, wenn schließlich die Beschlüsse des spanischen oder des französischen Cabinets über sein Schicksal durch Kriege oder durch Verträge entschieden. Es gab kein Italien, sondern nur ein Rom, kosmopolitisch durch Princip, und italiänisch nur, sofern es galt, Italien als Mittel zu benutzen, ein Neapel, das bestimmt schien, fremde Provinz zu sein, und ein noch weiter vom italiänischen Gesammtstamme geschiedenes Sicilien, ein Toskana, Bologna, Ferrara u. s. w. gleichsam als Muster aller möglichen Schatti= rungen neuerer Politik, von der wildesten Demokratie bis zur aristokratischen Kastenherrschaft und von da bis zur gewaltsamsten Despotie eines Einzelherrschers, ein Pisa, Genua, Mailand, Ve= nedig, jedes mit seiner besonderen originalen Verfassung.

Diese Städte und Kleinstaaten wurden, wie sie die mittelalter= lichen Emporien des Welthandels gewesen, so zur Heimath aufblühen= der Kunst und Wissenschaft, zu den Pflegestätten der aus Griechen= land eingewanderten und aus den Bibliotheken Italiens, wie un= ter altem Schutt, hervorgegrabenen altclassischen Bildung. Gerade in dieser Zeit der äußersten politischen Entartung, da der Gedanke eines einheitlichen Italiens nur ein Gegenstand des Gelächters geworden, ging die gewaltigste Anregung im geistigen Gebiet von

Italien nach Deutschland, nach Frankreich, nach England hinaus, und der italiänische Humanismus wurde der Wegebahner der Reformation, deren innerster Gedanke das Einzige, was Italien von Einheit besaß, nämlich das Papstthum, von dem tarpejischen Felsen zu stürzen drohte. Seltsames Widerspiel in der Geschichte der europäischen Welt! Italien arbeitet in allen seinen geistigen Kräften, diejenige untergegangene Welt wieder zu erwecken, deren Aufleben geradezu seinem eigensten Product, dem Papstthum, den Untergang bereitet hätte, und die auch in dem bloßen Wiederschein, den sie auf die Nationen Europas warf, dieses Product als eine ferner nicht zu duldende Ungeheuerlichkeit dastehen ließ. Die Freiheit der Person trat in Italien mit den ungemessensten Ansprüchen hervor, die Freiheit des Weibes wurde zu einer Emancipation, die neben den edlen Gestalten einer Olympia Morata auch ein so verruchtes Weib wie Lucretia Borghia zu ihren Resultaten zählte.

Es war klar, daß Italien an der gemeinsamen Arbeit Europas, die auf Freiheit Aller, auf die rechte Stellung des weiblichen Geschlechts in der Gesellschaft ging, seinen Antheil in überstürzender Weise genommen, aber nirgends den Anhalt gefunden hatte, der es zwang, die ächten Ziele in langsamer und allgemein wirkender Arbeit anzustreben. Es ist zwar wahr, daß ein Galilei und viele ihm verwandte Geister die Bewältigung des Stoffes durch den erkennenden und wollenden Geist, die Freiheit der Erkenntniß, das Selbstbewußtsein der wissenschaftlichen That in Italien, und selbst Auge in Auge mit Papstthum und Inquisition, zur Anerkennung brachten; aber wo blieb in ihrem Vaterlande der allgemeine Volksunterricht, der die niederen Classen zur Theilnahme an dem geistigen Gemeingut emporhob? Wo blieb, wenn die Klammern und Fesseln des traditionären Wesens gesprengt wurden, der feste Halt, der die Erkennenden hinderte, den Todessprung aus der bisherigen Sklaverei des Aberglaubens und blinder Unwissenheit in den frechen oder leichtsinnigen, Alles leugnenden Unglauben zu thun? Die Zurückweisung der deutschen Reformation, die auch an Italiens Pforte schlug, war das Todesurtheil, welches Land und Volk sich selbst sprach. Italien blieb von der Strömung ausgeschlossen, die fortan die Völker des westlichen Europas einem allerdings ihnen damals noch unbekannten

Ziele zutrieb; es lag wie ein träges segelloses Schiff in seiner, mit dem wogenden Meere nur schmal verbundenen Bucht, deren Oberfläche nur je und je von dem stürmischen Gewoge draußen gekräuselt wurde.

Einmal in diese geistige Abgeschiedenheit gebannt, blieb es, je mehr in der übrigen Welt die geistigen Springquellen auf die politische Gestaltung einzuwirken anfingen, nach wie vor ein bloßes Mittel zur politischen Abfindung zwischen den Staaten, die auf der Höhe der Strömung gingen. Außer der Kunst, die allmälig die urgründige Originalität jenes großen gährenden Wendepunkts im fünfzehnten und sechszehnten Jahrhundert verloren hatte und zur bloßen sicheren Technik und zur Darstellung des oberflächlich Gefälligen herabsank, hatte es kaum etwas, womit es in den bewegten Strom Europas einmünden konnte. Es wurde gleichgültig für die geistigen Weltinteressen, und in seinem Innern waren die Springfedern des bewegenden Herzschlags erlahmt, der es vor der traurigen Wahl für jeden geistig bewegten italiänischen Menschen zwischen sklavischer Unterwerfung unter eine im Innersten verachtete Priesterschaft mit dem befohlenen Kirchenglauben und dem hilflosesten Unglauben bewahrt hätte. Wie lange schon geht aus diesem fast blos noch um der Ferienreisen der Nordeuropäer willen geschaffen scheinenden Lande über Frankreich, England und Deutschland die Kunde ein, daß nirgends unter den Gebildeten der Unglaube und unter dem niedrigen Volke der bis zum Lächerlichen rohe Aberglaube so zu Hause sei, wie in dem Lande des Oberpriesters der Christenheit!

Es begreift sich leicht, daß vor Allem Deutschland aus Italien während zweier Jahrhunderte, nachdem es in der Reformation sich selbst gefunden hatte, nichts weiter holen zu können glaubte, als Mittel für die Vergnügungen seiner Höfe und für das Genußleben verwerflicher Art, das von ihnen ausging. Zu der Verachtung, in die Italien in Folge davon kam, daß es nur Hofmaler, Opernsänger, Baumeister für einen dem Norden fremden, geschmacklosen Styl, Maitressen für liederliche Fürsten, Tänzer, raffinirte Spieler und Glücksritter an seine Nachbarn abzugeben vermochte, kam noch von den Römerzügen, die nun nicht mehr von Kaisern, sondern von deutschen Grafen, Baronen, Künstlern,

Kaufleuten, von englischen Lords und Handschuhmachern unter=
nommen wurden, die weitere Kunde, daß für ein Stück Geld
der Italiäner Alles, im wörtlichen Sinne Alles, auch seine Kirche,
sein Weib, seine Familie gebe, und daß Italien eigentlich nur
von einem Gesindel bewohnt sei, das von dem Geld der Fremden
ein faulenzendes Leben führe. Wie viel in diesen Urtheilen Un=
gerechtes mit unterlaufen mochte, und wie viel an dem, was
daran gerecht war, der päpstlichen Kirche und den herrschenden
Gewalten, die ja nicht italiänischen Ursprungs, sondern französi=
schen und deutschen Herkommens waren, zuzumessen sei, braucht hier
nicht untersucht zu werden. Genug, Italien hat seit Galilei und
Toricelli bis zu Ende des vorigen Jahrhunderts für die Arbeit Euro=
pas einen nennenswerthen selbständigen Beitrag kaum geliefert. Seine
Republikanisirung durch den General Bonaparte schien es zwar
kopfüber in die Strömung zu werfen, aber sie war doch nur das Werk
eines politischen Formalismus und, genau besehen, ein reiner Spott.

In dieser Zeit war Italien zum demüthigen Schulknaben der
französischen Staatsweisheit herabgesetzt, eine Lage, immer noch besser,
als sein vorheriger Zustand, weil sie ihm wenigstens Quellen geistiger
und sittlicher Bildung zugänglich machte, die ihm zuvor durch die
sorgsame Grenzwacht seiner Pfaffen unzugänglich gewesen. Auch
als einverleibtes Glied oder affiliirtes Anhängsel des Napoleoni=
schen Empire blieb es in dieser gehorsamen Stellung, und weil
ihm nunmehr doch ein weiter Bereich des geistigen Verkehrs ge=
öffnet blieb und es berechtigt war, ein an dem Stolze des Reiches
theilnehmendes Selbstgefühl zu hegen, so wuchs es wenigstens in
einem Theile seiner Bevölkerung rasch zur Beförderung in eine
höhere Schulklasse heran. Dieser Zeit verdankt Italien so ziem=
lich Alles, was in ihm im Laufe des jetzigen Jahrhunderts von
Drang zur Theilnahme an der europäischen Arbeit kräftig hervor=
trat und zuerst — Dank der österreichischen Polizeimeisterei — in
geheimen Gesellschaften und revolutionären Umtrieben, schließlich
sogar in armseligen Duodez=Revolutionen sich Luft machte.

Auch hier, nämlich in Italien, hatte die gottverlassene
Staatskünstelei des Wiener Congresses etwas Lebensfähiges nicht
zu schaffen vermocht. Der Papst, in seine ganze Herrschaft wie=
der eingesetzt, durfte die Inquisition und den Jesuitenorden wieder

herstellen, ein höfliches Compliment an die protestantischen Mächte England und Preußen, die das Meiste für ihn gethan hatten, und in Neapel und Sicilien wurde die Familie wieder auf den Thron gesetzt, deren Unfähigkeit zum Regieren seit einem halben Jahrhundert jedem nur halb Sehenden einleuchtete. Wie Oester= reich in Oberitalien gewirthschaftet, und trotzdem, daß der Fürst Metternich darüber die wichtigsten Interessen des Kaiserstaats vernachläſſigte, doch es zu keiner gedeihlichen Förderung weder der allgemein menschlichen, besonders der geistigen noch der beson= dern provinciellen und nationalen Interessen, am wenigsten aber zu einer Anhänglichkeit an sein Regiment bringen konnte, ist noch in Jedermanns Gedächtniß. Nur eine so unglückliche Fremd= herrschaft konnte in dem so lange gemißhandelten italiänischen Volk, wenn auch nicht sofort die Kraft, doch den Willen erwecken, seine nationale und staatliche Einheit wieder zu gewinnen.

Daß Oesterreich im Besitz seiner italiänischen Länder durch die Hülfe Preußens, wenn dieses dafür in Deutschland die leitende Stellung erlangt hätte, geblieben wäre, kann man vom Standpunkte der Gegenwart aus im Interesse des Kaiserstaats und im wohlver= standenen Deutschlands und Europas nicht wünschen. Denn die italiänischen Mißregierungen, die Lust zur Initiative am Hofe zu Turin, das offen ausgesprochene und vom französischen Kaiser ge= schützte Nationalitätsprincip würden stets eben so viele Stacheln geblieben sein, unter deren Druck Italien geblutet hätte, und neue Revolutionsversuche hätten sowohl dem Lande, als dem, der sie zu unterdrücken getrachtet hätte, nur schwereres Unheil gebracht. Wie man auch immer über Frankreichs Mithülfe zur Befreiung, über Garibaldi's Züge nach Unteritalien, über das Zusehen der übrigen europäischen Staaten bei dem raschen Zusammensturze urtheilen möge, das Geschehene ist immer als ein für die Zukunft Italiens heilsames zu betrachten, wenn auch wohl noch eine lange Zeit vergehen dürfte, ehe dieses Land vollkräftig und ebenbürtig in die Reihe der europäischen Culturstaaten wird eintreten können. Es hat noch lange nicht das Leiden zu Ende getragen, das ihm seine frühere Geschichte auferlegt. Wer so die Welt beherrscht hat, wie dies im Alterthum von Rom aus geschehen, und wie es im Mittelalter von ebendaselbst her angestrebt worden, der kann nicht wie ein Glückskind durch eine plötzliche Drehung des Rades in den Vollgenuß aller der Güter treten, welche ein von unten aus der Wildheit herauf langsam und mühevoll arbeitendes Volk nach dem Lauf einer Geschichte von vielen Jahrhunderten erringt. Was die mächtigste Klammer der Einheit Italiens hätte werden können, wenn es nie politisch, sondern nur religiös über Italien hinaus hätte wirken wollen, das römische Papstthum, das ist jetzt der unbarmherzigste Keil im Leibe der politischen Einheit Italiens. Es ist freilich besser, daß Italien ein weltliches Reich, als daß es eine geistliche Herrschaft sei, die doch immer, bald das Weltliche der Kirche, bald das Geistliche dem Staate opfernd, eine Spott=geburt bleibt; aber es ist auch nicht zu leugnen, daß die katho=lische Kirche, wie sie einmal geworden, wenn sie nicht überhaupt auf dem Wege der inneren Einkehr auf die gesunderen Wege der Väter vor dem sechsten Jahrhundert umkehren will, des wenig=stens scheinbar unabhängigen obersten Kirchenfürsten nicht ent=rathen kann. Stürzt der Papst von seinem Fürstenthron, so wird er in Wahrheit, mag man ihm sonst bieten, was man will, ge=rade für kritische Momente seiner Kirche von weltlichen Mächten noch abhängiger als er es schon ist. Er wird französischer oder deutscher oder italiänischer Papst, und je höher die Fluth des Nationalbewußtseins in den einzelnen Landen steigt, desto mehr wird seine Regierung der Kirche zu einer immer unerträglicheren Fremdherrschaft, und die Frage seiner Erhaltung in der bisheri=gen Stellung ist eigentlich nur die Frage, wie der Herrscher der Franzosen oder wie das geeinigte Deutschland mit seinen Bischöfen und dem katholischen Geiste des Volkes auch ohne einen Papst zurechte kommt. Wenn alle dem Papst entgehende Macht den Bischöfen zuwächst, so wird trotz aller Concilien, Bullen und Syllaben doch schließlich ein selbständigerer, durch nationale Syn=oden getragener Episcopat an der Spitze der nationalen Kirchen stehen, und die italiänische Einheit wird keinen Kirchenstaat mehr zwischen ihren Theilen zu tragen haben.

Das Bündniß Preußens im Jahre 1866 mit Italien liefert den klaren Beweis, daß auch Frankreich, wenn Deutschland in sich einig und wenn in den Katholiken Deutschlands die Erkennt=niß durchgedrungen sein wird, die weltliche Herrschaft des Papstes sei kein unentbehrliches Requisit für das Leben der katholischen Kirche, nicht die Fähigkeit hat, die vollkommene Vereinigung Italiens zu hindern, und daß dieses Letztere einen mächtigen Beitrag zu der Arbeit Europas in der Befreiung der Geister von Fesseln menschlicher Auctorität in einer nicht fernen Zukunft liefern wird.

Die Päpste haben seit der Reformation, dieser eigensten That des germanischen Geistes, den Germanismus bekämpft, die Habs= burger haben sich dem Romanismus in die Arme geworfen. Das wälsche Element ist durch Oesterreich in die Alpenthäler herauf= gelockt worden und dadurch für Oesterreich selbst eine Gefahr er= wachsen, noch mehr von seinem Länderbestande zu verlieren, wenn es jemals wieder der italiänischen Einheit mit den Waffen ent= gegentreten wollte. An ihm in seiner gegenwärtigen Bewegung, die es nicht verlassen kann, ohne seine Existenz in Frage zu stellen, wird der Papst einen Schützer seiner weltlichen Herrschaft schwerlich finden. Wie aber kann man es Preußen als eine Sünde vorhalten, daß es mit Italien im Bunde Oesterreich die Strafe seiner früheren politischen Sünden, seines staatlichen und kirchlichen Ultramontanismus erleiden ließ, daß es, nachdem ein= mal in ihm selbst die Einheitsgedanken in gewaltigen Strom ge= kommen, an Italien gut machen half, was die deutschen Kaiser an ihm gesündigt hatten. Italien mußte von der Fremdherr= schaft frei und Oesterreich seiner wahren Aufgabe an den slawi= schen Völkern zurückgegeben werden. Es sind dies die weltge= schichtlichen Gedanken, die, wenn auch unbewußt, hinter dem preußisch=italiänischen Bündnisse lagen. Daß die Gründung des Königreichs Italien nicht mit lauter sittlich reinen Mitteln ge= schah, wie kann dies dem Bündniß zum Vorwurf gereichen? Welche Vorwürfe müßten dann Preußen treffen, daß es sich im siebenjährigen Kriege von einem Bündniß mit England, im Jahre 1813 von einem Bündniß mit Rußland und Oesterreich und spä= ter mit diesem im deutschen Bunde nicht durch die Greuel ihrer Geschichte und Staatsgründung, gegen welche doch die neueren italiänischen Sünden nur Kinderspiel sind, abhalten ließ!

Die Worte, mit welchen Prinz Napoleon am 1. März 1861 seine berühmte Rede über Italien und dessen Einheit im französi= schen Senate schloß: „Thue, was du mußt, es mag kommen, was da

will!" sind das nothwendige Losungswort der Italiäner in der rö=
mischen Sache. Auch Frankreich kann nicht schaffen, daß Rom nicht
die wahre Hauptstadt Italiens sei, und Pius IX. ist selbst von dieser
unbestreitbaren Position ausgegangen, als er Italien um sich
sammeln wollte. Wenn aber Italien an seinem Ziele wird an=
gelangt sein, dann wird es nicht nur die stärkste Bürgschaft seiner
Einheit und Freiheit an Deutschland finden, sondern auch bei
seinem Streben, aus dem verkommenen kirchlichen Zustande, in
welchem es sich mehr als jedes andere katholische Land befindet,
sich herauszuheben, der über die Alpen hinübergereichten deutschen
Hand bedürfen und somit diesem im Laufe der Zeit immer näher
rücken. Ein romanisches Land wird es allerdings verbleiben, und
nie werden die Alpen zwischen ihm und Deutschland verschwinden.

IV.

Frankreich und Deutschland. Das europäische Gleichgewicht.

Nicht Italien, sondern Frankreich ist in der neueren Ge=
schichte die Spitze des romanischen Europas geworden, es ist
hierin der Erbe sowohl Italiens als Spaniens und verdankt diese
politische Machtstellung der Mischung seiner Bevölkerung aus
Römern, Kelten und Germanen. Der römische Stuhl hat von
den fränkischen Herrschern diejenige Mitgabe empfangen, die ihn
erst zum Streben nach Weltherrschaft befähigte. Während er im
Kampfe mit den deutschen Kaisern seine Kraft übte und Frank=
reichs als des neidischen Nachbarn derselben zu seinen Fort=
schritten bedürftig war, konnte dieses ungehemmt der Concen=
trirung seiner Königsmacht zustreben. Man kann es geradezu als
das Musterland des bewußten Uebergangs aus der Lehens=
aristokratie, die selbst fränkischen Ursprungs war, in die despotische
Königssouveränetät, also als Paradigma der falschen Einheits=
bestrebungen betrachten. Seine Stellung zu der europäischen
Arbeit war von Anfang an derart, daß es von derselben die
gröbere Seite, nämlich die Bewältigung des Stoffes durch den
Willen und die Verwendung aller daraus fließenden Nutzung für
den Staat mit Virtuosität behandelte. Die Franken hatten von
der überwundenen Römerherrschaft genug sich angeeignet, um
nicht nur die munizipale Freiheit der städtischen Gemeinwesen,
sondern auch die Unabhängigkeit der Kirche zum Vortheil der
Königsherrschaft allmälig zu brechen oder zu beschränken. Die
Beugung der großen Vasallen unter das Scepter des Königs be=

durfte allerdings eines mehrhundertjährigen Kampfes, aber als
dieser durchgekämpft war, war sie auch so vollständig, daß das
Königthum mit seiner ganzen concentrirten Kraft die auswärtigen
Verhältnisse in Arbeit nehmen konnte. Allein nicht blos die
Großen des eigenen Landes, sondern auch die Besitzthümer der
fremdgewordenen normannischen Herrscher Englands auf fran=
zösischem Boden, die fast den ganzen Westen des Landes ein=
nahmen, forderte die äußerste Anstrengung aller zu Gebot stehen=
den Hülfsmittel, und nicht früher als bis Calais, der letzte Besitz
der Engländer diesseits des Canals, in französischen Händen war,
konnte Frankreich ein gefährlicher Nachbar werden.

Die Kirche stand ihm in diesen seinen Bestrebungen mächtig bei,
und der französische König hätte sich im Vollbesitze der weltlichen Ge=
walt als den Entscheider des Schicksals Europas betrachten können,
wenn nicht die spanische Macht sein Land im Süden und im Norden,
ja zuletzt sogar von Deutschland her umgürtet hätte. Trat Frank=
reich im sechszehnten Jahrhundert der Reformation, die sich viele
Herzen erobert hatte, unbedingt bei, so war es im Verein mit
den deutschen protestantischen Fürsten und mit den protestantischen
Neigungen der Niederlande für Karl V. und Philipp II. ein
kaum bezwingbarer Gegner. Allein die keltisch=romanische Natur
überwog, und das Königthum betrachtete die Reformation als
eine Stärkung seiner aristokratischen Feinde und meinte die Mit=
wirkung der Kirche nicht entbehren zu können. Die Reformation
unterlag in blutigen Kriegen, dem Lande wurden edle Kräfte
durch Auswanderung entzogen, die Blutschuld der Bartholomäus=
nacht ließ das brennende Gewissen nur im festen Anschluß an die
römische Kirche Stellung finden, und auch für Frankreich war
der günstige Augenblick einer Erneuerung ungenützt vorübergegangen.
Das augenblickliche Unterliegen gegen die spanische Macht (Carls V.
Siege über Franz I.) stachelte nur seinen Trieb nach Machterweiterung,
und schließlich erreichte im Hinsinken der inneren Kräfte Spaniens
der französische Machtherrscher den Triumph, über die pyrenäische
Halbinsel fast wie über eine Provinz verfügen zu können. Wäh=
rend nirgends der König, am allerwenigsten der römisch=deutsche
Kaiser, sprechen konnte: „der Staat bin ich!" so vermochte dies
Ludwig XIV., nachdem er seinen Adel zum Hofdiener herab=

gedrückt, die Parlamente biegsam gemacht, die Ketzerei ausgelöscht, in Rom die Meinung erwirkt hatte, daß er der gehorsamste Sohn der Kirche sei, während er bei aller heuchlerischen Frömmigkeit die Artikel der gallicanischen Kirche als eine Schraube gegen den Papst zu gebrauchen im Stande war.

Aber mit dieser Höhe der unbeschränkten Königsmacht war auch ihre Grenze erreicht. Bis dahin hatte Frankreich an der Arbeit Europas nach allen ihren verschiedenen Seiten einen dieselbe verfälschenden Antheil genommen. Die Sklaverei war längst in Leibeigenschaft übergegangen, und den Vasallen gegenüber der König als der Befreier des Volkes erschienen, während er in Wahrheit, was es noch von freiem Leben gab, sich und selbst seinen elendesten Gelüsten unbedingt dienstbar machte. Königthum und Hof wurden sittlich der Fluch des Landes, ein Alles verschlingendes Ungeheuer. Die Stellung des Weibes in der Gesellschaft war in der Ritterlichkeit des französischen Mittelalters eine edle und schöne geworden, aber die darauf folgende Maitressenwirthschaft des Hofes erniedrigte sie wieder in eine Tiefe, die eher frühere Verhältnisse zurückwünschen ließ, und deren Beispiel durch das ganze Land, ja weit über dasselbe hinaus die falsche Emancipation der Frauen erst als ihre rechte Versklavung offenbarte. Was die freie Gliederung der Stände betrifft, so zeigt Frankreich als Resultat seiner mittelalterlichen Geschichte ein gleiches Darniederliegen aller Stände zu den Füßen des Thrones, und man kann wirklich sagen, daß in keinem Lande Europas eine solche Gleichmachung Aller durch gemeinsame Niederdrückung stattgefunden habe, wie dort. Auf dem eigentlichen Geistesgebiete tritt uns in der sogenannten classischen Periode der französischen Literatur eine Beweglichkeit der Sprache für den Ausdruck feinerer Nüancen des Gedankens und des Gefühls entgegen, die ja eben von jener Zeit an die Sprache der Franzosen zur Bildungssprache der abendländischen Welt, zur Sprache der Höfe, der Diplomaten, der Reisenden gemacht hat. Auch ist nicht in Abrede zu stellen, daß die Gelehrten Frankreichs in die großen Entdeckungen auf dem Gebiete der Naturwissenschaft, der Astronomie, der Mathematik in tüchtiger Weise mit eingegriffen haben. Aber gleichwohl, was ist es endlich, das wir auf diesen Gebieten den Franzosen verdanken? Doch meist nur

elegante Darstellung dessen, was Andere, vorzüglich Männer ger=
manischen Stammes tief gedacht und mit Meisterschaft schon for=
mulirt hatten. In der Theologie freilich hatte eine Zeitlang
Frankreich den Reigen in der katholischen Kirche geführt, aber
auch hier keine wesentlich neuen Gedankensysteme hervorgebracht;
und als es sonst auf seiner Höhe stand, waren die helleren
Lichter bereits wieder erloschen, und nur der mehr dem germani=
schen Zuge folgende Jansenismus bot noch Kerzen dar, an deren
Licht stille Denker sich erquickten.

Die Gewalt nach außen war allerdings in dieser Glanz=
periode des Herrscherthums zu Deutschlands größtem Verluste
mächtig geübt worden; aber nicht der Größe und Kraft
Frankreichs nur, sondern viel mehr der Schwäche und Zer=
riffenheit Deutschlands war die Erweiterung des französischen
Gebietes beizumessen, durch ganz Europa aber die Einsicht
entstanden, daß dieses französische Königthum ein Raubthier sei,
das den unbeschützten Nachbar als Beute erhasche. Eine der
unseligsten Wirkungen dieser Periode war der seitdem nie wieder
dauernd geheilte kranke Ehrgeiz, in welchem das französische
Volk sich für die große Nation, und die französischen Herrscher
das ungestörte Uebergewicht Frankreichs für das Gleichgewicht
von Europa hielten. So viele französische Familien auch damals
noch in stiller Ehrbarkeit auf dem Lande und in rechtschaffenem
Fleiße als redliche Handwerker in den Städten lebten und einen
kirchlich frommen Wandel führten, so hatte doch die römisch=
katholische Kirche kein ächt christliches Werk an der Nation ge=
than, die in so frivoler Anmaßung sich über andere Völker erhe=
ben konnte. In den gebildeten Klassen aber lauerte schon der
noch im Laufe des Jahrhunderts zum Ausbruch kommende Un=
glaube, dem diese Kirche theils in ihren vornehmeren Repräsen=
tanten selbst ergeben war, theils wenigstens nicht zu steuern ver=
mochte, weil sie in Reichthum und Ueppigkeit der zunehmenden
Verarmung des ausgesogenen Volkes zu spotten schien.

Was Deutschland in dieser Periode von Frankreich empfing,
das war außer der gefälligen Umgangsform und der verfeinerten
Sprache nur ein Muster für den Despotismus, ein Vorbild der
Sittenlosigkeit und ein Scheinwesen, das die deutsche Ehrlichkeit

verderblich anfraß, lauter Gaben, die mehr dazu dienten, unter dem Schein des Fortschritts das deutsche Volk in seiner Entwicklung zurückzuhalten und es um die Mannhaftigkeit zu bringen, die ihm eigen war, indem es die Hand küssen lernte, die ihm die feindseligsten Schläge beigebracht hatte.

Mit der französischen Revolution, welche die unausbleibliche Frucht dieser falschen Bildung und dieses Nivellements aller Stände in Vergleichung mit dem Hof war, schien endlich die französische Nation die Arbeit Europas allein in die Hände nehmen und sie in Einem Jahrzehend genial vollenden zu wollen. Wer wird es verkennen, daß auch die besten Elemente des französischen Volkslebens in ihr sich vulkanisch in die offene Luft drängten, und daß es in einzelnen ihrer Männer Augenblicke des klaren Erkennens der Aufgabe christlicher Völker und der Ziele der bisherigen Geschichte gab. Aber wie täuschte der vielversprechende Anfang die Erwartung Aller! Wir brauchen auf die Gräuel des Mordes, auf den Wahnwitz der neuen Weltschöpfung, die dort von überhirnischen Advokaten ausgehen wollte, auf den Unsinn der neuen Religionsstiftung nur hinzuweisen, um zum Bewußtsein zu bringen, daß die falsche Gleichmachung der Despotie eine ebenso falsche der Afterfreiheit zur Tochter hatte, und daß es erst wieder einer langen Schule des militärischen Despotismus bedurfte, um auch nur einigermaßen der Nation die wahren Früchte jener schrecklichen Zeit zum Besitze zu bringen. Welchen Schwindel hat das revolutionäre Frankreich über die schwächeren Herzen und Köpfe in Europa ausgegossen und welche Mühe und Besonnenheit forderte es, nicht zu verkennen, daß dennoch die französische Nation mit jenem Ereigniß wirklich einen Versuch gemacht hat, der europäischen Aufgabe gerecht zu werden. Aber die ganze Folgezeit hat auch gelehrt, daß ein Volk, das in der furchtbaren Wiege zwischen Mord en gros und sklavischer Unterwürfigkeit, zwischen der Absetzung Gottes und dem Küssen jesuitischer Missionskreuze, zwischen friedlichem Genießenwollen des Daseins und einer alles verschlingen wollenden Eroberungswuth hin und hergeschleudert worden, nicht die weltgeschichtliche Bestimmung hat, das Muster der nationalen Entwicklung für die Völker Europas zu sein.

Man darf dabei nicht vergessen, daß der beste Theil der
französischer Literatur skeptischer Natur gewesen war. Die dicke
Luft des römischen Katholicismus, welche sowohl Ursache als
Wirkung der ungeheuren Macht der Kirche gewesen war, hatte
natürlich nicht blos der positiven, sondern auch der negativen
Gegenwirkung Anreiz gegeben, und es waren in der keltisch be=
weglichen Geistesart Frankreichs scharfe und gefährliche Spitzen
geschliffen worden, die sich als Zweifel in die schwachen Stellen
des Kirchenglaubens einbohrten. Männer wie Rabelais und noch
mehr Montaigne wirkten auf den französischen Geist schon in
derselben Richtung, die erst im achtzehnten Jahrhundert ihren
stärksten Ausdruck fand. Selbst die französische Reformation be=
gann mit Spott und Hohn gegen das römische Wesen, und auch
eine so fromme Schule wie die jansenistische hatte in Pascal
einen Schriftsteller, der wie eine gezückte Dolchspitze dem Pfaffen=
thum und der Jesuiterei den Todesstoß drohte.

Die große Macht, welche die Philosophie des Cartesius mit ihrer
physikalischen Richtung auf das ganze geistige Leben Frankreichs übte,
bereitete trotz alles Bestrebens ihres Urhebers, mit der kirchlichen
Theologie im Einklang zu bleiben, dennoch die spätere Alleinherrschaft
der Menschenvernunft oder des an ihrer Stelle vorgeschobenen Ver=
standes, ja sogar des bloßen Witzes vor. Unter Ludwig XIV.
war der grelle Widerspruch zwischen der kirchlichen Frömmigkeit
und der sittlichen Liederlichkeit geradezu das Mittel, eine Literatur
hervorzudrängen, die im Zweifel schwelgte, während in eigentlicher
Wissenschaft unter seiner Herrschaft geradezu ein allgemeines
Herabsinken die innere geistige Regungslosigkeit beurkundete.
Unter seinem Nachfolger wurde Voltaire gleichsam der Prophet
Frankreichs; denn in seinen Schriften las jeder Franzose die gegen
alle Religion, auch gegen das Christenthum, besonders aber in
seiner römischen Gestalt, zwischen Haß und Verachtung hin und
herschwankende Feindseligkeit, welche sein eigenes innerstes Gefühl
geworden. Voltaire sprach aus, was in Aller Herzen war, und
sprach es aus in allen Formen der Poesie, in blinkendem Witz und
gewandter Rede. Er ist bis auf den heutigen Tag das Idol des
geistreichen Franzosenthums, und weder der Ernst, welchen Ströme
von Blut, durch die Guillotine und im Kriege vergossen, über

die Nation bringen mußte, noch die furchtbaren Schicksalswechsel, welche über ganze Stände und über zahllose Familien ergingen, haben den Widerhall verstummen gemacht, den sein witziger Un= glaube in den Herzen der leichtsinnigen Franzosen fand. Es konnte nicht fehlen, daß nach der Bewegung des Geistes gegen alle Auctorität, sowohl die überirdische als die der Geschichte, welche dieser Mann aufs Glänzendste formulirte und dadurch verstärkte, auch alle Bande der Pietät im gesellschaftlichen Leben gelockert wurden, und daß der Atheismus jeglichen Gedanken an sittliche Verantwortlichkeit für die Thaten und Unthaten des Menschen in Millionen von Herzen erstickte. Hat auch Napoleon Bonaparte Frankreich seine Kirche zurückgegeben, den Glauben konnte er ihm nicht wieder schaffen, sondern nur dahin wirken, daß die Gegner der absoluten Macht, nämlich Gottes, auch zu= gleich die Feinde der irdischen Herrschaft und die Auflöser aller staatlichen und geselligen Ordnung wurden.

Als der Rausch des Ruhmes und der Eroberungen verflogen und Frankreich gedemüthigt ward, wie es nie seit den Tagen des schwarzen Prinzen vom Auslande gedemüthigt worden, da kehrte mit den Priestern ein unter den Leiden der Verbannung einigermaßen zum Ernste des Lebens zurückgeführter Adel an seinen Heerd zurück, und es schien für ein ruhiges Schaffen der Wissenschaft und eine Einkehr des Geistes in sich selbst eine günstige Zeit gekommen. Allein dem Volke war mit der früheren kirchlichen Gläubigkeit, die es allerdings von geistiger Erhebung zurückgehalten hatte, der Lebensnerv genommen, und die Jesuiten = Missionen, die Möncherei und die elegante Frömmigkeit der Restauration konnten höchstens die Täuschung hervorbringen, daß es wieder ein gläu= biges Frankreich gebe, in der That aber diejenigen, welche in der Weise eines de Maistre und später eines Lamennais und Montalembert allen Glanz des philosophischen Gedankens, der verfälschten Geschichte und der schönsten Sprache zur Empfeh= lung des römischen Aberglaubens verwendeten, von der Masse des französischen Volkes isoliren. Dieses Volk in seiner unge= heuren Masse war unwissend, in der Religion gleichgültig und den Einwirkungen seiner Pfarrer gegenüber von zahllosen schrift= lichen und mündlichen Colporteuren des Unglaubens und der

Revolution bearbeitet. Die französische Wissenschaft kannte entweder blos den abstrakten Gott, der so gut wie keiner ist, oder sie war ungläubig. Die katholische Kirche sollte dem Staate, der troz aller Constitutionen zum Absolutismus zurückstrebte, zum Mittel für diesen Zweck dienen, während sie selbst den Staat zum Behufe ihrer Herrschaft auszubeuten trachtete. Dem Unglauben gegenüber hatte sie mit dem ächten Protestantismus gemeinsame Sache, aber abgesehen von dieser Gemeinsamkeit stand sie ihm als bittere Feindin gegenüber. Was Guizot*) im Jahr 1861 aussprach), gilt von dieser ganzen Zeit: „Die katholische und die protestantische Kirche sind von derselben Gefahr bedroht, sie haben die gemeinsamen Grundlagen ihres Glaubens zu vertheidigen, denn sie würden beide gleichermaßen unter den Trümmern des Gebändes sterben, darin sie jetzt wohnen. Die katholische Kirche kann sich mit ihrer allgemeinen Verfassung und den herkömmlichen Schutzwehren ihrer Unabhängigkeit vertheidigen, aber sie kann ihre eigene Freiheit nicht wirksam fordern, ohne auch die der andern christlichen Kirche anzuerkennen. Der Protestantismus hingegen muß seinerseits, wenn er seinem Grundsatz der freien Forschung treu bleiben und doch der Anarchie entgehen will, seine ganze innere Verfassung organisiren und den Dissidenten, die sich von der geordneten Kirche trennen wollen, völlige Freiheit gewähren."

Mit diesen Worten, die doch zunächst Frankreich gelten, spricht der erfahrene Staatsmann und Geschichtsforscher aus, daß das Christenthum in diesem Lande sich in einem reinen Vertheidigungsstande befindet und daß daher Frankreich als solches ein christliches Land nicht mehr genannt werden könne. Er zeichnet in einer andern Schrift**) die christliche Erweckung, wie er es nennt, in Frankreich, nämlich das Wiederaufleben des Katholizismus und des gläubigen Protestantismus, und stellt ihr die in diesem Lande im Schwange gehenden Feinde des Christenthums, den Spiritualismus, den Rationalismus, den Skeptizismus und die leichtsinnige Gottlosigkeit in treffenden Gemälden

---

*) L'église et la société chrétiennes. Paris 1861. pag. 62.
**) Méditations sur l'état actuel de la religion chrétienne. Paris 1866.

gegenüber, spricht aber die schließliche Hoffnung vom endlichen Siege des Evangeliums auch in Frankreich aus. Man kann nur wünschen, daß er Recht habe, muß aber dem eifrigen Bischof von Orleans, der eine düstere Zukunft seines Landes vor sich sieht,*) doch das Recht einräumen, die französische Gesellschaft als eine der bisherigen katholischen Kirche entschieden feindlich gegenüber stehende bezeichnen zu dürfen.

Wir sind mit unserer Betrachtung der französischen Geistes= entwicklung in die Gegenwart gekommen, und es wäre unrecht zu verschweigen, daß an den Irrwegen, in welchen der denkende Geist in Frankreich befangen ist, Deutschland seinen Theil der Schuld mitträgt. Denn fast Alles, was von tieferen Gedanken in jenem aufgeregten Volke jetzt gährt, ist deutschen Ursprungs, und nur die bezaubernde Form, vielleicht auch die consequente Anwendung aufs Leben, ist französisches Eigenthum.

Es wird überhaupt in der Gegenwart nicht eben leicht, bei der gemeinsamen Entwicklung der europäischen Culturvölker jedem seinen eigenen ausschließlichen Antheil, sei es im Guten, sei es im Schlechten, zuzuweisen. Es ist unzweifelhaft, daß wir für unsere Arbeit an der weltgeschichtlichen Aufgabe Europas nicht in geringem Maße durch Frankreich gefördert worden sind, und wäre es auch nur dadurch, daß man dort bei dem kurzen Wege zwischen Gedanken und That Manches sofort praktisch erprobt hat, was bei uns noch lange im Reiche des bloßen Gedankens verwahrt geblieben wäre. In wel= chem Maße sind die Fragen der Gesellschaft, ihres inneren Baues, ihrer Grundlagen und ihrer Rechte bei den Franzosen verhandelt worden, ehe den Deutschen seine Scheu, an Altvorhandenes zu rüh= ren, das Feld der politischen Wissenschaft betreten ließ. Aber wie wenig hat Frankreich dem deutschen Nachbar ein Muster des ge= sunden Familienlebens darzubieten vermocht, seit — Dank dem römischen Ehesakrament und der Frivolität der französischen Ge= sellschaft — die Scheu vor Gründung einer Familie sogar bis zu wirklicher Verminderung der Volkszahl dort gewirkt hat. Wie niedrig steht bei allem Scheine der Höflichkeit das weibliche Ge= schlecht bei den Franzosen. Auch die französische Wissenschaft,

---

*) Dupanloup: Der Atheismus und die sociale Gefahr. Essen, 1857.

so große Verdienste ihr zweifellos besonders auf dem Gebiete der Mathematik und der Naturforschung zuzuerkennen sind, und so sehr sie gerade in der Richtung der Befreiung des Geistes von den Fesseln der Tradition sich bewegt, hat doch nicht den sicheren Weg eingeschlagen, der die europäische Arbeit in der rechten Stellung der Persönlichkeit zum Ganzen des Volkslebens und zu ihren ewigen Zielen vorwärts führt. Sie hat nicht vermocht, auch nur diejenige Erkenntniß von dem Werth und der Stellung anderer Völker Europa's durch weitgreifenden Volksunterricht ihrem Lande mitzutheilen, die das Volk vor ungemessenster Selbst= überschätzung und vor einer krankhaften Luft, ohne eigentliche innere Arbeit alles Große durch noch Größeres zu überbieten, schützen müßte. Hat doch gerade in der neuesten Zeit es als selbstver= ständlich erscheinen sollen, daß, welcher Staat immer in Europa sein Gebiet erweitere, Frankreich dafür eine Compensation an Gebietszuwachs erhalten müsse, hat doch seit 1866 die stärkere Concentration Deutschlands in hundert französischen Zeitungen als ein Unrecht gegen und ein Angriff auf Frankreich fast ungestraft von einheimischer besserer Erkenntniß dargestellt werden können. Neid und Eifersucht, begründet in einer lächerlichen Eitelkeit der sogenannten großen Nation, sprudeln uns in tausend Zeitungs= artikeln seit diesen zwei Jahren entgegen und verrathen eine innere Krankheit des französischen Lebens, die es zum Bedürfniß werden läßt, daß durch Erfolge nach außen oder auch nur durch den Schein derselben das Volk über das am eigenen Marke fressende Uebel getäuscht werde. Selbst die lauten Kriegsrüstun= gen, welche bei großer finanzieller Erschöpfung die Regierung in Scene setzt, offenbar ohne eigentlich zu dem gefährlichen Wagespiel eines Krieges mit Deutschland wirklich entschlossen zu sein, können keinen andern Eindruck machen, als daß der Beherrscher eines auf den eingebildeten Ehrenpunkt so reizbaren Volkes, wäre es auch nur um seiner Hauptstadt und seiner Presse willen, bis zu einem gewissen Grade dafür sorgen muß, ihm den Traum seiner Uebermacht in Europa zu verlängern. Wie oft schon, auch vor Napoleon III., ist ein Krieg zwischen Frankreich und Deutschland erwartet worden, ohne jedoch auszubrechen! Und doch ist es in Deutschland unvergessen, daß deutsches Land, das in der unglück=

lichsten Zeit unserer Geschichte durch List und Gewalt uns ent=
fremdet wurde, von den Grenzen des Kaiserreichs umschlossen
wird. In dem Kriege gegen die französische Revolution, in den
Befreiungskriegen gegen Napoleon I. erwartete allerdings Deutsch=
land wieder zum Besitze dieses verlorenen Gliedes zu gelangen.
Aber Frankreich behielt nach dem Wiener Congresse, was es seit
Ludwig XIV. besessen, und ein neues Halbjahrhundert durfte
über die deutschen Lande jenseits des Rheines hingehen.

Nur anderthalb Jahrzehende lang war Frankreich auch am
Mittel= und Niederrhein im Besitze deutscher Landschaften geblieben.
Sie mußten 1815 zurückgegeben werden; aber nie seitdem ist in
Paris der Schrei nach der Rheingrenze verstummt.

Hier also Stoff genug nach beiden Seiten, besonders seit
Kaiser Napoleon so energisch das Nationalprinzip zu seiner Arrondi=
rung angerufen hat, um durch Krieg zur endgültigen Regulirung der
Grenze zu gelangen. Wenn aber diese einmal stattfände, so möchte
auch das niederdeutsch=belgische Gebiet und das oberdeutsch=burgun=
dische mit in Betracht kommen, welche seit lange von dem deut=
schen Nationalkörper durch fränkische Gewaltthat abgerissen sind.
Wiederholt verlautete durch Europa, daß der Kaiser der Fran=
zosen sich gern mit dem Schein begnügen und mit einigen über=
rheinischen steinkohlenreichen Kreisen zufrieden sein wolle, um, wie
nach Italien, so auch nach Deutschland zu als Mehrer seines
Reiches zu gelten. Als im Jahre 1866 nur noch ein Schlag
nöthig war, um Wien, nur einige Märsche erfordert wurden, um
Carlsruhe, Stuttgart und München in die Gewalt der preußi=
schen Heere fallen zu sehen, da war Frankreich athemlos herbei=
geeilt, um dieses Aeußerste, vielleicht die Vernichtung der öster=
reichischen Monarchie, jedenfalls das zweiflose Uebergewicht
Deutschlands und damit eine immer schmerzende Wunde für
Frankreich abzuwenden. Es fürchtete, die für seine Angriffe weichste
Seite Deutschlands, die süddeutschen Großherzogthümer und König=
reiche, die alten Rheinbundslande, in die starke Hand Preußens
fallen und damit alle Hoffnung der Zukunft an dieser deutschen
Grenze vernichtet zu sehen. Alles in Norddeutschland sollte ohne
Einsprache geschehen dürfen, ja die dort überwundenen Fürsten
sollten der Discretion ihres Siegers überlassen bleiben, wenn nur

südlich vom Main die alten Zustände dauerten. Die Mainlinie sollte dem Kaiser die nicht erlangte Compensation jenseits des Rheines auf dessen Ostseite einigermaßen compensiren. Es war ihm dies nöthig, weil Frankreich die Wunde genau da fühlte, wo sie wirklich saß.

Wir Alle erinnern uns des schrillen Concerts französischer Stimmen in Reden und Leitartikeln und Broschüren, welches die Eroberungssucht Preußens, die schamlose Selbstüberhebung der Deutschen, die Geiergriffe Bismarks, die ganz unerträgliche An= maßung des Königs von Preußen verfluchten. Die wildeste mo= ralische Entrüstung war hervorgebrochen, und es war ein selt= sames Schauspiel, die Sprecher einer ganzen Nation sich so wüthend geberden zu sehen, ohne daß doch etwas diesen Worten auch nur annähernd Entsprechendes geschah. Und welches war das ungeheure Verbrechen, das so tugendhafte Empörung hervor= gerufen? Gewiß war es nicht Theilnahme an dem Schicksal deutscher Fürsten, die ihre Throne verloren hatten. Denn den sittlich Empörten konnte der Klang der Worte: „Das Haus N. N. hat aufgehört zu regieren" noch nicht so ganz aus dem Gedächtnisse entschwunden sein, und über das Recht oder Unrecht, welches Preußen vollzogen, konnten sie bei ihrer Bekanntschaft mit der Geschichte Deutschlands und selbst mit seiner Geographie nicht urtheilen wollen. Es war also nichts Anderes, als das Auftreten einer Macht, da wo zuvor eine Unmacht, der deutsche Bund, ge= standen hatte. Es war der richtige Instinct der Franzosen, der ihnen sagte, daß es nunmehr mit der Rheingrenze, mit Compen= sationen, mit Kohlendistricten für immer aus sei. Noch tiefer aber lag der Grimm darüber, daß eine That des Ruhmes ge= schehen war, gegen welche alle französischen der letzten Jahrzehnde in ein Nichts verschwanden, daß eben dasselbe Oesterreich, welches Frankreich mit Italien nur kaum halb und nur durch die Män= gel der österreichischen Einrichtung und Verpflegung überwunden hatte, von Preußen, welches zugleich mit vierzehn Millionen Deutschen den Kampf aufzunehmen gehabt, in lauter siegreichen Schlachten gänzlich überwunden, während zu gleicher Zeit die französische Unternehmung in Mexiko in der traurigsten Weise völlig gescheitert war.*) Ein für das französische Nationalgefühl entsetzlicher Contrast. Er wurde fast wie eine eigene verlorene Schlacht empfunden. Der Kaiser selbst constatirte in seiner am 14. Februar 1867 gesprochenen Rede im Senate, nur in gehalte= nen eher verbergenden Worten, was Andere in die Welt hinaus= geschrieen haben: „Frankreich sinkt! es hat nicht mehr die Wage der Welt in der Hand! Seine Suprematie ist vorüber!" Es wurde noch ein Versuch gemacht. Luxemburg sollte, wenn auch durch Kauf, an Frankreich kommen. Das deutsche Haus Nassau= Oranien stattete seinen schuldigen Dank an Deutschland damit ab, daß es sich zu diesem Geschäfte hergeben wollte. Es schien ein Ehrenpunkt für Deutschland zu entstehen, der zum Kriege führen konnte. Aber der besonnene Verstand blieb oben, und Luxemburg hörte zwar auf, zu Deutschland zu gehören, deutsche Besatzung zu haben, aber es blieb bei Holland**). Allmälig be= ruhigten sich die Franzosen und fingen an, von hervorragenden Männern belehrt, zu der Einsicht zu gelangen, daß die Deutschen ebenso gut wie andere Nationen das Recht haben, bei sich Ein= richtungen zu treffen. War doch der Trost der Mainlinie ge= blieben! Aber auch dieser zeigte sich als täuschend, als die Schutz= und Trutzbündnisse der süddeutschen Staaten mit Preußen, schon 1866 geschlossen, aus Licht traten. Neues Aufschäumen des Zornes, jetzt auch über den Bruch des Prager Friedens, bis endlich dieser wieder entwölkt dastand und das Recht der Süd= und Norddeutschen erblickt wurde, ihre gegenseitigen Verhältnisse selbst zu bestimmen. Jetzt trat mit dem Kaiserbesuche in Salz= burg die Versuchung an Oesterreich heran, aber diesmal, Dank der Einsicht der Oesterreicher über ihre Lage und Bedürfnisse, vergeblich. Jeder Schritt der südlichen Deutschen zur Annähe= rung an Preußen berührte die alte kaum heilende Wunde an der Seine. Aber der Friede blieb ungestört. Die lebhaften Erörte-

---

*) Ein französischer Oberst antwortete einem Freunde des Verfassers auf die Frage: was haben euch denn nun eigentlich die Preußen zu leide gethan? „Sie haben Oesterreich schneller und vollständiger besiegt als wir."

**) S. Dr. Ph. S. von der Aurach: Der Luxemburger Handel und die französischen Rheingelüste. München 1867, wo zugleich noch manche treffende Urtheile über die letzte Zeit Deutschlands sich finden.

rungen in Frankreich über neue, den preußischen überlegene
Waffen, über Vergrößerung des Heeres bis zu einer dem künf=
tigen deutschen Bundesheere gewachsenen Anzahl wirkten in Deutsch=
land wie Kriegsrüstungen, aber nicht auf die Männer, welche in
Preußen und Norddeutschland das Steuer führen. Hier wurde
nicht gerüstet. „Wenn mein Nachbar seine zerrissenen Kleider
flickt, soll ich deswegen meine ganzen auch vermehren?" soll ein
ausgezeichneter Mann auf eine Frage darüber geantwortet haben.

Aber immer noch zittert durch deutsche Herzen die Frage,
ob der Friede mit Frankreich wohl werde erhalten bleiben? Dies
hängt ganz und gar von Frankreich ab. Daß es jetzt und in
den nächsten Jahren einen Krieg mit Deutschland nicht wagen
kann, sehen seine wirklichen Staatsmänner in hellem Lichte, und
der Kaiser ist nicht der Mann, sich von Phrasendreschern wie
E. Girardin in ein Wagniß treiben zu lassen, das für ihn und
seine Dynastie entscheidend werden müßte. Denn so hoch wir
immer von der französischen Armee denken, so hoch auch von
ihren Führern halten mögen, eine verlorene Schlacht ist doch auch
für sie keine Unmöglichkeit. Und was das jetzt heißen will, das
hat 1866 gezeigt. Man wende nicht ein: „Frankreich ist nicht
Oesterreich! Dort ist Einheit, geschlossenste Centralität, ein bis
ins Mark lebendiges Nationalgefühl!" Das geben wir Alles zu.
Aber Frankreich ist noch weniger Preußen und Deutschland.
Nichts von der Ausdauer, der nachhaltigen moralischen Kraft des
deutschen Kriegsmannes. Frankreich ist ein katholisches Land, und
zwar ein ungläubiges. Die tiefste und mächtigste Springfeder des
menschlichen Willens, die Gottesfurcht, der Glaube, wirkt in seinem
Heere nur wenig. Auch die Triebfeder des Ruhmes, die bei beiden
Heeren gleich ist, die Zuversicht auf die eigene Kraft, kommt ihm
nicht zu statten. Nach verlorener Schlacht pflegt jene zu erschlaffen,
je höher sie zuvor gespannt war, desto tiefer, und die letztere ist
dem Deutschen in noch ganz anderer Weise gewachsen, als dem
Franzosen jemals seit der Zeit des ersten Napoleons.
Bei diesem Gewaltigen ist nicht zu vergessen, daß in der
Hälfte seiner Laufbahn deutsche Truppen nicht das Wenigste zu
seinen Schlachten gethan haben. — Wie aber wird Frankreich
mit seinen Parteien und mit den Rachegefühlen der Hundert=

tausende, welche 1851 den eisernen Arm der Despotie gefühlt haben, seinem Erwählten nach einer verlorenen Schlacht gegen= überstehen? Wird Paris ihm treuer sein, als es dem Oheim war? Und wie wird dann der Kampf um das Ruder des Staa= tes wirken? Eine neue, nicht tief gewurzelte Dynastie darf nicht ihr Alles auf die Spitze Einer Entscheidung stellen. Es ist wahr, Frankreich, das französische Volk wird auch von einer verlorenen Schlacht nicht vernichtet sein. Der Krieg wird sich verlängern vielleicht bis zur Erschöpfung beider Gegner. Wird Deutschland zuerst an die Grenzen seiner Kraft gelangen? Und werden Italien und Belgien, selbst Holland sich auf Seite Frankreichs stellen? sie, die von der Vormundschaft oder der Bedrohung des= selben beständig leiden? Würden sie nicht im Falle des Sieges der Deutschen für sich selbst dann zu fürchten haben?

Und was würde im Falle des deutschen Sieges das Schick= sal Frankreichs werden? Sicherlich nicht ein ähnliches wie 1815. Denn alle Einsichtigen in Deutschland wissen, daß es Rußland und England waren, die damals die alten Grenzen für dasselbe erwirkten. Aber weder das Eine, noch das Andere wäre dies= mal im Stande, den deutschen Forderungen entgegen so nahe Marken zu bestimmen und einen Krieg deshalb zu unternehmen. Nicht Rußland, denn diesem würde damit sein orientalisches In= teresse verloren gehen und Deutschland dennoch mächtig genug bleiben, ihm jeden Schritt in der Richtung desselben unmöglich zu machen. Eben dieses Interesse aber würde Oesterreich hindern, in solchem Kriege neutral zu bleiben. Es müßte ihn vielmehr gegen Rußland benützen, oder fürchten, daß er von Italien in sehr ein= greifender Weise benutzt werde. Nicht England, denn es hat alle Ursache zu wünschen, daß Frankreich unfähig gemacht werde, den Frieden der Welt ferner zu stören und es vermag seinerseits Deutschland sehr zu beschädigen, aber nicht seine Kraft zu brechen. Auch würden die scandinavischen Länder schwerlich aus dem Be= reiche des Krieges bleiben, und ob alsdann England etwas gegen die deutschen Küsten vermöchte, ist sehr die Frage. Wenn aber in solchem Falle Frankreich für die Zukunft davor bewahrt werden soll, daß es nicht wieder der Feuerheerd für europäische Er= schütterungen werden könne, was könnte ihm weniger widerfahren, als daß es seine ehemals Italien und Deutschland sowie den Niederlanden angehörigen Landestheile verlöre und somit auf kaum zwei Drittheile seines jetzigen Gebiets eingeschränkt würde, während seine Nachbarn in demselben Maße wüchsen, und alsdann durch die europäische Conföderation der Friede erhalten werden könnte? Dies sind die möglichen Wirkungen eines Krieges für Frankreich. Welche aber sind es für Deutschland, wenn es besiegt wird? Kann Deutschland den Verlust auch nur eines Theils des linken Rheinufers ertragen? Wird nicht die Wunde fortbrennen, bis die Glut gelöscht ist? Also der Krieg wird neu beginnen, und die nachhaltigere Kraft liegt doch wohl schließlich bei ziemlich gleicher Bevölkerungszahl auf der deutschen Seite. Eine Vernich=tung Deutschlands durch Frankreich hält jeder Deutsche für un=möglich, und derselbe Zorn und Grimm wie 1813 würde sich gegen den Unterdrücker erheben. Auch würden wohl die übrigen Großstaaten noch weniger die Zerstückelung des deutschen Gebiets unter französischer Hoheit dulden, als die Verkleinerung Frank=reichs, weil ihr Interesse dieselbe nicht erträgt*).

Bei solchen Aussichten kann gewiß Niemand den Krieg wünschen, sondern daß Frankreich sich groß und mächtig genug finde, um neben einem mächtigen Deutschland seinen Beruf als Nation und Staat zu erfüllen. Napoleon aber, der Kaiser der Franzosen, hat bei allem Mislingen der letzten Jahre doch den großen Trost, sein Wort: „Italien frei bis zur Adria!" endlich gut gemacht, die Vernichtung der österreichischen Monarchie ge=hindert, den Prozeß der Einigung Deutschlands aufgehalten und ein Meisterstück vollbracht, nämlich Frankreich in solcher Erregung um seine vermeintliche Ehre und Suprematie vor einem gefährlichen Kriege bewahrt zu haben. Er hat die vortheilhafte Stellung, auf die Erstarkung Oesterreichs oder auf den neuen Ausbruch der orientalischen Frage warten zu können, um dann, wohlgerüstet, etwa doch den Krieg zu beginnen oder, indem er ihn hindert, auf friedlichem Wege irgend welche Vortheile zu erlangen. Er ver=steht seine Nation zu handhaben, indem er bald vorwärts treibt,

---

*) S. Zwei Fragen der auswärtigen Politik Preußens und Deutschlands. Halle 1867.

bald zurückzieht, den Leidenschaften zu brausendem Fortströmen das Ventil öffnet, bis sie ermüdet sinken und er dann wieder ein Stückchen sogenannter Freiheit austheilt, gleichsam wie zur Belohnung für die bewiesene Folgsamkeit.

Werfen wir einen Blick in das innere Leben Frankreichs, so werden wir zugestehen müssen, daß dort die Einheit des Staats weit über die der Nation überwiegt, daß in ihr alle historischen Existenzen vernichtet sind und die Centralisation ihren Triumph feiert, diese Centralisation, welche alles Blut nach dem Herzen führt und die Glieder kalt werden läßt, während jenes Central-Organ gefährlich übereizt wird. Es ist dieses Uebel in einer Weise von einem Sachkundigen geschildert worden, die uns weiterer Bemerkungen überhebt*). Hier zu helfen ist eine Aufgabe, welche die politischen Geister Frankreichs nützlicher beschäftigen würde, als die beständige Abstraction, in welcher sie nur Frankreich als Ganzes, als einen Begriff, dem Ausland, ja der ganzen Welt gegenüberstellen. So lange diese Hülfe nicht kommt, wird Frankreich eine Gefahr der Welt bleiben. Denn die Centralisation ist nicht blos das bewundernswürdige Werkzeug, die vollkommene Maschinerie, mit welcher die Staatsumwälzungen in Paris fertig und dann sofort telegraphisch dem Lande octroyirt werden, sondern sie ist auch die Ursache, warum Paris die Herrscherin ihres Herrschers und daher das Geheimniß der Schwäche dieser obersten Spitze des Staates ist. Auf ihr liegt ein zu schweres Gewicht der Verantwortlichkeit und Sorge, während ihr Fuß im Lande zu schmal ist. Ein Frankreich, dessen Landschaften und Gemeinden sich mehr selbst regierten und die Grundlage der Gesammtregierung wären, könnte so plötzlichen Schwankungen der Politik nicht unterliegen, wie sie für Europa zu fürchten sind.

Die innere social-politische Entwicklung der französischen Gesellschaft ist eine immer wiederkehrende Forderung, die, einmal befriedigt, die Ruhe der Welt sichern und dem deutschen Einheitsleben seine Bahn ungestört lassen würde. Ein zweiter Punkt ist die Volksbildung. Es ist wohl schon dreißig Jahre her, daß Frank-

---

*) Odilon Barrot: Die Centralisation. Deutsch von B. Franz. Berlin 1862.

reich) 11,000 Gemeinden ohne Schulunterricht hatte. So weit wenigstens war es seit 1789 gekommen, daß diese Zahl auf 11,000 herabgegangen. Der Minister Guizot hat seine Hand angelegt, und Vieles ist besser geworden; der jetzige Minister Durny nimmt die Sache mit dem ganzen Ernste, der ihr gebührt. Laßt ihn dieses Werk vollenden und Frankreich erst unterrichtet sein, dann wird es nicht länger in der absoluten Bevormundung der Centralisation zu halten sein, und so wird der Unterricht mittelbar auf den Frieden Europas wirken. Er wird es aber auch unmittelbar, indem er die fast chinesischen Vorstellungen beseitigen wird, welche man in Frankreich von den auswärtigen Nationen und von dem eigenen „Reich der Mitte" hegt. Die energischen Schritte, welche jetzt in Frankreich auf dieser Bahn geschehen, werden die französische und deutsche Nation sich friedlich nähern*).

Aber mit aller politischen Einsicht, mit aller Decentralisation, mit aller Schulbildung ist Frankreich noch nicht zu helfen. Es bedarf der inneren Befriedigung, und ohne diese wird das unglückliche Land dem Wechsel zwischen Revolution und Despotismus nebst den Mittelstufen zwischen beiden verfallen sein, und dieser Wechsel wird das Volk demoralisiren und die Gesellschaft auflösen, bis endlich die Selbständigkeit der Nation unmöglich wird. Woher aber diese Hülfe? Sie kommt einzig und allein durch das Evangelium. Frankreich unterliegt dem Schicksal der romanischen Völker, deren weltgeschichtliche Rolle zu Ende ist, wenn sie an dem romanischen Christenthum in Gestalt des Papstthums halten und dennoch dem Staate in seiner modernen Gestalt die schärffste Ausbildung geben wollen. Dieser Widerspruch ertödtet zuletzt den Nerv des Lebens. Ein Franzose**) sagt es: „Frankreich ist nicht „katholisch, auch wenn es sich aufs ehrlichfte einbildet, es zu sein; „es ist nicht protestantisch, außer etwa unbewußt und im Sinne „der bloßen Verneinung; es ist nicht einmal offen ungläubig, „sondern will dem Glauben ebenso fern stehen, wie dem Un-

*) S. Schneider: Die Volksschule und die Schullehrerbildung in Frankreich. Bielefeld und Leipzig 1867.
**) E. Rossoeuw St. Hilaire: Études religieuses et littéraires Paris 1863. in der Abhandlung: Ce qu'il faut à la France. p. 4 suiv. p. 87 suiv.

„glauben. Also gleichgültig wäre es? Aber woher denn die
„nagende Krankheit des Gewissens, die dem Arbeiterstande keine
„Ruhe läßt bei einer Religion, die ihm nicht mehr paßt, und den
„Gebildeten diese angstvolle Neugier einflößt und sie immer wieder
„vor die Fragen der Ewigkeit hinstellt, denen sie weder entrinnen,
„noch sie lösen können? — Was ist also Frankreich? Was es
„schon zu Cäsars Zeit war und durch alle Wendungen seiner
„Geschichte geblieben ist, ein leichtsinnig spöttisches Volk, das sich
„der ernstesten Fragen durch einen Witz entschlägt und eiligst zum
„Spotte greift, um nicht gerührt zu erscheinen. Noch lebt die
„alte Aber gallischer Oberflächlichkeit und Ironie, die durch alle
„Jahrhunderte und Trübsale nicht vertrocknet ist. Ueber Alles
„hat es gelacht, über seine eigenen und Anderer Sünden, immer
„Neues hat es angefangen und Nichts zu Ende geführt, Alles
„scheiterte an der unglückseligen Beweglichkeit, auch die tiefsten
„Gedanken, die edelsten Aufschwünge. Dieselben Fehler kehrten
„immer wieder, dieselben Züchtigungen folgten ihnen, aber Alles
„ist an dieser polirten Fläche abgeglitten. — Frankreich ohne
„Gott! das ist die Ueberschrift über die jetzige Periode der reli=
„giösen Geschichte des Landes. Voltaire heißt seine Fahne. Vol=
„taire, diese Seele, die keine Scham und nur einen Gedanken
„kannte: Haß gegen das Christenthum*).“ Nachdem er die Ge=
schichte Frankreichs auch durch die Neubelebung des Katholicis=
mus mit seinen Klöstern, Anstalten, Asylen, Vereinen und viel=
fachen Werken fortgeführt, spricht er: „Weder das anscheinende
„Gedeihen des Katholicismus, noch die Fortschritte seines alten
„Nebenbuhlers, des Protestantismus, die ihn mehr beunruhigen,
„als er sich will merken lassen, können uns über einen viel
„schlimmeren Fortschritt verblenden, den des Unglaubens. Was
„uns wahrhaft beunruhigt, das ist die thierische Gleichgültigkeit
„gegen Alles, was das andere Leben betrifft; es ist die zügel=
„lose Genußsucht, wie sie immer in Zeiten des Sinkens der Völ=
„ker hervortrat, dieser bodenlose Abgrund, in welchen das rö=

---

*) Wenn ein materialistischer Akademiker in Berlin so eben diesen Vol=
taire als eine der Quellen preußischer Größe gepriesen hat, so verbitten wir
dies hier im Namen aller Preußen.

„mische Reich versank und aus welchem die Gesellschaft ohne das
„Christenthum nie wieder emporgetaucht wäre. Ein Volk stirbt
„nicht unter Bürgerzwist oder fremdem Schwerte, aber es stirbt wie
„die Greise, wenn es ihm an Lebenskraft, Begeisterung, Glauben,
„heiligem Aufschwunge fehlt. Und daran fehlt es Frankreich.
„Es fehlt ihm das Evangelium!" — Und derselbe Mann redet
von den Bauern und Handwerkern Frankreichs*) und sagt uns,
daß auch bei den einfachen Ackersleuten die katholische Kirche
ihren Halt in den Herzen der Männer verloren hat, daß ihr nur
die Frauen noch bleiben, und auch diese nur dem Namen und
Scheine nach, daß der öffentliche Unterricht erbärmlich ist und
mehr schadet als nützt. Er läßt uns die Handwerker in den
Städten sehen, die sich meist vom Lande, wo sie sich nicht mehr
ernähren können, recrutiren. Hier ist das Schlachtfeld der Civili=
sation, hier das Elend und das sittliche Verderben, seine Quelle
und seine Frucht, hier die Auflösung der Familienbande, die
Herrschaft der Unzucht und die Armuth zum Hungertode, hier
der von der Litteratur beherrschte, der freche oder lästernde Un=
glaube. Wir stehen an der socialen Frage in ihrer ganzen
Furchtbarkeit. Hat sie der Kaiser Napoleon gelöst, indem er
durch Kanonen und Cayenne ihre gräulichsten Erscheinungen nie=
derschmetterte oder beseitigte? Hat er sie gelöst, indem er Arbeit
gab, die nicht fortdauern konnte, und Millionen in diesen Abgrund
warf, der nicht durch sie gefüllt wurde?
　　Frankreich hat ein ungeheures Werk zu thun. Es ist der
Fahnenträger auf der Bahn der ökonomischen, industriellen, ge=
sellschaftlichen Civilisation geworden. Ihre Opfer stehen vor
Augen. Hat aber sein St. Simon, Fourier, Proudhon vermocht,
das Paradies der arbeitenden Menschheit herzustellen? Hier liegt
die große Aufgabe der Zeit. Der Katholicismus hat sie nicht
lösen können, der bisherige Protestantismus auch nicht. Aber
das Evangelium kann es wieder thun, sobald ihm nur freier Lauf
gelassen wird. Ohne dasselbe werden die edelsten Bestrebungen
nicht zum Ziele kommen. Die Lösung der Arbeiterfrage im echt
christlichen Sinne muß das gemeinsame Werk Frankreichs, Englands

---

*) a. a. O. p. 133 suiv.

und Deutschlands werden, und dazu bedürfen sie Frieden und Freundschaft und gegenseitige Förderung. Wenn das Kaiserreich dies vermag, so wird es erst wirklich der Friede sein.

Es ist unmöglich vom Verhältnisse zwischen Deutschland und Frankreich zu sprechen, ohne daß man die so unzählige Male gebrauchte und gemißbrauchte Formel oder Phrase vom Gleichgewichte der europäischen Mächte berührte. Es war diese Formel eine nothwendige Folge des westphälischen Friedens gewesen und hatte in den Friedensschlüssen des achtzehnten Jahrhunderts als Richtmaß gedient. In Wahrheit war sie der Ausdruck für die gegenseitige und gemeinsame Ueberwachung der europäischen Staatsmächte (damals Deutschland als Reich), Frankreich, England, die Niederlande, Schweden und Brandenburg, letzteres als aufsteigende Macht), damit keine ihre Machtsphäre willkürlich erweitere. Die gegenseitige Eifersucht wurde unabsichtlich zum Schutze der Klein- und Mittelstaaten außerhalb Deutschlands, denn die Deutschen wogen nicht für sich besonders, sondern waren in dem Reiche mitbefaßt, für welches Oesterreich eintrat. Es war aber schon damals der Ausdruck zur Phrase geworden, als Hannover dem englischen Machtstaat angehörte und somit das Reich nicht mehr ein ungebrochenes Ganze war, wie denn auch die zunehmende Größe Brandenburgs innerhalb dieses Reiches sein Gewicht bald mehren bald mindern konnte. Und was sollte ein Gleichgewicht bedeuten, in welchem das Anfangs noch so großstaatliche Schweden durch Rußlands Uebergewicht nunmehr zum Mittelstaat herabsank, in welchem die Niederlande Tag für Tag mehr von England gelähmt und beerbt wurden, in welchem sogar Frankreich seine Reunionskammern aufrichten und im Friedensschluß (zu Ryßwick) die Unthaten derselben, durch welche deutsche Reichstheile abgerissen und Frankreich einverleibt wurden, im Namen des Gleichgewichts bestätigen lassen konnte? Und was für ein Gleichgewicht, in welchem Spanien bald ein Theil der österreichischen Monarchie, bald ein Annex der französischen sein konnte?

Daß im Mittelalter Deutschland die bestimmende Macht in Europa gewesen, daß, als es allmählich an Einheit und Macht sank, Frankreich, Spanien und England emporstiegen, daß, als Spanien durch die Vereinigung Deutschlands, Italiens, der Nie-

berlande und der neuen Welt unter seinem Machtscepter zum
Weltreiche geworden, der Kampf zwischen ihm und Frankreich
sowie England entbrennen mußte, (Carl V. und Philipp II.) be=
darf nicht mehr der Erinnerung. Spanien sank, England und
Frankreich stiegen, Deutschland, seit dem dreizehnten Jahrhundert
an Umfang immer abnehmend, indem es die Niederlande, Bur=
gund, die Schweiz verloren hatte, konnte sich seine alte Stellung
nicht wieder erringen. Im siebenzehnten Jahrhundert stiegen
Schweden und Brandenburg, im achtzehnten Rußland neben
Oesterreich empor. Das Uebergewicht war damals unzweifelhaft
in den Händen Frankreichs, aber kein so entscheidendes, daß es
für sich allein der Vereinigung der übrigen Staaten gewachsen
war. Das Gleichgewicht Europas beruhte daher auf der Allianz
der übrigen Mächte oder doch einiger der stärkeren gegen Frank=
reich, und diese zu lösen oder zu brechen mußte dessen beständiges
Streben werden. Man kann daher nur sagen, daß seit dem
westphälischen Frieden Frankreich derjenige Staat Europas war,
von welchem am ehesten und öftesten Störungen der allgemeinen
Ruhe ausgehen konnten und der daher als der muthmaßliche Feind
der übrigen Staaten zu betrachten war. Ihm gegenüber haftete die
Wahrung des Gleichgewichts an der Erhaltung der Unabhängig=
keit Spaniens und Portugals, Savoyens und der Niederlande.
Italien war bereits aus dieser Reihe herausgerückt, konnte aber
jeden Augenblick wieder in dieselbe zurückgestellt werden. Ganz
natürlich daher Bündnisse Englands mit Spanien und den Nieder=
landen, Oesterreichs und des deutschen Reichs, Preußen voran, mit
diesen und Savoyen, wie dann andrerseits Frankreich mit Schweden,
Polen und Dänemark am liebsten sich einließ, weil diese des
Schutzes gegen das anwachsende Rußland und das emporsteigende
Preußen bedurften. Selbst die Türkei war eine gesuchte Allianz
Frankreichs, um Oesterreich zu hemmen. Trotz dieses Allianzen=
spiels, in welchem das Gleichgewicht hin und widerschwankte,
bildete sich auf der deutschen Seite, wo die mangelnde Einheit
die Widerstandskraft schwächte, die Kraft des Angriffes fast auf=
hob, eine Tradition der Uebergewalt Frankreichs seit Ludwig XIV.
Wenn das Reich sich gegen die Gewaltgriffe dieses Königs an
seinen Gränzen nicht zu schützen wußte, so konnten die übrigen

Mächte sie auch nicht in die Länge hindern. Nachdem der große Kurfürst von Brandenburg und Carls XII. Unbesonnenheit und Starrsinn Schweden auf seine wirkliche Bedeutung zurückgeführt und an dieser Seite Frankreich einen empfindlichen Schaden zugefügt hatten, gelang es dem Genie und der raschen Thatkraft Friedrichs des Großen, den Zauber Frankreichs zu zerreißen und den Wahn seiner Unbesiegbarkeit in der für dasselbe erschütterndsten Weise zu zerstören. Obgleich aber zu gleicher Zeit England den stolzen Nebenbuhler zur See und in den Colonieen jenseits der Meere demüthigte, obgleich unter der Regierung Ludwigs XV. von der Uebermacht nunmehr nur der Schimmer und Nachklang geblieben war, obgleich die innere Erschöpfung in Folge der ungeheuersten Verschlenderungen des Nationaleigenthums das Land unfähig erscheinen ließ, den Schwerpunkt Europas auf seinen Boden fallen zu lassen, so geschah dies doch wieder, und zwar durch die Entfesselung der wildesten Kraft in der Revolution von 1789 und in den folgenden Jahren.

Hier zeigte sich, was eine Nation vermag, wenn sie, von mächtigen und faßlichen Ideen ergriffen, wie ein Lavastrom in glühenden Fluß kommt und alle ihr gesetzten Ufer überströmt. Zumal wenn diese Ufer nicht selbst felsenfester Art sind, wie damals vor allem die niederländische, italiänische und deutsche Nachbarschaft. Die Vorlande Deutschlands, Elsaß und zum Theil Lothringen, waren noch unter Ludwig XIV. hinweggerissen*) worden, und die nächst an Frankreich gränzenden deutschen Lande waren das Hülfloseste und Widerstandsunfähigste, was es nur geben konnte, nämlich neben den kleinen badenschen, pfälzischen und nassauischen zerstückelten Reichsgebieten die geistlichen Kurfürstenlande von Mainz, Trier und Cöln und zuletzt die halb österreichischen halb freien Niederlande, in deren ersterem Theile die Regierung Josephs II. durch unsägliches Ungeschick den inneren Halt des Daseins gelockert hatte, während aus dem letzteren die alte Kraft des Zusammenhaltens durch Parteiwesen und durch das behagliche Genießen des Reichthums längst gewichen war. Tiefer im Reiche bestand schon der Anta-

---

*) Eine Uebersicht über diese und frühere Abreißungen von Deutschland giebt W. Menzel: Unsere Gränzen. Stuttgart u. Leipzig. 1868. S. 9 ff.

gonismus zwischen Oesterreich und Preußen, und die deutschen
Klein= und Mittelstaaten, noch immer in der Unform des Reiches
zusammengehalten, gruppirten sich theils mit Nothwendigkeit, theils
in oft launenhaften Wechseln um die beiden. So gab Deutsch=
lands innere Schwäche den Franzosen nochmals das continentale
Uebergewicht, und als es unter Napoleon I. nach einem Welt=
reiche in der Art Carls des Großen oder Carls V. strebte, als
vor seinen Stößen die deutsche Reichseinheit zerfiel, als vom
Reiche wieder Land abgerissen, oder in die Abhängigkeit von
Frankreich hinabgedrückt wurde, da konnte kein Zweifel mehr sein
an der Zerstörung des Gleichgewichts in Europa. Denn in
Kurzem bestanden überhaupt kein Deutschland, wie kein Italien,
keine Niederlande mehr; das ganze Mittel=Europa war Frankreich
geworden. Nur England und Rußland standen ihm als politische
Mächte ersten Ranges noch gegenüber, und zwischen ihnen und
dem napoleonischen Frankreich kam es zum entscheidenden Kampfe.
Wenn dabei die niedergedrückte deutsche Kraft, erst in Preußen,
dann auch in Oesterreich wieder ihre Schnellkraft zu üben, wenn
sogar Preußen den Hauptantheil des Kampfes und Sieges zu
übernehmen hatte, so ergab sich nach sittlich=politischer Ordnung,
daß auch nach der Niederwerfung der despotischen Revolution das
Schwergewicht Europas wieder nach Deutschland fiel. Hier aber
— nicht an der Theilung Polens, wie Johannes von Müller
einmal sagte — wurde die politische Moralität der Monarchen
und Staatsmänner Europas, allerdings zugleich ihre weitsichtige
Intelligenz geprüft. Und sie bestanden nicht in der Prüfung.

Ein wirklich einheitliches Deutschland hätte ohne allen Zweifel,
zwar nicht die Stellung eines mittelalterlichen römisch=deutschen
Reiches, aber doch die des politischen Schwerpunkts Europas
eingenommen. Ungefährlich nach Außen, wenn Oesterreich auf
seine wälschen Propensitäten verzichtete, aber auch selbst ohne
diesen Verzicht, nicht nur für das nächste Menschenalter, in welchem
es an der Herstellung seiner Kräfte zu arbeiten hatte, ja immer
noch darauf angewiesen, die zwei Jahrhunderte, welches durch
den dreißigjährigen Krieg verloren, durch innere Entwickelung
wieder einzubringen, konnte es für Frankreich ein Zügel und heil=
samer Regulator, für Rußland eine Quelle der Gesittung, für

England ein Markt und ein Bezugsort praktisch verwendbarer wissenschaftlicher Erwerbnisse sein und keinem dieser Machtstaaten Gefahren drohen, da es nur durch Bündniß mit einem derselben so zweifellos überlegen werden konnte, wie es das Gleichgewicht Europas nicht zuließ, und da es, in seinem Innern befriedigt, nach seinem ganzen Charakter erobernden Drang und Erweiterungstrieb über die Gränze seiner Nationalität hinaus nicht haben konnte. Nur das Elsaß und etwa Lothringen konnten nach der Westgränze hin einen stachelnden Reiz üben, wenn man, wie geschah, diese so schlecht erworbenen Provinzen dem Franzosenreiche ließ. Wollte man sie aber demselben 1815 abnehmen, um sie Deutschland einzuverleiben, wohin sie gehörten, so war dies damals, wenn Deutschland wirklich einheitlich gestaltet wurde, nach der Erschöpfung durch die napoleonischen Kriege möglich und dann das Uebergewicht Deutschlands in Mitteleuropa noch zweifelloser. Daß eine mitteleuropäische Continentalmacht diesen Schwerpunkt Europas bilden muß, lehrt schon die Karte, und es ist, wenn Deutschland dazu die Befähigung nicht hat, nothwendig Frankreich, dem dieses Uebergewicht zukommen muß, auch wenn beide Staatsgebiete an Land und Leuten sich völlig gleich sind. Das Gleichgewicht Europas duldet aber sowohl das eine, wie das andere, daß Frankreich und daß Deutschland die Zunge der europäischen Waage besitze. Es ist daher nur ein eitles Vorgeben, wenn man die Uebermacht Deutschlands unzulässig fand, weil man damit unausweichlich die Frankreichs feststellte, die ja doch durch die Erinnerung von anderthalb Jahrhunderten als gefährlicher erwiesen wurde, als die deutsche, von welcher man nichts zu erzählen hatte, als daß sie, kaum geschaffen, auch schon wieder im Sinken war.

Allerdings war die Herstellung eines einheitlichen Deutschlands eine so leichte Aufgabe nicht. Wenn auch Rußland und England dieselbe mit lautern Absichten, redlichem Willen und ganzem Entschlusse gewollt hätten, nimmermehr wäre Oesterreich zu bewegen gewesen, sich unter Preußens Führung zu stellen, oder Preußen im Stande gewesen, seine deutsche Bevölkerung dem undeutschen Wesen des mächtigen Nachbars zu opfern. Mögen es diese berechtigten Erwägungen gewesen sein, die von der Herstellung des deutschen Kaiserthums abmahnten, sie hätten doch immer noch nicht genöthigt, ein so unmächtiges Gebilde wie den deutschen Bund zu schaffen, der gerade recht zum Mittel der Be=thätigung der Eifersucht und des Wettkampfs der beiden deutschen Großstaaten gemacht schien. Ein innerlich scheinbar einheitliches, in Wahrheit aber getheiltes, gebrochenes und schwaches Deutsch=land hinstellen hieß die Fortdauer des Uebergewichts der fran=zösischen Continentalmacht wollen. Mancher der Diplomaten des Wiener Congresses mochte das Lächeln unterdrücken müssen, wenn man, die Karte vor den Augen, von Preußen als fünfter euro=päischer Großmacht sprach; denn welcher innerlichen Concentration und welcher schlagfertigen Beweglichkeit dieser Preußenstaat fähig war, wußten sie trotz der kürzlich gemachten Erfahrung doch nicht. — Das sogenannte Gleichgewicht Europas ruhte von nun an nicht in Deutschland als der entscheidenden Continentalmacht, son=dern in der Pentarchie aus England, Rußland, Oesterreich, Frankreich und Preußen. Die beiden letztgenannten waren, wie es schien, zweiten Ranges, aber auch nur, wie es schien; denn das einheitliche Frankreich mußte binnen Kurzem in der ersten Reihe stehen und nur Preußen in der zweiten zurücklassen. Nur die Kürzung seines Gebiets um Elsaß und Lothringen, vielleicht auch um ehemalige Gebiete der Niederlande hätte ihm die wahre Stellung angewiesen. Allein schon vor dem Kriege der vier Mächte gegen Napoleon oder in seinem Beginne war es, offenbar über=wiegend von Rußland aus, erklärt worden: „Nicht gegen Frank=„reich, sondern allein gegen Napoleon Bonaparte werde gekämpft, „die Allianz wünsche vielmehr Frankreich groß, stark und glücklich „zu sehen, weil die französische Macht eine der Grundlagen des „gesellschaftlichen Gebäudes sei." Man braucht weder den Edel=muth der Selbstbeschränkung des russischen Kaisers Alexander I. zu verkleinern, noch die Klugheit einer solchen Erklärung der er=schöpften und ermüdeten französischen Nation gegenüber zu miß=achten, um dennoch dieselbe für einen großen Mißgriff und für ein europäisches Unglück zu halten. Nicht daß man im Inter=esse Europas die Franzosen unglücklich und schwach zu wünschen genöthigt wäre, aber mit diesen volltönenden Zusagen war eigent=lich der Wille ausgesprochen, daß Frankreichs Macht auch ferner

das stärkste Gewicht in die Waagschaale der europäischen Schick=
sale lege. Man weiß, wie Kaiser Alexander hernach zur Aus=
beutung dieser Declaration im Interesse der Machtgröße Frank=
reichs untschmeichelt wurde und wie leicht seinen Diplomaten die
Bestärkung ihres Herrschers in seinem „Edelmuth" sein mußte,
da derselbe in seinen Früchten blos Deutschland schwächte und
dadurch Rußland stärkte. Kann doch kein der Geschichte Europas
kundiger russischer Staatsmann verkennen, daß der an seinen
Gränzen noch fluctnirende Prozeß der Germanisirung fast ein
Naturprozeß zwischen Germanen und Slawen ist und daß er in
seinem weiteren Verlaufe zu einer Abwägung zwischen Deutsch=
land und Rußland auf der Waage des Machtbestandes führen
muß. Dieser wenn auch noch so fernen Aussicht gegenüber war
für Rußland ein starkes Frankreich und ein schwaches Deutsch=
land geradezu ein Bedürfniß wie das tägliche Brod.

Genug, das Uebergewicht Frankreichs bestand auch unter der
Restauration fort, und, daß es zu keiner Bethätigung im Kriege
kam, hat Ursachen, die nicht in dem Gebiete der Macht der beiden
betreffenden Staatsgebiete lagen. Der Krieg ist in anderer Weise,
als durch bewaffnete Heere, dennoch geführt worden. Sowohl
die französische Revolution von 1830, wenn sie auch auf einen
Wechsel der Dynastie als Hauptergebniß auslief, als die tiefer
gehende von 1848 hat in Deutschland ihren Wiederhall gefunden,
und man konnte sagen, Frankreich habe nach der Seite der libe=
ralen Bestrebungen, die sich wenigstens so nannten, auf Deutschland
zwanzig Jahre lang in einem Maße influirt, daß man beinahe
von einer Abhängigkeit der deutschen politischen Strömungen von
Paris sprechen konnte. Und was hat denn selbst die Pentarchie
gethan, um die von Frankreich ausgegangene Theilung des nie=
derländischen Königreiches, die Entstehung des Königreichs Belgien
zu verhindern? Hat nicht in Spanien, in Algier, in Belgien,
im Orient, in Italien (Ancona) der sogenannte Wille Frankreichs
sich je nach den Zielen, welche er sich augenblicklich setzte, sich als
übermächtig erwiesen? Was ist denn diese Pentarchie schließlich
anderes gewesen, als wieder eine Garantie der Uebermacht Frank=
reichs? Ist sie nicht wesentlich die Aufwiegung der heiligen
Allianz gewesen, in welcher allerdings Rußland mit Oesterreich

und Preußen ein stolzes Uebergewicht über Frankreich, aber nur sofern es als Land der Revolution galt, zu behaupten schien? Als aber das Frankreich der Restauration selbst in Spanien die Revolution unterdrückte, wie Oesterreich dies in Italien that, da schien es ja mit den Bourbonen selbst der heiligen Allianz beige= treten zu sein. Sie hatte keinen Sinn mehr gegen Frankreich, sondern sie selbst erweiterte sich eigentlich zu der Pentarchie. Man hat ein schönes Gemälde davon entworfen, wie die fünf Mächte ein „Staatengleichgewicht" hergestellt hätten, welches „das Prinzip der Legitimität zur Seele haben sollte*)". Freilich ein schwer zu vollziehender Gedanke, wie die Legitimität Seele des Gleichgewichts sein sollte. Befinden wir uns hier nicht im Ge= biete der wohlfeilen Phrase? Der eigentliche Gedanke war doch wohl kein anderer, als daß die fünf Staaten so unabhängig von einander existiren sollten als möglich, daß keiner den andern an= greifen und vergewaltigen dürfe, weil sonst die übrigen dem An= gegriffenen zu Hülfe kommen würden. Aber eine Garantie ihrer bisherigen Staatsmacht war doch nicht gegeben. Keiner konnte hindern, keiner hinderte auch, daß Oesterreichs Macht scheinbar wuchs, nachdem es in Neapel die Revolution unterdrückt, Ruß= lands, nachdem es den Frieden zu Adrianopel geschlossen und seit es im Kaukasus und jenseits des kaspischen Meeres vorge= drungen war, Frankreichs durch die Schwächung Hollands und eben damit Englands, sowie durch die Lösung der spanischen und portugiesischen Colonien von den Mutterländern, und durch die Besetzung von Algier, von Cochinchina, von Tahiti, Englands durch die Erweiterung des Gebietes der indischen Compagnie. Auch hier war Frankreich der Löwenantheil nicht zu bestreiten; Preußen aber mit dem übrigen Deutschland blieb unverändert.

Vielleicht den größten Schaden hat man Deutschland und eben damit Europa dadurch zugefügt, daß das französische Volk schon durch jene Erklärung der Monarchen, nur gegen Napoleon, nicht gegen Frankreich Krieg führen zu wollen und Frankreichs Größe und Macht als eine Voraussetzung der politischen Existenz Europas betrachten zu müssen, in falscher Weise in seiner Selbst=

---

*) Die europäische Pentarchie. Leipzig 1839. S. 7 ff.

schätzung gesteigert wurde. Es war keine gesunde politische Pä=
dagogik, wenn auch vielleicht für den Augenblick ein kluger Griff,
das französische Volk von seinem ehrgeizigen Herrscher so zu
trennen. Denn die hochmüthige Selbstschätzung Frankreichs war
zwar keineswegs dem französischen Volke ursprünglich entstammt,
sondern sie war ihm von seinen Herrschern erst eingeflößt. Aber
dies hatte nicht unter dem Kaiserthum erst angefangen, sondern
die Regierung Ludwigs XIII. und seines Cardinals Richelieu,
die Ludwigs XIV. mit ihren Unthaten gegen Deutschland hatten
dazu das Meiste gethan. Die Demüthigungen unter Ludwig XV.,
besonders durch Friedrich den Großen, waren bei dem Leichtsinn
und der Ungründlichkeit in den Leitern der öffentlichen Meinung
in Frankreich nur hinreichend gewesen, dem preußischen Könige
Bewunderung, der eigenen Regierung Verachtung einzubringen,
aber sie hatten um so weniger vermocht, eine mäßigere Selbst=
schätzung in den Franzosen zu veranlassen, als der Heldenkönig
ihnen durch seine Bildung fast als Franzose erschien, und als die
Deutschen z. B. der Reichsarmee ihm gegenüber eine noch kläglichere
Rolle als die französischen Heere spielten. — Die Revolution und
ihre Erfolge im Kriege mußten ohnedies die Franzosen vor sich selbst
als die erste Nation der Erde erscheinen lassen, und der Wiederhall,
welchen die ersten besseren Ideen und Schritte der Revolution
im übrigen Europa fanden, war nur zu geeignet, diese nationale
Eitelkeit zu ungemessener Selbstüberhebung zu steigern. Es ist
schon bemerkt worden, daß die feine, geschmeidige Ausbildung der
französischen Sprache sie zu einer Art Weltsprache gemacht und
vermittelst ihrer auch die Litteratur und den Geschmack der Fran=
zosen, auch das Unnatürliche und Unwahre an ihrem Kunst=
geschmack, zur Herrschaft auch in Deutschland gebracht hatte. Es
ist männiglich bekannt, welchen Kampf ein Lessing auf diesem
Gebiete gegen den französischen Zopf geführt hat, der überall in
Deutschland klunkerte.

Ein Emporkömmling, der ohne die begeisterte Anhänglichkeit
seines Volkes auf dem Throne sich nicht halten kann, hat von
jeher den Leidenschaften der Menge schmeicheln und die schwache
Seite des Nationalcharakters in den Dienst seiner Pläne ziehen
müssen. So that auch der Kaiser Napoleon I. Er sättigte und

übersättigte die Franzosen mit dem Ruhme ihrer Unwiderstehlich=
keit im Kriege, ihrer Bestimmung und ihres Rechts zur Herrschaft
über andere Nationen, und nach seinem Sturze klammerten sie
sich um so fester an diese ihnen gelassene Glorie, indem selbst die
bekriegenden Monarchen, wie es schien, unwillkürlich vor derselben
sich beugen mußten. Der Hauptgrund der krankhaften Reizbar=
keit des Nationalgefühls gegen die restaurirte Königsfamilie lag
immer in dieser entzündeten Stelle, und es mußten auch die
Stützen der neuen Herrschaft sich die gute Meinung der grande
nation immer durch die Anerkennung ihrer unvergleichlichen Größe
erbetteln und erschmeicheln. Auch das Ausland ließ sich, um
nur in den Jahrzehnden des Friedensdurstes (1816—1830) die
Ruhe Europas zu sichern, zu ähnlicher Schmeichelei vielfach
herab. Die Franzosen blieben das verzogene Kind Europas, und
während dieses über die Tröstungen lächelte, mit welchen sich der
sieg= und raubgewohnte Franzose für die dürftigeren Zeiten ab=
speisen ließ, wurde doch fortgefahren, diesen Köder zur Erhaltung
des Friedens anzuwenden. Nur Wenige dachten daran, daß das
politische Gleichgewicht auch eine moralische Seite hat, und daß
Frankreichs politisches Uebergewicht durch die moralische Selbst=
schmeichelei, welcher man es überließ, ja in welcher man es be=
stärkte, nur noch einen Zuwachs erhalten mußte. Europa erntete
nachher, was es gesäet hatte.

Hat schon Napoleon I. es vermocht, den Taumel der Fran=
zosen über sich selbst so zu steigern, daß auch die stärksten Rück=
schläge während der Restauration und vollends des Bürgerkönig=
thums nicht mehr vermochten, die Durchschnittsmasse der Nation
zum gesunden Selbstbewußtsein zu erwecken, so hat noch viel
gröber und ungescheuter Napoleon III. es wagen können, die
Franzosen glauben zu machen, daß ohne ihren Willen kein Ka=
nonenschuß in Europa dröhnen dürfe und daß, wo immer Frank=
reich sein Schwert in die Wagschaale werfe, die Entscheidung
nach seinem Willen unausbleiblich sei.

Doch, wir kehren nochmals zu dem materiell = politischen
Gleichgewichte Europas und der Stellung Deutschlands und
Frankreichs zu demselben zurück. — Dasselbe bestand, wenn man
den wirklichen Sinn der Phrase erwog, in der Furcht jeder

Macht, wenn die Versuchungen des Ehrgeizes und des Ueber=
greifens sie beschlichen, vor der Vereinigung der andern Groß=
mächte gegen sie und in dem Schutze, welchen die Klein= und
Mittelstaaten durch die Großmächte empfingen. Man dachte sich
Preußen als den starken Keil zwischen Rußland und Frankreich
und vergrößerte es deswegen einigermaßen, aber doch nicht genug,
um es zu einer Gefahr für Oesterreich oder die deutschen Mittel=
staaten werden zu lassen. Es sollte der eigentliche Beschützer
Belgiens und Hollands und zwar im Verein mit England sein,
während Dänemark und Schweden ihren Schutz gegen Preußen
an Frankreich und Rußland und gegen Rußland an Frankreich
und England finden sollten. Daß damit einer früheren Aeuße=
rung des ersten Napoleons, oder vielmehr einer Auffassung des
damaligen Frankreich entgegengetreten wurde, nämlich der, daß
Holland ebenso wie Italien stets zur Disposition Frankreichs
sein müßte, ist sehr klar. Aber nicht minder, daß gegen eine
Vereinigung Rußlands und Preußens zum Nachtheile der skandi=
navischen Länder ein sichereres Gleichgewicht nur in sofern ge=
funden war, als Frankreich sie nur gegen die Ueberlassung der
Niederlande preisgeben konnte. Spanien war ohnedies unter
Frankreichs, wie Portugal unter Englands Protection gestellt,
ersteres so sehr, daß ein französischer Schriftsteller eine Pflicht
der Vormundschaft über Spanien für die Franzosen ansprechen
konnte. Italiens Schützer sollte Oesterreich sein, und damit der
Schutz nicht zu drückend werde, war der Gegendruck Frankreichs
und besonders im Süden auch eine Einwirkung Englands vor=
handen. Daß die Schweiz unter dem gemeinsamen Schutz aller
Großmächte in ihrer Neutralität stand, war um so nöthiger, weil
sie ein Brückenkopf Europas durch ihren geographischen Bau und
für den gefährlichsten Nachbar Frankreich am offensten ist. Preu=
ßen mußte durch den Besitz eines Cantons der Schweiz mit in
die Action für sie gezogen werden. Die Türkei bedurfte gegen
die nahe Wucht des russischen Reiches, welches durch die griechische
Confession zahlreicher Unterthanen des Sultans tief in ihr Innerstes
griff, des dreifachen Schutzverhältnisses zu Oesterreich, Frankreich und
England, und hier gerade wurde das Schutzverhältniß zu einer arg=
wöhnischen gegenseitigen Ueberwachung. Die deutschen Mittel= und

Kleinstaaten dachte man sich in ihrer relativen Unabhängigkeit durch die deutsche Bundesacte, viel mehr aber noch durch die Eifersucht Oesterreichs und Preußens geschützt, und das Hereinziehen Englands durch Hannover, Dänemarks durch Holstein, der Niederlande durch Luxemburg und Limburg in den deutschen Bund mußte das Uebrige thun. So war das Gleichgewicht beschaffen, wie es aus den Wiener Conferenzen hervorging. Es ruhte natürlich neben den geographischen und Machtverhältnissen auch auf dem guten Willen und der Einsicht der Regierenden und auf dem gesunden Sinne der Völker.

Hier nun liegt der kranke Fleck desselben, daß es in keiner Weise für diesen gesunden Sinn Sorge zu tragen wußte, daß Frankreich in seiner Anmaßung und Selbstüberschätzung und England in seiner Geringachtung der festländischen Dinge mit Ausnahme der französischen verharren konnte. Allein dabei blieb es ja, wie die Geschichte der letzten Jahrzehnde besagt, keineswegs. — Man hat das geschilderte Gleichgewicht als unentbehrlich betrachtet, um den Krieg Aller gegen Alle, um unaufhörlich wechselnde Bündnisse zur Bekämpfung der Nachbarn und Eroberung ihrer Länder, um Entstehung eines Weltreiches zu verhüten. Es sollte ein Zügel sein gegen den Ehrgeiz und die Ländergier der Fürsten. War es denn aber wirklich einer? hat es denn Napoleon 1. verhindert Europa zu erobern? hat es seiner Zeit Friedrich den Großen verhindern können, Schlesien der österreichischen Kaiserin abzunehmen und zu behalten? hat es in neuester Zeit Frankreich zurückgehalten, daß es nicht auf Kosten Italiens sich selbst vergrößerte und Italien auf Kosten Oesterreichs erweiterte? Hätte es 1866 Preußen verbieten können, die österreichische Monarchie zu zertrümmern und Süddeutschland wegzunehmen, von dessen Hauptstädten die preußischen Heere nur noch durch etliche Tagemärsche sich getrennt befanden, ohne daß jene durch Armeen gedeckt waren? Würde denn Rußland nicht gegen den Besitz Galiziens und der untern Donauländer auch diesen verwandtschaftlichen Schmerz verwunden haben, würde Ungarn nicht gegen seine völlige Unabhängigkeit als Wahlreich, Italien gegen den Besitz von Friaul, Wälsch-Tyrol und Dalmatien, ja gar Böhmen als selbstständiges Königreich in die Mitwirkung eingetreten sein? und was hätte Frankreich allein dagegen vermocht? — Also ein wahrer wirklicher Schutz war dieses Gleichgewicht nur den Kleinen gegenüber, daß sie nicht sich unter einander bekriegen konnten, weil stets einer der Großen seine Stange zwischen sie legte. Nur so lange die Großen im festen Willen für den Frieden, weil er ihnen nöthig war, sich zusammenschlossen, war eine Sicherung gegeben. Der jetzige Kaiser der Franzosen hat jenen Traum von einem europäischen Gleichgewicht gründlich zerstört.

Man kann sagen, daß er schon moralisch zerstört gewesen sei, sobald der Erbe des napoleonischen Gedankens an die Spitze Frankreichs getreten war. Denn die Ausschließung der Napoleoniden aus Frankreich war nicht eine grausame Strafe, sondern nur der Ausdruck des europäischen Willens gewesen, daß die Weltherrschaftspläne von 1810 nicht wieder in die Scene gesetzt werden dürften. Nachdem Europa die Mißachtung seines Willens geduldet, ja, weil der neue Herrscher eine allgemeine Gefahr zu beseitigen schien, sogar bekräftigt hatte, konnte es nicht erwarten, daß die stillschweigende Bedingung die sei, das zu Wien vermeintlich hergestellte Gleichgewicht zu respectiren. Man kann zwar zur Entschuldigung geltend machen, daß von den social-revolutionären Parteien in Frankreich nicht weniger als die Zerstörung aller Lebensgrundlagen der europäischen Gesellschaft zu befürchten gewesen sei und daß die Niederschmetterung derselben ein so hohes Verdienst, ja eine so große That der Rettung der Civilisation gewesen sei, daß alle anderen Betrachtungen dagegen hätten zurücktreten müssen. Allein die einfachste Erwägung der Dinge mußte überzeugen, daß Napoleon ein hohes Interesse hatte, die Gefahr der Gesellschaft drohender zu finden, als sie wirklich war, um sich als Retter Vergessen für die Mittel seiner Thronerwerbung zu gewinnen, ja daß er noch stärker gedrängt war, die politischen Gegner seiner Alleinherrschaft als Feinde der Gesellschaft zu brandmarken, um sie unter dem Beifall Europas vernichten zu können. Nicht minder mußte man erkennen, daß die social-revolutionären Parteien unausrottbar sind, weil sie aus den Zuständen der Gesellschaft selbst, welche sich von ihnen bedroht fühlt, beständig hervorwachsen, daß also die rettende That auch nur eine gewisse Zeit nachwirken könne. Der Riß war aber geschehen und Europa hatte einfach zu erwarten, wie sich nunmehr die „Napoleonischen Ideen" entfalten würden. Nicht lange brauchte es zu warten. England ließ sich überraschen und fand sich im Bündniß mit Frankreich und im Kriege mit Rußland, ehe es sich nur recht besonnen hatte. Das Gleichgewicht Europas war zerstört, als sich zwei Großmächte, Frankreich und England, und zwei Mittelmächte, Sardinien und Türkei, und fast noch eine dritte Großmacht, Oesterreich, gegen Rußland verbanden, das allerdings seinerseits, moralisch wenigstens, das Gleichgewicht längst verletzt hatte und es jetzt durch Vergewaltigung der Türkei auch materiell zu verletzen drohte. Gerade diese Ueberhebung des Kaisers Nikolaus, der hierin seinem älteren Bruder so sehr un= ähnlich war, führte zu einer nicht minder bedenklichen Steigerung sowohl der wirklichen, als der eingebildeten Macht Frankreichs. Der wirklichen, weil Rußland geschwächt und Sardinien fest an Frankreich geschlossen wurde, der eingebildeten, weil der Sieg den Muth und Thatendurst des Heeres und die selbstgefällige Mei= nung des Volkes von seiner Unwiderstehlichkeit steigerte und auch nach Außen den Führer seiner Politik mit dem Glanze des Schiedsrichters von Europa umgab.

Er hatte das Mittel erkannt und erprobt, sich auf dieser Höhe zu erhalten, nämlich geschickte Bündnisse zur Schwächung der gefürchteten Macht. Das geschickteste war ihm gelungen, denn er hatte zugleich Rußland gedemüthigt, und zwar mit der Zustimmung fast des ganzen Europas, und England an sich ge= kettet, ja dieses stolze Albion, das seit langer Zeit so ungehindert seinen eigenen Weg gehen und sich kaum mehr scheuen durfte, seine egoistischen mercantilischen Zwecke offen kundzugeben, in die zweite Stelle gerückt und es gewissermaßen zum Mithelfer seiner doch nicht auf rechtschaffenem Wege errungenen Kaiserherrschaft gemacht. Das nächste Ziel konnte nur Oesterreich sein, dessen Herrschaft in Italien dem Kaiser der Franzosen die „Disposition" über dieses Land, wie sie sein Oheim gefordert, entzog und zu= gleich dem großgewachsenen Nationalitätsgefühl und Nationalitäts= princip widersprach. Auch hier galt es, einen europäischen Miß= stand zu heben und Gerechtigkeit für den Unterdrückten zu üben. Dazu kam, daß erst an eine Einheit Italiens unter dem Vorsitze des Papstes gedacht, der ganze ultramontane Katholicismus also, gereizt, wie er durch die piemontesischen Regierungsschritte war, ins Interesse gezogen wurde. Hier freilich entglitt der Faden der leitenden Hand. Der Minister Cavour war glücklicher als der Kaiser der Franzosen. Italien wurde nicht „frei bis zur Adria", und Sardinien ließ sich nicht unter die Kutte beugen. Die wachsende Einheit Italiens wurde weltlicher als sie zuerst gedacht, vielleicht auch nur an die Wand gemalt worden war. Aber immer blieb Napoleon der Gewinnende, denn die ganze liberale Welt jauchzte seiner Eroberung der Lombardei für Italien zu, und er konnte sich darüber trösten, daß die Pfaffheit weniger davon erbaut war. Denn dieser beschützte er dafür den Papst, und sie mußte ihm dienen, wenn er ihn nicht sollte fallen lassen.

Aber nun war Oesterreich verwundet, und wie leicht konnte es mit Deutschland wenigstens — denn von Rußland hatte er es glücklich getrennt — sich vereinigen, und dies war bedenklich, weil der dritte Stoß nothwendig darauf gehen mußte, dem Kaiser der Franzosen die Niederlande oder wenigstens Belgien „zur Disposition" zu stellen. Es galt also, Oesterreich zu versöhnen, gewissermaßen zu entschädigen. Die mexikanische Angelegenheit sollte dazu dienen und der Franzosenkaiser eine zweite Kaiserkrone dem Hause Habsburg schenken.

Es war demüthig genug, das Geschenk anzunehmen. Man hatte es nicht mehr mit dem alten vorsichtigen Oesterreich zu thun. Aber hier fing der Glücksstern an, sich dem Horizonte zuzuneigen. Die Unternehmung war übel berechnet, und zwar doppelt, in Betracht Nordamerikas und in Betracht des Landes und Volkes in Mexiko selbst. — Das Kaiserreich, welches „der Friede war", hatte bis jetzt drei Kriege aus eigner Wahl, zu seinem eigenen Zwecke unternommen, und nun gar einen unglücklichen. Es hatte auch nicht einmal Oesterreich so weit in die Fahrgeleise seiner Politik geschoben, daß dieses nicht deutsche Einheitsversuche machte und, als sie mißlangen, mit Preußen auf Dänemark sich stürzte. Wohl aber hatte sich Frankreich durch die mexikanische Unternehmung unfähig gemacht, die schleswig-holsteinische Sache zu leiten. Denn gegen das vereinigte Oesterreich und Preußen konnte es sich doch nicht stark genug fühlen, auch wenn Italien ihm zutrat. Eher, wenn England mit ihm ging, aber dieses fing an, seinen Mißgriff einzusehen und Zeichen einer selbständigen Meinung wieder zu geben und ließ sich nicht einmal zur Hülfe Dänemarks in Bewegung setzen, weil ihm Preußens und Oester= reichs vereinigte Macht doch ein zu bedenklicher Gegner war. Der erste Rückschlag war daher dieser nordische Krieg mit seinen Er= folgen, und es konnte nur ein mäßiger Trost sein, daß der Ver= trag von Gastein den Keim neuer Zwietracht enthielt. Mexiko mußte man nunmehr aufgeben, um in Deutschland und Italien nicht abermals unthätig zusehen zu müssen. Und doch kam es so.

Der Kaiser der Franzosen sah ohne Zweifel den Krieg zwischen den beiden deutschen Großmächten voraus und auch, daß er nicht verhindert werden könne, wenn nicht Frankreich um jeden Preis den Frieden erhalten wolle. Das konnte aber der Kaiser nicht wollen, wenigstens nicht aussprechen oder durch die That be= zeugen.

Denn dieselben Gründe, welche ihn zum Kriege gegen Ruß= land bestimmt hatten, dauerten fort und werden fortdauern, so lange die Dynastie noch auf der ersten Stufe steht. Nur ein Herrscherhaus, das, tief gewurzelt, historisch begründet, keinesfalls in Frage steht, kann Frieden halten, auch wenn Heer und Volk den Krieg vorziehen. Eine neue Dynastie bedarf vor Allem des Heeres. Dazu kam der Mangel an militärischer Schlagfertigkeit im entscheidenden Momente. — Es ist höchst wahrscheinlich, daß Napoleon III. auf einen längeren Krieg und jedenfalls, dem ganzen südlichen und mittleren Deutschland neben Oesterreich gegenüber, auf einen sehr harten Stand für Preußen rechnete, der ihm dann die Gelegenheit geben würde, die Wagschaalen zu lenken. Die schnellen Siege Preußens waren gewiß für ihn die bitterste Ueberraschung, wie schon dessen Bündniß mit Italien eine ge= wesen war. Der einzige Griff, den er wagen konnte, war die Verhandlung mit Oesterreich über Venetien und dessen Abtretung in seine Hand, wodurch er sein Wort: „frei bis zur Adria" nun doch noch wahr machen konnte. Er konnte den Schein erwecken, die österreichische Monarchie gerettet zu haben, ein Vergnügen, das ihm Preußen lassen konnte, da es die Vernichtung derselben troß des bekannten, vielbesprochenen Feldzugsplanes und troß der ungarischen Legion und einer Aeußerung in der Proklamation eines seiner Feldherren in Böhmen doch nie beabsichtigt hatte. Denn wie konnte Preußen die Aufgabe Oesterreichs im Ernste zu seinen übrigen noch übernehmen wollen?

Die Folgen dieses Krieges aber schienen fast eben so sehr wie diese Vernichtung Oesterreichs als Staat das Gleichgewicht der europäischen Welt zu bedrohen, wenigstens das sogenannte, das Uebergewicht Frankreichs. Wenn Deutschland sich ebenso einheitlich concentrirte, wie Frankreich längst concentrirt war, und eben dadurch ein Uebergewicht erlangte, so lag schon von selbst der Schwerpunkt Europas wieder mehr als seit lange auf deutscher Erde, zumal Oesterreich das Bündniß mit dem nahe verwandten Deutsch= land begehrenswerther finden mußte, wenn es sich selbst verstand, als das mit Frankreich. Preußen allein konnte ihm zwar die Sicher= heit geben, daß sein Staatsbau nicht vom übrigen Deutschland her einen vernichtenden Stoß erhielt, eine Sicherung, die freilich bei dem Gedanken eines Bündnisses zwischen Deutschland und Rußland nebst Italien nicht einmal über starke Zweifel erhaben war. Das Bündniß mit Deutschland aber gab außer dieser Sicherheit auch noch die Möglichkeit, ihm seine Aufgabe an den slawischen Völ= kern seines Herrschaftsgebietes lösen zu helfen. Allerdings mußte das Bündniß dann ein engeres sein, als das verletzte Gefühl des Ueberwundenen im ersten Augenblick nach dem Siege begehrens= werth finden mag. Fast nur das verletzte Gefühl im österreichi= schen Kaiserhause konnte zu dem französischen Bündnisse drängen, denn weder die Interessen Ungarns, ohne das doch ein Krieg Oesterreichs gegen Deutschland unmöglich ist, noch selbst die inner= sten Wünsche der deutschen Bevölkerung können nach ihm die Hände ausstrecken lassen. Wenn Oesterreich wahrhaft politisch, wenn es, den Blick fest auf die Zukunft der Monarchie ge= richtet, mit klarem Auge handelt, so ist es für Frankreich auf lange Jahrzehnde als kriegerischer Bundesgenosse verloren. Dies einzusehen ist natürlich dem Kaiser der Franzosen nicht schwer, aber gewiß sehr peinlich. Und ein dunkles Gefühl davon, daß Frankreich seine bisherige Stellung in Europa verloren habe, ging sofort nach den Ergebnissen des Krieges, der Consolidirung

des preußischen Staates und Ländergebietes und der Schließung
des norddeutschen Bundes, sowie der Zoll= und Militär=Verträge
mit den süddeutschen Ländern, durch das französische intelligente
Publikum. Ein Strom von Zorn brach hervor, und als nicht
einmal der geringe Trost in „Compensationen", in irgend einer
„Mehrung des Reichs" ihm zu Theil wurde, da hagelte es in
den französischen Zeitungen von stürmischen Redensarten, gleich
als ob Paris von den preußischen Kanonen bedroht wäre. Dem
Kaiser konnten diese Zornausbrüche nur erwünscht sein. Sie
leiteten die Massen von den Ursachen ab auf die Wirkungen, sie
ließen weniger auf das gründliche Mislingen in Mexiko, das noch
dazu ein so tragisches Siegel erhielt, als auf die anmaßenden
Preußen hinblicken, die sich erlaubten, in der maßhaltendsten
Weise zu thun, was Frankreich stets ohne Maß und Ziel gethan
hatte, nämlich die Früchte ihrer Siege einzusammeln, und zwar
nicht einmal in selbstsüchtiger, nur Preußen selbst bereichernder
Weise, sondern in allgemein deutschem Sinne. Auch der letzte
Trost, die Mainlinie, welche Frankreich in den Friedensverhand=
lungen erkämpft zu haben sich schmeichelt, kommt den schärfer
sehenden Politikern Frankreichs nicht recht als ein haltbarer vor,
indem der Minister, in dessen Hand die Fäden zusammenliefen,
nie mehr als diese Linie zu seinem deutschen Programm gemacht
hatte, weil er nicht wünschen konnte, daß die süddeutschen Ultra=
montanen und Demokraten das deutsche Reichsbundesgesetz zu
verfälschen Gelegenheit bekämen, sich also, was er selbst zunächst
nur beabsichtigte, gern als eine Concession gegen Frankreichs
friedliches Verhalten abkaufen lassen konnte. Es ist dem aufge=
regten Gefühle der Franzosen wohl zu gönnen, daß diese Leute,
die Ultramontanen und Demokraten, mit der Regierung wenig=
stens Eines süddeutschen Staates Chorus machten und noch
machen, um Preußen als ein gefährliches Ungeheuer, seinen Nord=
bund als gefährlichste Falle der Freiheit, das unglückliche preu=
ßische Volk als von Säbelherrschaft und Cäsarismus unterdrückt
darzu stellender; Weg von Stuttgart und München nach Berlin
und Cöln ist glücklicher Weise kurz genug, um diese ungethüm=
lichen Phantasien und Nebelbilder allmälig schwinden zu lassen.
Es ist ja für den, der an Ort und Stelle gesehen und gehört

6*

hat, kaum möglich, darüber im Unklaren zu sein, daß, nachdem Hessen politisch zur Hälfte und militärisch ganz im Nordbunde steht, Baden nach dem Anschlusse an denselben brennt, die Truppen beider Länder unbedingt im Kriegsfalle dem deutschen Heere angehören werden, in Württemberg und Baiern das Militärwesen nach preußischem Muster umgestaltet sein wird, die Frage des Anschlusses an den Bund nur noch eine Frage der Zeit und der Form sein kann. Wird doch die württembergische Regierung schon in ihrem nächsten Landtage für ihren Mißgriff des Bündnisses mit der wagehalsig= sten und gedankenlosesten Demokratie durch die Schwierigkeiten theuer genug bezahlen, welche ihr diese Bundesgenossen bereiten werden, die es ja in Wien im Dampfe der Schützenbegeisterung deutlich genug gesagt haben, daß sie nicht für die Fürsten und Regierungen, sondern für die Republik ihre großen Thaten ge= than haben und künftig zu thun gedenken. Und lassen doch die ultramontanen Bundesgenossen der bairischen Regierung sie schon jetzt in der Agitation gegen das unentbehrliche Schulgesetz dafür büßen, daß sie sich mit Leuten eingelassen hat, die weder Baiern noch Deutschland, sondern ein allmälig utopisch werdendes Rom zum Vaterlande haben. Es ist auch unter den Besonnenen dieser Länder der Fortschritt gesunder Einsicht nicht mehr zu verkennen und hinter dem lauten Geschrei der Feinde Deutschlands (sie nennen sich Preußenfeinde) sammelt sich eine Macht deutscher Ge= sinnung, die seiner Zeit auch mit den bisherigen Staatslenkern ein ernstes Wort zu reden haben wird. — Auch in Oesterreich ist, wenigstens in dessen deutscher Bevölkerung, immer mehr die Ueberzeugung zum Durchbruch gekommen, daß der feste und volle Anschluß der süddeutschen Länder an den bisher nur nord= deutschen Bund dem Interesse der Zukunft Oesterreichs mehr ent= spreche, als die thörichten Versuche eines Sonderbundes, die doch nie zu ihrem Ziele gelangen. Erst mit dem ganzen geeinigten Deutschland kann Oesterreich in diejenige innige Lebensbeziehung treten, die für beide Theile eine gedeihliche Zukunft verspricht.

Frankreich muß daher, wenn es in den wirklich geschehenden und sich vorbereitenden deutschen Dingen sich mit hellem Auge umsieht, die Wahrnehmung machen, daß es auf sein bisheriges Uebergewicht über Deutschland unbedingt verzichten und nur dahin arbeiten muß, sich mit demselben möglichst im Gleichgewichte zu halten. Eine Veränderung des Gleichgewichts von Europa ist dadurch nicht gegeben, nur der Schwerpunkt dieses Gleichgewichts ist vom Westen des Rheines in den Osten dieses Stromes verlegt und allerdings dadurch eine Forderung an Frankreich gestellt, die in Folge der oben geschilderten langen Verwöhnung der Fran- zosen vielleicht über das Maß dessen geht, was seine moralische Kraft leisten kann. Kein Mensch in Europa zweifelt an der Leistungsfähigkeit dieses Landes in Erwerbung von wirklicher oder scheinbarer Uebermacht, an der kriegerischen Kraft und Gewandt- heit, an dem militärischen Muth und Feuer der Franzosen, an der Klugheit und dem weiten Blick ihres Kaisers. Aber Viele möchten wohl auf Seiten des Zeitungen lesenden Volkes an der Fähigkeit der Selbstbeschränkung, und eben damit an der Selbst- erkenntniß zweifeln, einer Tugend, die man allerdings eher bei Personen als bei Völkern zu fordern gewöhnt ist. Dem Be- herrscher Frankreichs ist diese Tugend allerdings nicht fremd, weil er die Fehler seines Oheims kennt und deren Folgen von sich und seinem Hause abzuwenden entschlossen ist. Er kann sich nicht verbergen, was die unausbleibliche Folge der einheitlichen Concentrirung Deutschlands unter Preußens Führung sein wird, nämlich der Verlust des englischen Bündnisses, den die französi- schen Blätter vorhersehen und daher schon anfangen, dies Bünd- niß, das dem Kaiser Rücksichten nach Außen auferlegt habe, un- bequem zu finden, und eben damit die Nothwendigkeit, ein ande- res zu suchen und Oesterreich zu berücken, daß es seine Existenz aufs Spiel setze, oder gar Rußland, das sich jetzt so besonnen in seine inneren Aufgaben zurückzieht, auf das offene Feld des euro- päischen Conflicts herauszulocken. Dies wird ihm schwerlich ge- lingen, wenigstens nicht in den nächsten Jahren, weil Rußland alsdann ein festes Zusammenschließen Deutschlands mit Oester- reich und in Folge dessen kräftigere Action an der unteren Do- nau, möglicher Weise sogar nach der polnischen und der deutschen Seite seines Länderkörpers hin erwarten muß. Der Kaiser wird daher sicher seinen Franzosen eher das Theilnehmen an seiner Ein- sicht und Erkenntniß zumuthen müssen, als den Krieg ohne einen Bundesgenossen wagen. Mit diesem — und es kann nur Oester-

reich sein — wird er mit Freuden es unternehmen, das Schwer=
gewicht wieder auf seine Seite hinüberzuziehen. Daß diese Er=
wägungen bei dem Kaiser der Franzosen hin und her gehen und
er sich erst, um die tiefen und weiten Lücken seiner Kriegsbereit=
schaft auszufüllen, des Kriegsfeuers in den Zeitungen gerne be=
diente, hernach dasselbe auf einmal niederzuschlagen sich wohl
hüten mußte, daß er mit zufriedener Miene die Concession
von Seiten Deutschlands in Betreff Luxemburgs hinnahm und
seinen weitergehenden Gedanken still fallen ließ, daß er deutlicher
bald die Absicht, seinerseits den Frieden zu erhalten, bald die
Hoffnung, daß ihm diese Erhaltung von außen her möglich ge=
macht werde, aussprach, daß er aber dadurch in keiner Weise die
Möglichkeit, sich für den Krieg zu entscheiden, sich benahm, weil
man bis zur Stunde der Kriegserklärung seine friedliche Ge=
sinnung zu versichern pflegt, daß er inzwischen zur Beruhigung
seiner Armee fortfuhr zu rüsten, das Alles finden wir in Deutsch=
land ganz begreiflich, selbst wenn Napoleon den Krieg wie eine
furchtbare Gefahr für sein Haus fürchtet. Er darf nicht einen
Hauch solcher Furcht wahrnehmen lassen, weil ihre Aeußerung
diese Gefahr steigert. Aber er weiß so gut wie Einer, daß der
französische Oberst das Gefühl der ganzen Armee und eines
großen Theiles der Bevölkerung aussprach, welcher auf die Frage
nach der eigentlichen und wirklichen Ursache des Kriegsfeuers
gegen Deutschland antwortete: „Preußen hat Oesterreich schneller
und vollständiger besiegt, als wir es konnten." Noch besser als
die Meisten aber weiß er, daß er nicht — auch schon um seiner
körperlichen Umstände willen — im Stande ist, selbst sein Heer
zu befehligen. Jede größere Niederlage — und Niemand wird
behaupten wollen, sie sei absolut unmöglich — wird den Parteien,
welche sein Regiment verabscheuen, den socialen Demokraten, den
ehrlichen Republikanern, den Constitutionalisten, den Orleanisten
und Legitimisten eine günstige Gelegenheit geben, seiner los zu
werden. Bisher hielten ihn die Mittelklassen aufrecht, denen er
die Sicherheit ihres Lebensgenusses und ihres Erwerbes garan=
tirte, indem er die Arbeitermassen, besonders die von Paris, durch
Mittel beruhigte, deren finanzielle Folgen schließlich jene Sicher=
heit wieder in Frage stellen müssen. Werden sie ihm treuer

bleiben, als die Franzosen in der Mehrzahl seinem Oheim blie=
ben, der doch länger und nach allen Seiten hin für sie gearbeitet,
sie mit dem Raube Europas bereichert und auf eine nie zuvor
erstiegene Höhe unter den Nationen der Erde gehoben hatte?
Werden sie es können, wenn ihnen die Wahl zwischen ungeheuren
Opfern, langem Kriege, der sich alljährlich wiederholen müßte,
und einem ihre Ruhe sichernden Frieden auf seine Kosten bleibt?
Wenn er aber siegt — und auch dies werden wenigstens die
Franzosen für sehr möglich halten — so siegt, daß der deutsche
Gegner die Sehnen seiner Kraft erschlaffen fühlt, wenn er in
Folge des Sieges über deutsche Länder schalten kann und seine
erweiterte Macht befestigen und in ferneren Kriegen aufrecht hal=
ten muß, von wessen Gnade wird alsdann sein Thron abhängig
werden, als von der des Marschalls oder der Generale, welche
an der Spitze des Heeres den Sieg errungen haben? Eine
schreckliche Wahl für den Gründer einer Dynastie! Wenn er
unterläge, so wäre der Tod an der Spitze seiner Armee auf dem
Schlachtfelde vielleicht ·das einzige Mittel, seinem Sohne die
Thronfolge unter constitutionellen Formen und starkem Einflusse
der glücklichen Feldherren zu sichern. Und allerdings, unter sol=
chen Umständen könnte Napoleon, der sich ja kürzlich über den
Tod durch Mörderhand so kaltblütig geäußert hat, die gesunkene
Begeisterung der Franzosen wieder heben und selbst im Unter=
liegen nach Außen einen Sieg nach Innen erringen. Wenn dies
sein Gedanke ist, so werden wir Krieg mit Frankreich haben, so=
bald die anschwellende Fluth der Parteien im Lande ihn als
wünschenswerth erscheinen läßt.
     Aber Ein Gedanke darf nicht unausgesprochen bleiben. Der
seit 1866 nun schon zum drittenmale als fast unausbleiblich an=
gekündigte Krieg Frankreichs gegen Deutschland darf nicht bloß
den Anlaß haben, daß Deutschland sich im Innern fest zu=
sammenschließt. Denn dies ist sein Recht, ja es war der nur
nicht erreichte und erreichbare Zweck des deutschen Bundes. Die
Wiederherstellung des deutschen Reiches, welches Napoleon 1.
zertrümmert hat, muß zu jeder Zeit im Belieben Deutschlands
stehen, und natürlich ebenso die Form, die es sich gibt. Daß
Preußen und Oesterreich einander befehdeten und in Deutschland

keine Einheit aufkommen ließen, war keine Forderung des Rechts von Seiten fremder Staaten, auch keine Bedingung des europäischen Gleichgewichts, sondern nur die Folge eines stets unruhig schwankenden Suchens des Gleichgewichts für Deutschland, also eine rein interne Unruhe in der Mitte Europas. Viel eher war die Einigung Italiens und die Verkürzung Oesterreichs um seine Provinzen daselbst eine Störung des eingebildeten europäischen Aequilibriums. — Wenn aber das, was in Folge des Prager Friedens geschehen ist und geschehen wird, den Anschluß der süddeutschen Staaten an den norddeutschen Bund mit eingeschlossen, ein Grund zum Kriege Frankreichs gegen Deutschland nicht sein kann, nicht sein darf, ohne daß eben so schreiend die öffentliche politische Moral verletzt würde, als der erste Napoleon sie durch seine willkürlichen Kriegsvorwände verletzt hat, so darf auch ein Krieg nicht entstehen. Denn er wäre blos durch die innere Unruhe Frankreichs und den Versuch bedingt, sie nach Außen abzuleiten und einen Ausbruch gegen das Kaiserthum zu verhüten. Ein Krieg gegen das Ausland aber, der nur inneren Zwecken diente, würde geradezu kundgeben, daß Frankreich im Innern politisch so krank sei, daß die Krankheit der Ruhe Europas Gefahr drohe. Damit wäre eigentlich das Urtheil Frankreichs gesprochen, und es würde zur Pflicht Europas, dieses kranke Land zu zwingen, daß es seine Krankheit in sich selbst austrage und heile. Mit einem Wort, Deutschland würde in einem solchen, ihm rein zu inneren französischen Zwecken aufgezwungenen Kriege die europäische Aufgabe zu lösen bekommen, Frankreich für immer oder doch auf lange Zeit für Europa ungefährlich zu machen. Dies wäre für den Augenblick erreichbar, ohne daß ein Schuß fiele, wenn die übrigen Großmächte, Rußland wenigstens und England, falls Oesterreich sich nicht in der Lage dazu fände, dem französischen Kaiser erklärten, einen solchen Krieg nicht dulden zu wollen. Thun sie es nicht, so schaden sie sich selbst aufs Nachhaltigste, denn sie bekommen entweder ein napoleonisch unterdrücktes Deutschland — was aber kaum zu den Möglichkeiten gehört — oder wahrscheinlicher ein an Macht weit über seine bisherigen Absichten hinaus gesteigertes Deutschland, das keine

Ursache hat, ihnen wohlzuwollen oder seine eigenen Zwecke im Geringsten durch eine Rücksicht auf die ihrigen zu beschränken. Denn es versteht sich doch von selbst, daß Deutschland in einem solchen Kriege mit Frankreich alle Sehnen seiner Kraft anstrengen müßte, um nicht etwa nur einen Frieden mit Geld=entschädigungen an Deutschland und eine Sicherung der Ruhe für ein paar Jahre zu erkämpfen, sondern um dann wirklich die Karte von Mitteleuropa zu ändern. Daß es dann dem Königreich Italien für seine eventuelle Mithülfe das abgeschwindelte Savoyen zurückanböte und Belgien für denselben Dienst gegen etwaige Ab=gabe seiner mehr germanischen (flämischen) Gebiete mehr als eine große Entschädigung in Nordfrankreich in Aussicht stellte, die flämischen Lande aber an Holland verschriebe, würde doch ein klares Gebot der Nothwendigkeit sein. Keines dieser Länder hat ein besonderes Interesse, in die dunklen Geschicke Frankreichs, das Hin= und Herschwanken zwischen Republik und Monarchie, hinein=gerissen zu werden, vielmehr steht ihnen die sichere Gewähr ihrer Selbständigkeit auf deutscher Seite. Daß aber Deutschland in einem solchen Kriege für andere Grenzen sorgen und sich mit dem Elsaß nicht, sondern nur mit diesem nebst Lothringen und Burgund begnügen könnte, ist nicht minder klar. Die Folge müßte daher eine Reduction Frankreichs auf seine Grenzen im sechszehnten Jahrhundert sein.

Man wird sagen, eine solche Schwächung Frankreichs und Machtvergrößerung Deutschlands könne weder Oesterreich, noch Rußland, vielleicht etwa England sich gefallen lassen. Gut, sie können sie hindern, aber nur jetzt, und zwar dadurch, daß sie dem Angreifer, wenn Frankreich nicht bald den Friedensfuß her=stellt, erklären, wie einst Kaiser Nikolaus that, auf die Seite des Angegriffenen mit ihrer ganzen Macht treten zu wollen, und auf diese Art als europäischer Gerichtshof einen so frivolen, so bluti=gen, so vergeudenden Krieg zu verbieten. Denn das soll die französische Nation oder was sich für sie ausgibt, wissen, daß Europa nicht blos (wie ein Zeitungsblatt es treffend ausdrückt) „dazu von Gott erschaffen ist, um ihre empfindlichen Nerven zu schonen." Einsehen möge, wer in Frankreich noch gesunden po=litischen Verstand hat, daß nicht Preußen, nicht Deutschland an dem jetzigen Fieber in dem Leibe des französischen Volkes die Schuld trägt, sondern lediglich der Umstand, daß seit der Kaiser=wahl ein halbes Menschenalter verstrichen ist, daß man jetzt aus Erkennen und Bezahlen der Mittel kommt, durch welche die dem Kaiserthum dienenden Kriege gegen Rußland, gegen Oesterreich, gegen Mexiko geführt wurden, daß mit Cayenne und seinem Pfeffer und mit Niedermetzelungen und Verbannungen ein in der jetzigen Gesellschaft gährendes Princip nicht aus der Welt geschafft wird, sondern höchstens nur Zeit gewonnen, während welcher neue Träger desselben nachwachsen, weil es selbst aus der Lage der Gesellschaft und ihrer Massen hervorwächst.

Jeder verständige Franzose muß einsehen, daß man sich in Frankreich die Beseitigung der Republik und der bürgerlichen Freiheit hat gefallen lassen, weil wenigstens für zehn Jahre der neue Herrscher dem Lebensgenuß und dem Gewinn der Mittel für denselben wieder sicheren Boden und offene Bahn geschafft hat, daß aber diese zehn Jahre längst vorüber sind, daß dasselbe Experiment sich nicht wiederholen läßt, daß auch selbst der völligste Sieg über Deutschland und die Eroberung des ganzen Landes bis an die Weichsel oder den Niemen dieses Fieber nicht heilen würde, weil es in den eigenen Eingeweiden wühlt. Jedes Ab=lenken nach Außen, jedes Vergessen des tiefen inneren Schadens kann nur die Krankheit steigern. Was soll es dem Arbeiter nützen, wenn die allerglänzendsten Gelegenheiten zum Erwerbe sich aufthun, wenn die Reichthümer anderer Nationen nach Frank=reich fließen? Es würde immer wieder die vornehme Gesell=schaft und die Bourgeoisie sein, welcher diese Güter zuströmten, und höchstens wieder ein wenig hinzuhalten vermöchte der ver=hältnißmäßige Abfluß davon in die Classen, welche der Sitz des kranken Uebels sind.

Höre doch Frankreich seinen Buchbinder Varlin, der ihm das Gleichniß von den 99 Tauben erzählt, welche alle zusammen die hundertste ernähren und fett machen, und frage sich, ob die Antwort auf die heißgierige Frage der Arbeitermillionen sein kann: Krieg mit Preußen! Freilich, die Frage würde verstummen, wenn die Menge der Arbeit, der große Gewinn an derselben, augenblicklich sie mit Essen und Trinken, mit alle Zeit fordernder

Thätigkeit erstickte oder die Frager ihre Antwort von den preu=
ßischen Spitzkugeln und Granaten holen ließe. Aber auf wie
lange? Es höre seine Fabrikanten, wie sie von dem Handels=
vertrage mit England sprechen, und denke an dessen Aufhebung,
an die Wirkungen derselben, die England auf die Seite Deutsch=
lands hinüber würfen und Frankreich den englischen Markt, wie
der Krieg den deutschen und mehr noch, verschlössen. Und hierin
sollte nicht eine furchtbare Steigerung des Jammers liegen, der
in den Gebeinen der Nation kocht?

Man kann ganz Paris niederreißen und umbauen und hat
doch dieser Frage nicht geantwortet. An ihr wird das Kaiser=
thum ebenso zu Schanden, wie es die Republik wurde. Und
sechszehn Jahre sind eine lange Zeit für Frankreich. — Nicht so
lange hat die erste Republik sich das Leben gefristet, sie lebte doch
wirklich nur von 1792 bis höchstens 1800, das erste Kaiserreich hat
sich in seiner athemlosen Bewegung nur elf Jahre aufrecht erhalten,
die bourbonische Restauration schleppte sich durch vierzehn Jahre,
der Uebergangszustand des Bürgerkönigthums war mit achtzehn
Jahren erschöpft, die zweite Republik hauchte schon nach vier
Jahren den Athem aus und nun hat das zweite Kaiserreich seine
sechszehn hinter sich. Die Symptome davon treten uns überall
entgegen. Es ist kein Zweifel, daß es der deutschen Wehrver=
fassung gegenüber, sobald Deutschland geeinigt ist, was es sein
wird und durch die innere Nothwendigkeit der Dinge bald sein
wird, einer eigenen neuen Wehrverfassung bedarf, der deutschen
aber nicht fähig ist, daß es auch der jetzt geschaffenen fast erliegt
und sie in die Länge nicht ertragen wird. Es ist nicht minder
klar, daß in der garde mobile der Herrscher Frankreichs eine
furchtbare Macht nicht gegen Deutschland, wohl aber gegen sich
selbst herstellt, ein bewaffnetes Volk, das um keinen in ihm selbst
gewurzelten Thron sich schaart und ebenso gut die Waffen gegen
diesen kehren kann, daß eine so große, so lastende Armee nicht
unbeschäftigt bleiben darf und sich Beschäftigung suchen wird,
wenn man sie ihr nicht gibt. — Diese Armeebereitung, das ver=
rathen die feurigen Generale und kurzsichtigen Politiker an der
Spitze des Heeres deutlich genug, ist der Anfang der Selbst=
zerstörung des Kaiserthums.

Kann man denn den Schatten verkennen, der durch die Sääle
der kaiserlichen Tuilerien schleicht, das Gespenst, welches um Napoleons Lager schwebt, wenn man die Broschüre liest, in welcher
er selbst die Ansprüche seiner Dynastie rechtfertigt? Daß sie dieser Rechtfertigung bedarf, das ist eben der Schauer dieser Nacht-
gestalt. Frankreich glaubt nicht mehr an das Kaiserthum, das
ist seine Unruhe, und das Kaiserthum glaubt nicht mehr an sich
selbst, denn es will Frankreich überzeugen, daß dieser Glaube in
den Herzen der Nation lebt. Und wie fängt es dies an? Mit
Zahlen, mit zunehmenden Zahlen der Stimmabgabe für den Erwählten der Nation. — Und wenn man nun die titres de la
dynastie napoléonienne in Ziffern vor sich hat, und das Licht der
Volksbeschlüsse, Senatsbeschlüsse, der Erklärungen des Erwählten
darauf fällt, was für Nachtfalter von dunklen Gedanken werden
da aufgescheucht! Wer wird nicht in den fortschreitenden Zahlen
der Wähler zunächst die Wirkung der steigenden Macht dessen
sehen, der zur Wache gestellt ist, nicht der moralischen, sondern
der gouvernementalen Macht? Aber welche anderen Zahlen laufen
in den stillen Gedanken der Franzosen nebenher? die Zahlen der
Niedergemetzelten, der Eingekerkerten, der Verbannten! Diese
haben ihr Nein! in schrillem Tone durch Frankreich gerufen.
Und wenn die schönen Tabellen nun auch für die Kaiserwahl fast
acht Millionen Stimmen aufzeichnen und kaum 300,000 dagegen
(wir rechnen die ungültigen Stimmen mit zu den verneinenden),
so beweist dies nur, daß Frankreich nicht sehr viele Menschen
zählt, die unter drohenden Umständen den Muth haben, ihre
Meinung zu sagen, daß doch eine bedeutende Zahl der Ab-
stimmenden lieber Nein! gesagt hätte, wenn nur nicht die Wahl
zwischen dem Kaiserthum und einem unbekannten X gestellt worden wäre.

Fast noch wichtiger als dieser schwache Rohrstab, worauf
sich das Kaiserthum stützt und durch den es verräth, daß ihm
eine andere zweifellos starke Stütze nicht zu Gebote steht, ist, daß
der Kaiser dem Volke die Wohlthaten vorerzählen muß, die es
dem Kaiserthum verdankt. Wenn man dem Undankbaren erst das
Gedächtniß schärfen muß, ist es in der Regel zu spät, um ihn
zu aufrichtiger Dankespflicht zurückzuführen. Zumal dann, wenn

der Ermahnte im Stillen überzeugt ist, daß die Wohlthaten nicht uneigennützig gegeben, sogar, daß sie nicht einmal Wohlthaten für den zur Dankpflicht Ermahnten, vielmehr größere Wohlthaten für den Geber selber waren, sogar, daß nicht dieser Ermahnende der Geber war, sondern schließlich der Ermahnte, und Jener der Em= pfänger.

Aber noch schlimmer ist die Vermuthung, die neuerlich Guizot ausgesprochen hat, daß dem Kaiser sein Fatalismus, wenigstens nach der lichten Seite, der Glaube an seinen Stern nicht mehr festzustehen scheine, daß er jetzt mehr auf kalte Berechnung, als auf kühnen Aberglauben bei seinen Schritten baue. Wenn ein Mann, der auf so schmaler Kante geht, einmal in seinem Gang ungewiß wird, dann allerdings ist von ihm das Kühnste, das frechste Wagniß zu erwarten, sofern nicht die Schrecken seiner Lage ihn geradezu lähmen. Dann ist auch seine Zuversicht, daß die Zukunft Europas weder republikanisch, noch kosakisch (wie der erste Napoleon erwartete), sondern monarchisch sein werde, von keinem Werthe mehr, denn es ist dann nur eine Wahrscheinlich= keits=Berechnung, oder er gibt sie gar auf.

Ein tiefes Weh muß durch die Seele des Mannes gehen, der an der Spitze der vierzig Millionen Franzosen steht und sich sagen muß, daß seine Zeit vorüber ist, und er, stets beschäftigt auch nur diese Dauer derselben zu retten, die Grundlagen einer neuen nicht gebaut hat. Das Dasein eines Thronfolgers ist in Frankreich nach den vier gemachten Erfahrungen für sich allein noch keine Sicherung. Es gab nach bourbonischer Rechnung einen Ludwig XVII., nach napoleonischer Zählung einen Napoleon II., es gab einen Herzog von Angoulême und Grafen von Paris, und dennoch —; der Krieg unter diesen Umständen wäre ein Schritt des Leichtsinns oder gar der noch unbesonneneren Verzweiflung.

Die Rechnung auf Oesterreich kann nur den gleichen Leicht= sinn und nur noch weniger feine Gedanken der Leidenschaft zum Hintergrunde haben. Oesterreich aber wird nicht aus den Augen lassen, daß es östliche Interessen hat und daß auch in seinen heutigen Grenzen ein Kaufpreis für Italien liegt. Preußen hat es an den Rand des Untergangs gebracht, aber hat es an diesem Rande mit gesundem politischem Blicke gehalten und nicht hinabstürzen lassen. Daß Frankreich hiefür nicht die Ursache, wie es sich eitel tröstete, sondern mehr nur der Vorwand gewesen, wird mit jedem Tage klarer.

Preußen will, Deutschland will den Bestand Oesterreichs, es hat kein Begehren nach slawischen Einverleibungen und nach der Durcharbeitung auch der Aufgabe dieses Südostreiches und nach der unmittelbaren Berührung mit der Frage des Orients. Sollte Oesterreich jemals, um nur den Gegner durch diese Uebermacht von Aufgaben in ein langes fieberhaftes Ringen zu stürzen, sich selbst der Vernichtung in die Arme werfen? Solche blindwüthende Leidenschaft kann wohl in der Brust eines einzelnen Menschen toben, aber nicht in Völkern, und in Oesterreich hat jetzt das Volk mitzusprechen. Viel eher könnte Oesterreich selbst die Ver= größerung des deutschen Bundes bis über die Vogesen und den Ardennenwald ertragen, als sich der Gefahr aussetzen, welche ihm ein Bündniß mit Frankreich bereitete. Denn die Million deutscher Krieger, auch wenn Italien, Belgien, Holland aus dem Spiele blieben, würde immer noch so viel Ueberschuß gegen Oesterreich geben, daß es einen harten und schwerlich glücklichen Kampf er= leben müßte.

Aber — wer hätte von dieser Seite eine so ernste Diversion erwartet? — Spanien erhebt sich, eben das Spanien, welches bis= her in Militär= und Palast = Revolutionen sich erschöpfte, um schließlich von den Launen eines unwissenden Jesuitendieners und einer albern frommen Nonne regiert zu werden und mit Verbannung aller besonnenen und thatkräftigen Geister, selbst der vorsichtigsten, weil dem Throne nächststehenden, auf jede Aeußerung des be= leidigten Ehrgefühls zu antworten. Es wäre thöricht, das Ende, die Wirkung überhaupt der neuen Bewegung vorhersagen zu wollen, aber daß sie ihre letzte Springfeder im sittlichen Ehr= gefühle hat, weissagt ihr wenigstens bei Allem, was in Spanien gesund ist, eine günstige Aufnahme. Und das ist vor Allem un= verkennbar, daß die lateinische Race sich noch nicht unter Louis Napoleons Führung einigen, das Papstthum in seiner Selbstän= digkeit erhalten und der Suprematie Frankreichs neue Flügel ansetzen wird. Ein größerer Schmaus, als das mislungene Mittagessen, bei welchem die Königin von Spanien mit ihrer ge=

borenen Unterthanin, der Kaiserin Eugenie, an Frömmigkeit und Hingabe für den Papst wetteifern konnte, ist verborben, die Deckung des Rückens Frankreichs in Spanien und Italien, während es mit martialischem Gesichte über den Rhein hinüberschaut, ist für den Augenblick mislungen. Die Kriegsgedanken werden sich doch wohl etwas aufschieben lassen, und der Anschluß des südlichen Deutschlands an den deutschen Bund wird müssen geschehen können, ohne daß die Heersäulen des Marschalls Niel sich sofort auf die deutsche Grenze wälzen. Ob nicht die Zeit der Bourbonen, wie zuerst in Frankreich, dann in Italien, so endlich in Spanien ihr Ende erreicht hat? Ob nicht eine Zwischenzeit der Orleaniden von Napoleon wird in Spanien ertragen werden müssen? Ob diese nicht sich auf die liberalen Neigungen in Spanien, auf die verschiedenen Schattirungen der Progressisten werden stützen müssen? Ob sie es schon werden wagen können, Spanien vom Alpdruck der Priesterherrschaft zu befreien? Ob daher nicht das Land hinter den Pyrenäen durch eine der seltsamen Wirbeldrehungen der Weltgeschichte gerade zum Sinken des Papstthums wird helfen müssen? Ob auch nur seine Bischöfe sich zum allgemeinen Concil werden wagen können? Ob Napoleon nicht die Hälfte seiner schlagfertigen Armee nach den Pyrenäen wird ziehen müssen? Ob England es wird unterlassen können, der spanischen Revolution eine freundliche Hand zu reichen und damit auf die Anfechtungen seines Handelsvertrages mit Frankreich zu antworten? Alles Fragen, hinter denen sich noch viele andere hervordrängen und die bald werden beantwortet sein. Unter allen Umständen hätte Deutschland als ein gutes Glück zu preisen, was in keiner Weise ihm zu Lieb geschehen, sondern aus der Lage Spaniens selbst herausgewachsen ist.

Wir wenden uns wieder zu der europäischen Arbeit zurück und fragen, was Frankreich an derselben geleistet hat und wie es sich in deren Interesse zu Deutschland wird stellen müssen?

Es ist schon gesagt, daß Frankreich der Vortritt in der staatlichen Befreiung der Persönlichkeit, in Aufhebung der Reste der Sklaverei nicht bestritten werden kann. Hätte es ebenso religiös, wie politisch seit 1789 den Weg der Freiheit betreten, und hätte es gewußt, was Freiheit ist, es stände anders mit ihm. Aber es war und ist, als könnte diese Nation nichts klar und gerade sehen und thun, als müßte Alles verschieft und verschoben werden, um ihr zu gefallen. Ist denn jemals die Freiheit der Persönlichkeit, die Selbständigkeit des Einzelnen, des Mannes, der Familie, der Gemeinde, also die wirkliche und gesunde Freiheit von den leitenden Kreisen dort mit Bewußtsein angestrebt worden? Einzelne hohe Geister und edle Herzen hat Frankreich allerdings gehabt, die in dieser großen Frage klar sahen und ernstlich strebten. Aber die öffentliche Meinung war es nie.

Verfolgt man die Geschichte der Freiheit in Frankreich, so sieht man bald, daß sie eine Geschichte der verfälschten Freiheit ist. Die Revolution von 1789 hatte erst einen klaren Gedanken, indem sie Stände befreien wollte, die sich dann in sich selbst gliedern und die Freiheit der Einzelnen der Gemeinden u. s. w. erst ausführen sollten. Aber schon 1792 war die Vorstellung von Freiheit chaotisch geworden. Wer sollte frei sein? Nicht der Adel, außer wenn man den Verlust aller Vorrechte und seines halben Besitzes Freiheit nennen wollte; nicht die Geistlichkeit, denn ihr wurde sogar die Möglichkeit, ihre einfache Berufspflicht zu thun, abgeschnitten; vollends gar nicht das Königthum und das königliche Haus, denn hier gerade war Knechtung beabsichtigt. Also — das Volk, aber dieses Volk mußte erst geschaffen werden, und eine Organisation desselben, wenn Kirche, Adel, Beamtenschaft der Krone nebst den Parlamenten verschwunden waren, bestand nicht mehr; es war eine verworrene Masse, aus welcher sich Einzelne erhoben und die Herrschaft an sich rissen.

Was nachher Napoleon Bonaparte für die ganze Nation war, das waren in den einzelnen Städten und Kreisen die localen Gewalthaber, die Stimmführer des Hasses und der Gleichmacherei. In die Atome der Citoyens und Citoyennes war die Nation zerpulvert und wo sie sich wieder conglomerirten, da geschah es, um sich wieder eben so leicht zu scheiden. Von einer wirklich geordneten und gesicherten Volksfreiheit positiver Art war nicht die Rede. Daß eine so geartete Gesellschaft, in welcher die Freiheit von schweren Lasten und von der Kirche an die Stelle der echten, den Mann und die Familie emporhebenden Befreiung getreten war, als bloßes Material für den Eroberer geeignet war, daß nur der Soldat einer wirklichen Freiheit sich erfreute, daß trotz aller Förderung der Gesetzgebung durch den Kaiser doch kein wahrhaft freies Volksleben bestand, braucht nicht mehr nachgewiesen zu werden. Nicht minder kann als allbekannt gelten, daß die Restauration für die Befreiung des Bürgers, der Industrie, aber nicht des Landmannes und der Gemeinde etwas leistete. Die Bureaukratie hatte in Frankreich die schlimmste Form angenommen, nämlich die der despotischen Präfecten-Wirthschaft neben den constitutionellen Freiheitsplänen. Das Bürgerkönigthum wird jetzt gerade am lautesten beschuldigt, nur für den Capitalisten, den Mann der Industrie und des Handels, der auch den Ackerbau nach seinen Principien umgestaltete, gearbeitet und die große Masse der Nation, den Handarbeiter jeder Art und Stufe, unbefreit gelassen zu haben. Die sociale Frage trat hinter der politischen gerade in jener Epoche schreckenerregend hervor, und die Versuche zur Selbsthülfe, wie sie den socialistischen und communistischen Schulen, dem St. Simonismus, Fourierismus und den Offenbarungen Proudhons das Dasein gaben, sind eben so viele Anzeichen, daß die große Frage der Freiheit der Person ungelöst auf Frankreich lastete.

Daß das Schmachten nach utopischen Zuständen der Gesellschaft, das Träumen von Genüssen und Erwerb ohne harte Anstrengung nicht zu einer gesünderen Befähigung für die wahre Freiheit der Person führten, weiß Jedermann, auch daß es sich nicht mehr um blos politische, sondern um sociale Umgestaltungen und Sicherungen handelte.

Aber wie konnte ein Volk, welches bei allem Heißdurst nach Freiheit doch das Familienleben, den ältesten und edelsten Hort derselben, verfallen und verkommen ließ, also dem Weibe seinen Schutz, seine Ehre und Würde, seine Freiheit entzog und zugleich in Putz und Schmuck es zur Zierpuppe herabwürdigte, das ferner, eines bloßen Glaubensgesetzes, des kirchlichen Joches, müde, in Indifferentismus, Unglauben, Atheismus versank, dessen Stimmführer die frechste Gottesleugnung und die materialistischen Albernheiten frei bekennen durften, wie konnte es fähig sein, die wahre Freiheit auch nur zu suchen, geschweige denn zu genießen? Frankreich hat zu der großen Aufgabe Europas bis jetzt fast nur falsche nicht zum Ziele führende Schritte gethan, und die drastische Art, ihm zur Freiheit zu helfen, indem man es in Knechtschaft versetzte und die zu ungeduldigen Stimmen erstickte, diese rohe, mit Glacé-Handschuhen erdrosselnde Freiheitsunterdrückung des Cäsarismus hat den Prozeß selbst nur aufhalten und dadurch heftiger machen, aber nicht in richtige Bahnen leiten können. Die bloße Eleganz des Lebens aber, die schöne Verfeinerung des Luxus, vollends gar die alle Abgründe zudeckende Phrasensprache, die das Gegentheil auszusprechen vermag von dem, was der Sprechende denkt oder fühlt, sie können wahrlich nicht als ein so großes Gut, als ein so wichtiger Beitrag zu der Arbeit Europas betrachtet werden, daß man die Erhaltung eines „mächtigen Frankreichs" um ihretwillen wünschen müßte. Es soll ja nimmer= mehr geleugnet werden, daß auch in Frankreich der Genius mit an dem großen Bau arbeitet, welchen die Wissenschaft, die Kunst, die Gesellschaft aufzurichten strebt, aber wie wenig aus der Tiefe Geschöpftes bringt die Literatur der Gegenwart in Frankreich hervor, in welche Fratzengestalten verzerrt sich das große Talent eines Victor Hugo, in welche Armseligkeit ist die dichterische Na= tur eines Lamartine herabgesunken, welchen nach Quadratfußen zu messenden Romanteig produciren die fruchtbaren Unterhaltungs= schriftsteller! Die frömmelnde, mit der Wahrheit spielende Romantik auf der einen und die mit den sieben Todsünden Kegel schiebende Frechheit und Gemeinheit auf der anderen Seite; dazwischen hoch= geschwungene, poetisch angethane Weiber, die den Materialismus in widerlicher Gespreiztheit predigen. Es ist ein brodelnder Hexenkessel des Unwahren, Schiefen, Häßlichen, womit die Millionen der nach Unterhaltung hungernden Franzosen gestopft werden. Und daraus soll eine „große Nation" werden? Daran könnte vielmehr die größte bis ins Mark faul werden.

Statt daß Frankreich fähig wäre, an der Spitze der lateini= schen Race ein europäisch=weltgeschichtliches Werk zu thun, sieht es eher darnach aus, daß es seine Rolle ausgespielt habe und weder fähig sei, die anderen romanischen Völker mit mächtiger Centralkraft anzuziehen, noch der germanischen Welt noch lange ein Gleichgewicht zu halten, das zu einem angemaßten Ueber= gewichte wird.

Was Frankreich geleistet hat, muß vielmehr in Deutschland und England seine der Arbeit Europas zu Gute kommende Wirkung haben, und zum Abschleifen, Lackiren und Poliren kann immer noch die französische Hand die geschicktere sein. Nur wenn es auf sein tief begrabenes germanisches Element, das ja auch ihm nicht fehlt, zurückgreift, wenn es innerlich deutsch wird und den Kelto-Romanismus in sich selbst kritisch behandelt, bekämpft, überwindet, nur, wenn es aus der Reformation, dem Evangelium, welches es mit Blut erstickt hat, einen neuen Lauf beginnt, kann ihm eine Zukunft noch erblühen, die aber nicht die Zukunft der Weltherrschaft, sondern eine sehr viel bescheidnere sein würde.

V.

England und Deutschland.

Der germanische Bund.

~~~~~~~

Es hätte am nächsten gelegen, wenn man die Art, wie die europäischen Länder sich in die Arbeit Europas getheilt haben, einer vergleichenden Betrachtung unterwerfen will, die stammverwandten Nationen einander gegenüber zu stellen. — England und Deutschland, wie ähnlich sind sie einander, und doch wie weit treten sie auch wieder auseinander! Derselbe Grundstamm der Kelten bewohnte in uralter Zeit beide Länder, dieselbe germanische Hauptbevölkerung bildet ihre jetzige Grundmasse. Aber in Deutschland sind die Deutschen deutsch geblieben, seit sie an die Stelle der Kelten getreten, ja sie haben deutsche Sprache und Cultur über slawische Stämme weithin verbreitet. In England trat ein wenigstens halb fremdes Element zwischen Kelten und Germanen hinein, die Dänen, welche als Seekönige in wilder Heldenfahrt sich Herrschaften auf der Insel schufen, und ein mehr als halb fremdes, das normannische, wieder dem scandinavischen, aber dem französirten scandinavischen Stamme zugehörig, das sich die dauernde Regierung der englischen Gesellschaft erworben hat. Erst in späterer Zeit, als das Königthum nicht mehr den allmächtigen Impuls für das Leben der Nation gab, ist das deutsche Element in den Häusern Oranien und Braunschweig wieder auf den Thron Englands gelangt. Bereits hatte sich freilich wieder

die jächjijche Grundlage der Gejellichaft aus ihrer Zurückdrängung
emporgearbeitet, und England ijt aus jeinem eigenen Innern jeit
der Herrichaft der Königin Elijabeth weit mehr germanijirt wor=
den, als man gemeiniglich anerfennt. Ja man fann geradezu
behaupten, daß in England alle weitreichenden Fortichritte jeines
nationalen Lebens eben jo viele Siege des englijchen Deutjch=
thums gegen das franzöjijche Romanenthum jind, und daß der
normannijche Adel Englands jelbjt in deutjcher Art und Sitte,
bejonders unter dem Einfluß der ganz deutjchen Königsfamilie, in
den letzten Jahrzehenden zugenommen hat.

Fajt alle die Namen großer Erinnerung aus der alten Ge=
jchichte Englands, die Alfred, Atheljtan, Kanut, die Elfric, Eg=
bert, Aldhelm, die Beda, Winfrid u. A. jind deutjche oder deutjch=
nordijche Namen, und die reichjte Quelle nationaler Erfrijchung
ftrömt der englijchen Nation jtets wieder aus ihrem innerlichjt
deutjchen Wejen hervor. — Freilich ijt im englijchen Volke die
Verarbeitung und Verjchmelzung der nationalen Unterjchiede, des
feltijchen, römijchen, germanijchen, und innerhalb des letzteren des
jächjijchen, dänijchen, normannijchen und damit zum Theile auch
des romanijchen Charakters zu einer Einheit der Nation in einer
viel vollkommneren Weije gejchehen, als jie in Deutjchland
zwijchen den Stämmen der Schwaben, Baiern, Franken und
Sachjen vollzogen wurde. Nur Preußen bildet hier die Aus=
nahme, in welchem die deutjchen Stämme wirklich verjchmolzen
jind und in diejer Verjchmelzung die jiegreiche Kraft zur Ajji=
milirung der Slawen gejchaffen haben. Darum auch ijt in
Deutjchland der wejentlich jächjijche Norden England nach jeiner
nationalen Seite verwandter als der Süden, und am fremdejten
und unverjtändlichjten mußte dem englijchen Volke jtets das jla=
wijch durchjchojjene und daher an deutjcher Eigenthümlichfeit ge=
jchwächte Oejterreich jein.

Ganz im Allgemeinen betrachtet, wird es jchwer jein, mehr
als einen bloßen Umriß von dem zu geben, was England während
des Mittelalters an der europäijchen Arbeit geleijtet hat. In
diejer ganzen langen Zeitperiode war der Einfluß des Germani=
jchen auf England nur in höchjt geringem Maße ein von außen
fommender, und man hat vielmehr einige lebendig gezeichnete

Bilder aus dem späteren Mittelalter, welche das Englische und das Deutsche einander sehr fremdländisch erscheinen lassen. Allerdings waren die frühesten Beziehungen zwischen England und Deutschland durch die Gründung der christlichen Kirche bei den Sachsen und selbst bis ins südlichste Alemannien und Schwabenland von den britischen Inseln aus längst vergessen. Da waren die ersten Ansätze zu der Arbeit Europas in Deutschland vom englischen Boden aus hervorgerufen worden. War doch auch Carl der Große in Beziehungen zu den sächsischen Königen Englands und Kaiser Otto I. gar der Schwager Athelstans, des englischen Sachsenkönigs, und woben sich durch den Handel zwischen England und den deutschen Küstenstädten immer festere Bande der Freundschaft. Dennoch war es ein sehr anfremdender Versuch, als Heinrich III. von England, der am meisten germanische und daher auch dem Papstthum feindlich gegenüberstehende Normannenkönig Englands, es versuchte, mit den im gleichen Kampfe stehenden Hohenstaufen in Bund und Verkehr zu treten. Friedrich II. vermählte sich sogar mit seiner Schwester. Aber dennoch kam es zu keinem wirklich gemeinsamen Streben. Das Ringen der Hohenstaufen mit der Hydra des Romanismus blieb in England unverstanden. Selbst die Wahl Richards von Cornwall, des Bruders des englischen Königs, zum deutschen König brachte die Länder einander nicht näher. Deutschland kehrte noch zu entschieden sein Angesicht nach Osten und Süden, als daß es dem Westen eine feste Hand hätte reichen können, und England war doch noch zu französisch in seinen Königen und hatte zu große Interessen auf dem französischen Boden, um sich genug um Deutschland zu bekümmern. Am stärksten war die Annäherung unter Rudolph von Habsburg geworden, der durch die Heirath seines Sohnes, des Landgrafen Hartmann, mit der Tochter König Eduards I. die Häuser Plantagenet und Habsburg in ein gemeinsames Interesse zusammenziehen wollte. Nur Hartmanns Tod in den Fluthen des Rheines bei Breisach hinderte die Ausführung. — Mit dem deutschen Orden in Preußen dagegen und mit der norddeutschen Hansa entwickelten sich Beziehungen Englands im vierzehnten Jahrhundert zu einer für beide Länder gedeihlichen Gemeinschaft. Die Anknüpfung zwischen Eduard III. und Ludwig dem Baier führte troß ihrer Schwägerschaft und dem Besuche des englischen Königs in Deutschland zu keiner dauernden Verbindung, denn wieder war es der südliche, so fern abliegende Theil von Deutschland, um den es sich hier zunächst handelte*). Viel eher hätte Wycliffs reformatorische Vorarbeit, die in ihren Folgen nach Deutschland hinübergriff, ein geistiges Band zwischen den beiden Ländern stiften können, wenn die Mittelglieder nicht noch zu sehr gefehlt hätten. Viel weniger aber waren so zerfahrene Naturen, wie Sigismund der Luxemburger als deutscher Kaiser und Heinrich V. von Lancaster als englischer König, so sehr sie sich auch in thörichtem Eifer für die römische Kirche gegen die nationale kirchliche Regung begegneten, im Stande, ein gesundes Werk gemeinsam zu schaffen. Kaiser Sigismund besuchte England, was noch kein Herrscher Deutschlands gethan, aber mit Hoffesten und Turnieren verlief dieser Besuch ohne Frucht.

Und doch hätte damals Deutschland von England lernen können, denn dieses war in einer Richtung der europäischen Arbeit ihm vorausgeeilt. Es gab in England schon längst ein Parlament, eine Reichsversammlung, in welcher nicht nur etwa Kirche und Adel, sondern auch das Bürgerthum seinen Antheil an der Lenkung des Staates hatte. An diese Ordnung, so viel bekämpft sie auch war, knüpfte sich in England das Meiste von der Entfaltung echt menschlichen Lebens im Staate, die organisirte Freiheit und die relative Selbständigkeit der Stände. Es ist dort nicht die Reformation zuerst gewesen, welche zum Bewußtsein kommen ließ, was die Persönlichkeit in Kirche, Staat, Gemeinde zu bedeuten habe, sondern die Reaction des germanischen Geistes gegen die normannische Centralisation der Gewalt hat schon früher auf politischem, erst später auch auf kirchlichen Gebiete zu dieser wichtigen Anschauung hingedrängt. Man wußte aber in Deutschland von diesen Einrichtungen nur gar wenig, und man erfuhr eher die gewaltsamen Eingriffe der Herrscher, als die stillen Siege des öffentlichen Geistes. Die Reformation konnte auch nicht mit einer wahren Gemeinsamkeit Englands und Deutschlands anfangen,

---

*) S. Pauli: Bilder aus Alt-England. Gotha 1860. S. 90 ff., 118 ff., 149 ff., 252 ff.

da Heinrich VIII., ihr Urheber in England, von Luthern so un=
sanfte Worte hören mußte, die ihm mit Recht den Beruf zu der
theologisch = kirchlichen Umgestaltung seines Landes absprachen.
Allerdings hatte die Reformation Englands sowohl in ihrer
Quelle, den Beschwerden eines leidenschaftlich rohen Fürsten gegen
die sittliche Bevormundung des römischen Stuhles, und gegen
dessen politische Anmaßung, als in ihrem Fortgange und Ziele
nur wenig Aehnlichkeit mit der deutschen. Hier schlug der Ham=
mer an das Gestein, aus welchem das edle Gold des Glaubens
hervorkam, dort baute sich der König eine Festung in der von
ihm zugerichteten Kirche zum Schutze seiner Eigenmacht. Die
Freiheit der Person war durch den großen Freiheitsbrief (Magna
Charta) bedeutsam, und zwar schon längst als Grundsatz ausge=
sprochen, aber ihren wahren Inhalt hatte sie noch erst durch die
wirkliche Aufnahme des Evangeliums zu gewinnen. Dies geschah
unter Eduard VI. und Elisabeth, aber es ist bekannt, in welcher
Spannung auch das kirchliche Leben durch die aus dem Mittel=
alter hinübergerettete bischöfliche Verfassung der Kirche, da sie
eben eine halb weltliche war, gehalten wurde. Die Arbeit auf
dem sittlichen Lebensgebiete ging in England durch das bürger=
liche Freiheitsgefühl, welches in der Nation still fortströmte, bis
es an dem Widerstand der Aristokratie oder des Königthums ein=
mal aufbrauste, allerdings einen etwas rascheren Gang als in
Deutschland, aber andererseits wirkte die Reformation viel gewal=
tiger und nachhaltiger auf die letzten Springfedern des sittlichen
Bewußtseins, eben weil die Nation selbst durch ihre Verfassung
praktischer geworden war.

Es ist eine geradezu geschichtswidrige Behauptung eines eng=
lischen Historikers*), daß England das einzige Land sei, in wel=
chem die ganze Civilisation und Entwickelung rein aus dem eige=
nen Volke hergekommen sei, während bei anderen Völkern fremde
Eroberung einen weitgreifenden Einfluß gehabt habe. Wenn er

---

*) Buckle: History of civilization in England. Leipzig 1865. Vol. 1.
pag. 215. Er beschränkt zwar seine Behauptung auf die letzten drei Jahrhunderte, aber auch in dieser Beschränkung trifft sie ja nicht zu. Richtiger
ist, was er hinzufügt, daß unter allen Wechseln die Volksfreiheit stetig gewachsen ist.

unter dem eigenen Volke Englands das durch die Eroberungen immer wieder modificirte Volk versteht, so hat er wenigstens theil= weise Recht, muß aber dann gestehen, daß England öfter als Deutschland, als Frankreich, selbst als Spanien und ebenso oft als Italien solche das Volk umgestaltende Eroberungen erlitten hat. Denn er hat den gewaltigen Einfluß der Aristokratie, also des französisch=normannischen Wesens in England, er hat den so weit durchgreifenden des Herrschergeschlechts übersehen. Seine Herrscher aber hat England aus Deutschland, aus Dänemark, aus Frank= reich, aus Schottland, aus Holland und wieder aus Deutschland bis auf diesen Tag erhalten. Es wäre wahrlich sachgemäßer zu sagen, daß England mit am meisten unter fremdländischen Ein= flüssen seine Entwicklung durchlaufen, aber das Fremde immer glücklich in eine Eigenart verarbeitet habe, während Deutschland nur in der habsburgisch=spanischen Kaiserzeit den fremden Ein= flüssen unterlag und durch die Hohenzollern denselben enthoben wurde. Desto höher steht aber die Thatsache da, daß ein starkes Königthum nach französischer Weise bis in das siebenzehnte Jahr= hundert einem germanischen nach Freiheit ringenden Volke gegen= über, und zwischen beiden als mäßigendes und im Wesentlichen entscheidendes, beide wahrhaft verbindendes Mittelglied eine Ari= stokratie stand, ein Adel, der trotz seines normannischen Ursprungs in die deutsche Art des Volkes immer völliger einging und sich mit demselben verschmolz. Es ist also der germanische Grund= stamm in England, der jüngst ein hohes Ziel in der Arbeit Europas errang und dadurch zum Muster der europäischen Völker wurde. Die Magna Charta war selbst eine Auffrischung alter sächsischer Volksrechte *).

Wie verschieden selbst begeisterte Engländer die Wirkung die= ser einzigen organischen Staatsentwicklung auf das gesammte Volksleben beurtheilen, das kann uns zeigen, wie schwer solche Wirkung oder vielmehr der Causalnexus zwischen ihr und ihren Ursachen zu erkennen sei. Der berühmte Geschichtschreiber der englischen Verfassung, Henry Hallam, sagt in seinem zweiten

---

*) Fischel: Die Verfassung Englands. Berlin 1862. S. 31 f.

Meisterwerke *): „Kein unbefangener Beobachter, der an der
„Wohlfahrt seines Geschlechts eine Freude hat, kann umhin, die
„lange und stetig wachsende Blüthe Englands als das schönste
„Schauspiel in der Geschichte der Menschheit zu erkennen. Es
„können glücklichere Klimate einen vielfacheren Genuß des phy=
„sischen Daseins ermöglichen, aber in keinem Lande hat das
„Wohlsein, wie es aus politischen Einrichtungen hervorgeht, eine
„so weite Verbreitung gefunden, und kein Volk hat die ausein=
„ander strebenden Elemente des Reichthums, der Ordnung und
„der Freiheit so schön mit einander versöhnt. Diese Vorzüge ver=
„dankt man sicher nicht dem Boden der Insel, auch nicht ihrer
„geographischen Breite, sondern dem Geiste ihrer Gesetze, aus dem
„durch verschiedene Mittel die charakteristische Unabhängigkeit, der
„Fleiß und Unternehmungsgeist der Nation erwachsen sind.“ —
Dieser Lobrede gegenüber spricht sich ein Anderer **) so aus:
„Die verschiedenen Classen des englischen Volkes sind in ver=
„schiedenen Graden vorwärts geschritten. Seit dem Mittelalter
„ist die Veränderung in dem Zustande der höheren Classen eine
„ungeheure und nur zum Bessern sich entwickelnde; die unteren
„Classen aber haben sich wenig verändert, und Viele meinen, diese
„Classen wären in mancher wichtigen Beziehung schlechter gewor=
„den, selbst wenn sie auch in anderer Hinsicht besser geworden
„wären.“ Er erklärt zugleich diese Erscheinung: „Die Entwick=
„lung der englischen Staatsverfassung konnte natürlicher Weise
„nur eine langsame sein, weil eine schnelle Entwicklung die Exe=
„kutivgewalt erschöpft und den Staat getödtet haben würde, und
„weil die zahlreichsten Classen, die sich sehr wenig veränderten,
„in keiner Weise auf einen plötzlichen Wechsel in unseren Insti=
„tutionen vorbereitet waren.“ Derselbe Mann weiß auch, daß
der größte Umschwung in der englischen Verfassung durch das
Entstehen der Mittelclassen und durch den Protestantismus, der
dieselben mit einer neuen Gluth durchhauchte, bedingt war und

---

*) View of the state of Europe during the middle ages. London
1868. p. 498.
**) Walter Bagehot: Englische Verfassungszustände. Berlin 1868.
S. 318.

daß mit diesen Classen vereint Cromwell der neue Schöpfer der englischen Constitution in einem gewissen Sinne geworden ist.

Daß dies ein grundwahres Wort ist, beweist am besten die Vergleichung des England seit 1688 mit dem England des Mittelalters. Man denke an die puritanischen Gesetze gegen die Verwandlung des Ackerfeldes in Parke und Gärten der Reichen und Vornehmen und erinnere sich dabei der Jagdgesetze unter den normannischen Königen, nach welchen die Erlegung eines Hirsches durch eine nicht abliche Hand das Leben des Thäters verfallen ließ; man denke an die Freiheit des Bürgers unter dem Gemeinwohl, dieser theokratischen Republik, und halte dagegen die Sklaverei des Bauern unter den Tudors, ja die Thatsache, daß noch im zwölften Jahrhundert eine Synode zu London den Verkauf der eigenen Kinder verbot und die andere, daß ein alter Geschichtschreiber die Angelsachsen des Verkaufs ihrer Sklavinnen (also die Sklaverei dauerte fort) beschuldigte, selbst wenn sie ihren Gebietern demnächst Kinder gebären sollten*). Nur langsam wurde in England ein höherer sittlicher Geist zuerst in den Städten, dann erst im Landvolke mächtig. Das römische Recht gab den sittlichen Grundverhältnissen des Lebens, denen der Familie, nur wenig Schutz, und die Willkür der Barone ließ nicht so leicht die von ihnen Beherrschten los. Erst durch die Freiheit der Städte und durch den Reichthum ihrer Bürger, wie er durch den Handel vom dreizehnten Jahrhundert an sich steigerte, kam es allmälig zu einer höheren Achtung der Persönlichkeit.

Wie sehr auch immer die Reformation, die zugleich den Verkehr Englands mit Deutschland zu einem lebendigeren machte, indem deutsche Reformatoren zu Oxford, zu London predigten und überhaupt auf die Kirche Englands den stärksten Einfluß übten, dem englischen Geiste einen höheren Schwung gab, es kam doch zu keinem hellbewußten und siegreichen Kampfe zwischen der Macht der Kirche, in welcher die Person des Einzelnen verschwindet, und der bewußten, in Gottes Wort wurzelnden Persönlichkeit, bis der Protestantismus unter den Stuarts geradezu wieder nach den römischen Zielen einbog. Da erwachte die germanische Natur des

---

*) Hallam a. a. O. S. 751.

englischen Volkes, und nun erst zeigte sich, welcher Macht des
Aufschwungs das Volk Englands vermittelst seiner politischen
Institutionen fähig war. Denn hier trat eigentlich die Periode
ein, in welcher England seinen mächtigsten Beitrag zu der Arbeit
Europas lieferte und darin wiederum allen europäischen Nationen
vorauseilte. Es war wieder die germanische Grundnatur des
englischen Volkes, die sich hier gegen die romanisch=normannische
Kirche, die ja durch ihre bischöfliche Verfassung und deren Hand=
habung so recht eine Kirche des Adels sein wollte, erhob. Die
größte Gefahr war hier nicht die Vernichtung der Monarchie,
denn diese mußte sich immer wieder neu erzeugen, wohl aber die
der Aristokratie, an deren Stelle das Bürgerthum mit allem
möglichen Reichthum nicht treten konnte, und der Kirche, durch
welche England um alle seine innere Kraft und Einheit gekommen
wäre. Aber hier wurde siegreich durchgekämpft, was in Deutsch=
land noch Jahrhunderte zu seiner Bewältigung brauchte und was
in Frankreich erst seit der Revolution in hastig überstürzender
Weise bewegt wurde, in Italien der Gegenwart und nächsten
Zukunft aufgespart blieb, in Spanien noch nicht einmal auf die
Tagesordnung gestellt ist, die Frage nach der Stellung der Per=
sönlichkeit im Staate und ihrer ewigen Stellung vor Gott.

Die englische Reformation war im Vergleiche mit der deut=
schen nicht der letzte Act eines tiefgehenden innerlichen Prozesses,
der auf die inneren geistigen Triebkräfte des nationalen Lebens
und des germanischen Charakters zurückführt, sie war auch nicht
einmal das Resultat der im Humanismus sich vollziehenden Be=
freiung des Individuums von der zwingenden und beherrschenden
Auctorität der kirchlichen Satzung. Zwar hatten die Vorläufer
der Reformation, Mystik und Humanismus, wohl auch die höch=
sten Spitzen der Gesellschaft in England berührt, aber sie waren
nicht in die Niederung des breiten Volkslebens hinabgestiegen.
Vielmehr hatte nur der äußerlichste Factor der Reformation, die
Frage über das Recht der weltlichen Herrschaft neben der geist=
lichen, über das Wesen des Staates neben der Kirche, dort den
Hauptanstoß gegeben, und die Losreißung Englands von der Kette
Roms war in England das Erste gewesen, während sie in Deutsch=
land das Letzte war. Selbst was hiervon, durch den großen

Scholastiker Wilhelm Occam vertreten, schon während des Mittel=
alters in England sich laut machte, war nur der Wiederschein der
hohenstaufischen Kämpfe gegen das Papstthum gewesen, und es
handelte sich vom Kaiserthum und seinem Rechte. Von den häre=
tischen Bewegungen, die auf dem Festlande die Kirche durch=
furchten, war das Inselland nur selten und schwach berührt wor=
den. Die Universität Oxford, so sehr sie der Hort der Recht=
gläubigkeit war und blieb, hatte dennoch eine kräftige Stellung
auf der nationalen Seite gegen die Anmaßungen und Erpressun=
gen der England plündernden päpstlichen Legaten genommen*).
Dort war Wycliff geistig erwachsen und von dort aus hatte er
in der Ferne den jämmerlichen Zustand der gesammten Kirche
und in der Nähe die Verächtlichkeit des Treibens der Franciscaner=
mönche gesehen. Er trat auf den Kampfplatz, dem Staate ein
willkommener Mitkämpfer; aber er blieb nicht bei diesen Außen=
werken stehen. Die heilige Schrift seinem Volke in seiner Sprache
zu geben und hierdurch jedem Einzelnen den Weg zum Stehen
vor Gott ohne Vermittlung von Priesterschaft und Kirche zu öff=
nen, war sein kühner Gedanke. Er hat ihn ausgeführt, und so
ist England mit der Verkündigung der Verantwortlichkeit der ein=
zelnen Person vor Gott und mit der Wegweisung zum Stuhle
Gottes dem deutschen Festlande um 150 Jahre vorangeeilt. —
Wieder hat hier der germanische Grundcharakter sein mächtiges
Organ an dem gewaltigen Prediger gehabt. Darum auch fand
seine Lehre lauten Wiederhall im Volke, und nur, als ein furcht=
barer Bauernaufstand gegen den Adel und die Städte, ein Auf=
stand der geplagten Arbeiter gegen die Besitzenden, im Zusammen=
hang mit seiner Erweckung der selbständigen geistigen Volkskräfte
zu stehen schien, wandten sich Diejenigen, die sonst im Kampfe
gegen Rom die Waffen dieses Streites gerne blitzen sahen, angst=
voll und mistrauisch von ihm ab, ja gegen ihn. So unwahr
auch die Beschuldigung war, sie gab seinen römischen Feinden
eine Handhabe, die begierig ergriffen wurde.

Es hatte sichtlich noch nicht im gesammten Leben der Nation
die Stunde der Befreiung geschlagen. Die Kirche Englands, wie

---

*) Pauli a. a. O. S. 210 ff.

sie aus der Reformation Heinrichs VIII. hervorging, stand weit hinter der zurück, welche Wycliff zu gestalten wünschte, und war eigentlich nur eben eine katholische Nationalkirche, wie sie durch die großen Kirchenversammlungen des fünfzehnten Jahrhunderts angestrebt wurde, immerhin ein gewaltiger Schritt, aber noch nicht der Eintritt in die volle Arbeit, wie sie Europa auf diesem Gebiete zu thun hatte*). Die anglicanische Kirche war ein Werk des Königs, an dem seine Tochter Elisabeth, nachdem die blutige Maria wieder die Rückbildung ins Mittelalter versucht hatte, fortbildete und es den reformirten Kirchen des Festlandes näher brachte. Ihre bischöfliche Verfassung war ihr, nachdem der Cö= libat der Geistlichen und die Kelchentziehung mit anderem Kram des Mittelalters beseitigt war, nicht mehr zum religiösen Schaden, denn der Episcopat war kein vermittelnder, sondern blos ein ver= waltender, gleichwohl aber band er die Kirche fest an die Krone und war der mächtige Arm des Staates in der Kirche. Nicht sowohl diese Verfassung, wiewohl sie ihnen auch als verwerflich galt, sondern die Liturgie und der gesammte Cultus mußte den aus den Zufluchtsorten in Deutschland und der Schweiz nach dem Tode der Königin Mary heimgekehrten Verfolgten als Ueberrest des Katholicismus erscheinen, und es kam ihnen zum Bewußt= sein, daß zwar die Lehre der Kirche reformirt, Verfassung und Cultus aber noch fast römisch seien. Die Puritaner hielten sich für die eigentlichen Träger der Reformation, sie waren es auch, aber in einem Sinne, der ihnen auch die Gemeinschaft mit der luthe= rischen Kirche Deutschlands erschwerte. Hier war der germano= romanischen, oder der germano=keltischen, auch fränkischen Refor= mation das entnommen, was in England nunmehr in starker Wirksamkeit hervortreten sollte.

Es geschah freilich erst im siebenzehnten Jahrhundert, in welchem die Könige aus dem Hause Stuart die Unbesonnenheit hatten, die Umwendung der anglicanischen Kirche nach dem mittel= alterlichen Typus zu nicht allein zu gestatten, sondern sichtlich zu begünstigen. Es war dies ein gefährlicher Weg, der England

---

*) **Weingarten:** Die Revolutionskirchen Englands. Leipzig 1868. S. 15 ff.

von dem Kern der germanischen Nationen im Fortgang der Ge=
schichte immer mehr geistig abgeschnitten hätte. Schon die Mit=
hülfe Jakobs I., dessen Tochter die Gemahlin des reformirten
Kurfürsten Friedrich von der Pfalz, des böhmischen Winterkönigs,
war, zu den Schritten, welche den dreißigjährigen Krieg eröff=
neten, hatte sowohl die katholischen als die lutherischen Kreise
Deutschlands zu England in eine eher feindliche Stellung gebracht.
Schwerlich hielt man es damals in Deutschland dafür, daß Eng=
land einen sehr schwierigen und harten Theil der europäischen
Arbeit jetzt durchzumachen habe, als je länger je mehr die Puri=
taner jede Staatskirche als vor dem Worte Gottes verwerflich,
als wahres Antichristenthum angriffen. Damit war jeder terri=
torialistische Kirchenbestand in Deutschland aufs Aeußerste ange=
feindet, und doch konnte man hier auch mit dem romanisirenden
Erzbischof Laud nicht sympathisiren. Denn wenn man auf seinem
Wege auch nicht zur verlassenen Kirche Roms umzukehren ge=
nöthigt war, so gestand man doch mit dem unmittelbar göttlichen
Rechte der Bischöfe, die hierdurch doch wieder Vermittler der
Seligkeit wurden, einen eben so großen Bruch mit dem innersten
Wesen des Protestantismus zu, als er mit dem göttlichen Rechte
der Könige durch die Beseitigung der alten englischen Parlaments=
Verfassung geschah.

Beiden hatte der germanische Geist entgegenzutreten, aber er
war es nicht, der in England reagirte, sondern es war die in
den deutschen Grenzländern herrschend gewordene Abänderung
desselben, die in der Kirche reformirt und presbyterianisch, im
Staate mehr oder weniger republikanisch sich kundgab. Dahin
strebte nach dem Sturze der anglicanischen Kirche der sogenannte
Independentismus, dessen spiritualistische und chiliastische Ge=
danken jegliche menschliche Ordnung in der Kirche ausschlossen
und Christum als das einzige Haupt derselben, jeden wirklichen
Christen (und nur ein solcher wurde als Glied der Gemeinde an=
erkannt) als einen Heiligen, und in Folge davon in einer natür=
lichen Steigerung als einen Propheten, der Gottes Willen zu
verkündigen hätte, betrachteten. Mit dieser Richtung war die Ato=
misirung der religiösen Gesellschaft, die Unmöglichkeit einer Kirche
und eben damit das Extrem der Abwendung von der romani=

schen Kirchenform, aber freilich nicht in einer neuen und echten Kirche, sondern in einem Zerflattern in die endlose Individualität gegeben. Die Karikatur der Stellung der Persönlichkeit zu Gott war damit als die echte Gestalt des Christenthums anerkannt, eine Unform, die mit halber Nothwendigkeit zu einem noch weiteren Abgehen von der alten Christenheit, nämlich auch von ihren gemeinsamen Glaubensgrundlagen in negativem Individualismus, d. h. in den Erscheinungen des sogenannten Deismus führte. Die Gewinnung der rechten Stellung des Individuums zu Gott, und zwar ohne Verlust der Gemeinschaft, war zunächst durch diesen Fortschritt nur erschwert. Die Baptisten, Independenten, Quäker und Leveller (Gleichmacher), wie sie aus jener Bewegung in ihren verschiedenen Stadien hervortraten, wird doch Niemand als die Muster evangelischen Geistes oder germanischer Freiheit und Erkenntniß sich gefallen lassen, zumal da sie von dem Inhalt des Evangeliums eben so Wichtiges negirten als die nachherigen Deisten und Freigeister.

Die allgemeine Glaubens- und Gewissensfreiheit, wie sie von allen Independenten verlangt wurde, ließe an ein volles Verständniß der europäischen Aufgabe denken, sofern sie eben voraussetzt, daß der Einzelne für seine religiöse Ueberzeugung nur Gott verantwortlich sei, daß er aber auch an Gottes Urtheil gebunden sei, demnach nicht ebensogut auch an gar keinen Gott glauben und dennoch alle Rechte der Volksgemeinschaft, die gleichwohl eine christliche bleibe, fortgenießen könne. Aber es war nicht einmal mit dieser Freiheit so gemeint, daß auch die Katholiken sie unbedingt hätten in Anspruch nehmen dürfen. Nur mit den Juden zugleich wollten die am Weitesten gehenden der römischen Kirche Theil an derselben gestatten. — Es war aber doch immer die Frage nach der Stellung der religiösen Ueberzeugung im öffentlichen Leben, also die Frage von Staat und Kirche auf die Tagesordnung gesetzt, und in England und Holland wurde sie weiter bewegt und drang von da schon im siebenzehnten Jahrhundert auch nach Frankreich und Deutschland. Diese Frage aber zu lösen, ist eine unabweisliche Aufgabe der europäischen Arbeit, und so einseitig, leidenschaftlich und beschränkt auch in England sie zuerst lärmend in den Vordergrund sich drängte,

Europa hat es doch diesem Lande zu danken, daß ihm allmälig nicht blos über die römische Machtherrschaft, sondern auch über die Territorialgewalt in Sachen der Religion die Augen weiter aufgingen.

Ja sogar für einen noch größeren Gedanken, als den der Glaubensfreiheit, nämlich für den der Einheit aller an die Erlösung in Christo Glaubenden trotz aller zwischen ihnen obwaltenden dogmatischen Unterschiede waren die Levellers (Gleichmacher) der Ausgangspunkt. Die Union aller Christen, jedenfalls aller evangelischen Christen, in Einer großen, vielgliedrigen Gemeinschaft war ihnen ein Zielpunkt des religiösen Gemeinschaftsstrebens. Ein Princip, das dem Herzen der Reformation selbst angehört, brachten sie der Welt wieder zum Bewußtsein*). Aber auch von der Höhe der Machtstellung Oliver Cromwells wurde das Bewußtsein laut, daß es ein europäisches Interesse des Evangelismus gebe, womit eigentlich der Gedanke der europäischen Arbeit im innersten Gebiete des Menschenlebens ausgesprochen wird. Sagt er doch: „Alle Interessen der evangelischen Christenheit, ihre Wohlfahrt und Ehre, alle Interessen der Protestanten „in Deutschland, Dänemark und der Schweiz, ja alle Angelegenheiten des Christenthums insgesammt fallen mit den unsrigen „zusammen. — Auf unsre Herzen muß es geschrieben sein, daß „wir für diese Interessen eifrigst sorgen.“

In welch großartiger Weise hat dieser räthselhafte Mann den Gedanken der Solidarität der protestantischen Interessen in seinen Verhandlungen mit Frankreich, den Niederlanden, mit Schweden, Brandenburg und Savoyen auszuführen gesucht! Es war wahrlich nicht blos seine persönliche Frömmigkeit, die ja sonst so calvinistischer Art war, daß er aus ihr heraus schwerlich die Sache der Lutheraner und der Reformirten als eine und dieselbe gefaßt und behandelt hätte. Es war mehr, als blos eine freie Brüderschaft, was er anstrebte. Er war vielmehr überzeugt, daß im Protestantismus das große Princip der Freiheit zu Tage trete, ja man kann ihm in seiner gleich ernsten Behandlung der

*) Weingarten a. a. O. S. 113 f.

Hoffmann. Deutschland und Europa.

8

politischen, sittlichen und religiösen Fragen eine Ahnung davon zuschreiben, daß die Arbeit Europas in der Befreiung der Persönlichkeit, aber als einer in Gott gebundenen, die gemeinsame Aufgabe der Nationen sei, welche auf dem religiösen Gebiete aus den Sklavenketten der menschlichen Auctorität gerettet und durch das Schöpfen aus der heiligen Schrift zu der Fähigkeit erhoben seien, ihre einheitliche Entwicklung mit Bewußtsein zu fördern. Eine Weltherrschaft des Protestantismus schwebte dem evangelischen Manne vor, und den brandenburgischen Kurfürsten hielt er für den Mann, der sie mit ihm gemeinschaftlich erringen könne. Auch diese Herrschaft war ihm nur ein Mittel für einen höheren Zweck, für Anbahnung und Entfaltung des Reiches Gottes auf Erden. Freilich war Deutschland damals, während der dreißigjährige Krieg es erschöpfte, kaum fähig, so große Gedanken sich anzueignen*).

Daß nach Cromwells Zeit die große Bewegung in der englischen Nation allmälig einen Verlauf nahm, welcher der Rückkehr des Königthums günstig war, während die religiöse Bewegung sich aus dem Staatsleben mehr zurückzog, daß die Episcopal-Kirche durch Männer wie Baxter sich mit den gemäßigten Puritanern ausglich, daß die nach der Seite der Entschränkung des Geistes hinströmenden Gedanken sich mehr in den Deismus und die flachere Weltansicht verliefen, wodurch allmälig das gewaltige Auflodern einer höheren Begeisterung für die Ideen der Freiheit und der Präponderanz des religiösen Lebens herabsank, ist bekannt, und man kann nicht leugnen, daß die englische Geistesarbeit von nun an weniger fähig war, auf das übrige Europa mächtig zu wirken. Fast kann man sagen, daß die aus der Revolution zurückgebliebenen Secten der Baptisten, Quäker, Independenten nicht mehr fähig waren, für einen großen evangelischen Grundsatz einzutreten, weil sie sich kirchlich abschlossen und in ihrem Kampfe gegen die Nationalkirche mehr in den unteren Volksklassen Boden gewannen während die höheren sich der

---

*) Letters and speeches of Oliver Cromwell, edited by Th. Carlyle. Leipzig. Vol. 2. p. 271—426. Weingarten. S. 158.

bischöflichen Kirche wieder hingaben. Aber das kann Niemand in Abrede stellen, daß der Gährstoff einmal in der Nation war und blieb und daß sowohl staatlich als kirchlich die in der Revolution zum Durchbruch gekommenen Gedanken es waren, welche schließlich das Fortherrschen der Stuart'schen Dynastie unmöglich machten.

Die neue Ordnung des englischen Staatslebens unter Wilhelm III. war zugleich die Beruhigung der ungestümen Wogen, in welchen sich die sectenhafte Zerfahrung der englischen Kirche in einander überholende und überbietende Gestaltungen bis auf die Spitze des Quäkerthums hinaufgehoben hatte und dann so herabgesunken war, daß die Kirche sich von Neuem als National= oder wenigstens als Staatskirche sammelte, die aber nun von den individuellen Gemeinschaften umgeben war und mit ihnen in einer beide stärkenden Wechselwirkung lebte. Die kirchliche Freiheit und die kirchliche Einheit waren neben einander gestellt und blieben es bis zum heutigen Tage. Denn mehr hatte England nicht vermocht, nachdem es in Kirche und Staat die mächtigen Gegensätze hervorgetrieben, als ein Nebeneinander, eine Duldung verschiedener Gestalten der religiösen Gemeinschaft festzustellen, die aber in beständiger Bewegung und Reibung einander nicht einschlafen ließen. Noch wirkte zwar stark der Deismus und Naturalismus, der unter der Restauration sich erst entwickeln konnte und dem es darum zu thun war, die Religion aus einem weiteren Gesichtspunkte zu fassen, dem der ursprünglichen Anlage des Menschen zur Religion, der also auf die vergleichende Religionsgeschichte geführt wurde und ebensowohl die Geschichte als die Naturwissenschaft zum Verständnisse der Religion in Anwendung brachte. Nicht anders als später im deutschen Rationalismus wurde hier das Christenthum auf Moral und sogar auf Nützlichkeitslehre zurückgeführt. Gerade die Macht, welche diese religiös=flache Richtung auf die Vornehmen und selbst auf manche Häupter der Kirche ausübte, war ein Grund der nunmehr eintretenden Duldung, weil man die verschiedenen Formen der christlichen Gemeinschaft, die puritanischen und die anglicanische, für gleich unwahr hielt und sie daher, da sie einmal das Volk unter sich theilten, wohl neben einander gewähren lassen konnte. Die lebendige, organisch sich darstellende Einheit der

8*

Freiheit und Gebundenheit, die echte Kirchenverfassung war da=
mit nicht hergestellt, aber ein Anstoß war gegeben, der in der
Zukunft noch zu tieferer Verarbeitung der Gegensätze führen mußte.

Wilhelm III. erhob mit seiner Gesetzgebung, in welcher der
Staat fast in eine Republik mit einem erblichen König, zunächst
allerdings in eine aristokratische Republik verwandelt wurde, wäh=
rend die Staatskirche mit Rechten und Reichthum ausgestattet
blieb, aber durch die Bischöfe wieder in den Staat einmündete,
indem zugleich die Toleranzgesetze die Freiheit der Kirchenbildung
außerhalb der Staatskirche schützten, dadurch, daß er auf Cromwells
Grundlage mäßigend fortbaute, England zu einer „protestantischen
Großmacht"*), aber der Puritanismus hatte England vom ro=
manischen Kirchenthum befreit und ihm germanische Frömmigkeit
dafür gegeben. Die Innerlichkeit und die praktisch=fromme Rich=
tung des englischen Protestantismus stammt aus dieser Zeit des
Kampfes, und zwar derselben Zeit, in welcher Deutschland
von dieser Höhe, die es schon in der Reformation erklommen
hatte, wieder zurücksank. England hat damals auf Deutschland,
hinter dem es in der Reformation weit zurückstand, hebend und
belebend, wenn auch nur in engeren Kreisen, gewirkt, und aber=
mals hat sich dadurch gezeigt, wie zusammengehörig diese germa=
nischen Lande sind, sobald es sich von der Aufgabe Europas han=
delt. Ganz besonders wichtig aber ist es, daß in Männern wie
Baxter und ihren Bestrebungen die Richtung auf Union aller
evangelischen Gemeinschaften schon damals hervortrat, eine Rich=
tung, ohne deren vollendete Durchführung die Arbeit Europas nie
zu ihrem Ziele gelangen wird, und daß die Selbständigkeit der
Gemeinde aus dem Dunkel dieses Streites hervortrat.

Man kann darüber nicht viel reden, wie es geworden wäre,
wenn sich nach der Restauration nicht die bischöfliche Kirche wieder
fester zusammengeschlossen, vielmehr sich der Einigung mit den
um sie geschaarten Gemeinschaften hingegeben hätte. Daß es

---

*) Weingarten a. a. O. S. 430 ff.; eine Arbeit, die überhaupt, wer
sich um die Fragen der europäischen Geistesentwicklung bekümmert, nicht un=
gelesen lassen darf. Wir citiren nicht weiter, wenn wir die Resultate der
vorhergehenden trefflichen historischen Darstellung aus diesem Abschnitte ent=
nehmen.

nicht geschah, dies hat klar gezeigt, daß England allein und für sich dieses große Werk der Befreiung der Geister nicht durchzuführen vermochte; denn die Zeit, in welcher dies am ehesten möglich war, ist ungenützt vorübergegangen. Die Anlehnung der Kirche an den Staat und das Bedürfniß des Staates selbst ließ dieselbe zu einer so beweglichen Flüssigkeit nicht gelangen, sondern verschloß sie in eine amtliche Orthodoxie, bei welcher es sich, wie die Zulassung, sowohl der streng calvinischen Lehre von der Gnadenwahl als der arminianischen von der Willensfreiheit, in der Kirche und Anderes zeigt, viel weniger um das Dogma, in welchem die Dissenters meist mit ihr einig bleiben, als vielmehr um Verfassung und Liturgie handelte, ein ungesunder Zustand, der gerade das im evangelischen Wesen Untergeordnete zu oberst stellte. Man hat seitdem oft gesagt, die englische Kirche müsse sich zur mittelalterlichen zurückbilden, wenn sie den in Verfassung und Liturgie sich kundgebenden Principien consequent treu bleibe, sie müsse aber mit den Dissenters sehr nahe zusammentreffen, wenn sie ihrem Glaubensbekenntniß seine ganze Folge gebe.

Daß unter der Herrschaft der braunschweigschen Linie, des Hauses Hannover, die Grundsätze der kirchlichen Freiheit in beständigem Fortschreiten begriffen waren, rührte freilich nicht von einem höher erleuchteten Sinne her, den diese deutschen Fürsten mit nach England gebracht hätten, sondern theils von der den deutschen Kirchen ähnlicheren gottesdienstlichen Form der Puritaner, am meisten aber davon, daß die Staatskirche in ihren Häuptern stets manche Begünstiger der der hannoverschen Herrschaft feindlichen jakobitischen Pläne hatte, und daher auch den römisch-katholischen Rückschritts-Bestrebungen, wie sie immer noch in England durchzudringen suchten, nicht fremd war. Freilich gab es in ihr zwei Parteien, eine schroffere (High Church, hochkirchlich genannt) und eine mildere, die man deshalb mit Low Church (niederkirchlich) bezeichnete. Oxford war die wissenschaftliche Festung der ersteren, Cambridge der letzteren. Die Könige neigten sich begreiflicherweise auf die mildere Seite und gingen noch weiter, indem sie den Dissenters immer neue ihnen bis dahin vorenthaltene Gemeinschaftsrechte zuerkannten. Es war keine Zeit der energischen Kraft und des Wirkens nach dem Auslande hin, so viel auch noch Georg I. sich in die deutschen Angelegenheiten mengte und in Deutschland sich aufhielt, dieses Jahrhundert der George vom ersten bis zum dritten.

Vielmehr verwickelte sich in dieser Zeit der englische Staat in seinen eigenen verschiedenen Elementen, und es wurde sichtbar, daß die Verfassung nicht hinreichte, um die durch die Revolutions= zeit laut gewordenen Freiheitsgedanken und staatlichen Principien in gesundem Leben zu erhalten, weil das Königthum von der Verfälschung, welche es durch Ludwig XIV. und XV. erfuhr, sich auch in England nicht völlig frei zu halten vermochte, und weil gerade die Fremdheit der Fürsten zusammen mit ihrem unbe= friedigenden Charakter und ihrer sittlichen Schwäche dazu führte, in England ein gewisses Mißgefühl gegen das verwandte Deutsch= land zu erwecken. Es wurde zwar in den deutschen Kriegen mit Frankreich mehrfach der Bundesgenosse des ersteren, aber die Freundschaft führte zu keiner wirklichen Gemeinschaft und konnte nicht dazu führen, weil der meist römisch=katholische Süden Deutsch= lands dem protestantischen England immer fremd blieb, der Nor= den aber in Preußen für den deutschen Besitz des englischen Kö= nigshauses in Hannover eine bedrohliche Macht in sich schloß.

Immerhin muß aber anerkannt werden, daß England seine wahren Interessen verstand, als es mit Friedrich dem Großen gemeinsam gegen Oesterreichs und Frankreichs Uebergewicht im siebenjährigen Kriege kämpfte. Es gab eine Zeit, in der Friedrich der Große in England mehr galt als sein armseliger, kleinlich mißtrauischer Vetter Georg II. Denn weder in Georg I. mit seiner unglücklichen, in einem hannoverschen Schlosse eingesperrten Gemahlin, an deren Stelle er zwei Weiber mit nach England brachte, die lange Gräfin Schulenburg und die dicke Gräfin Kielmannsegge, gleich als hätte er Alles thun müssen, um sich den Engländern im Voraus verächtlich zu machen, weil er weder dem sittlichen Ernst der Puritaner ein reines Leben zu sehen gab, noch mit der eleganten Sittenlosigkeit der damals längst durch französische Sitten verdorbenen Cavalierwelt Schritt zu halten vermochte, noch in Georg II. war eine hohe Gestalt vor die Augen Englands gestellt.

Für Viele in England hatte der hannoversche Hof längst Anlaß gegeben, mit dem Deutschen den Gedanken des Niedrigen und Plumpen zugleich zu verbinden. Die Heldenkraft Friedrichs des Großen schlug zwar im Volksurtheil siegreich durch, aber die feine Welt, wenn sie dem Eindruck von derselben sich nicht entziehen konnte, wußte leider das Gleiche wie in Frankreich zu sagen, nämlich, daß der große König nach Geist und Bildung kein Deutscher, sondern Franzose sei. Dazu kam, daß die aus Hannover mitgekommenen Männer und Weiber vor Allem trachteten, neben mehreren englischen Titeln auch englischen Reichthum an Gütern und Einkünften an sich zu reißen. Die Engländer gewöhnten sich, in den Deutschen arme, hungrige, gierige Menschen zu sehen. Man kann wohl sagen, daß das Haus Hannover den Deutschen in England unsäglich geschadet, und zwar nicht das politische Zusammenwirken beider Nationen gehindert, aber doch sie in ihren Gefühlen einander mehr entfremdet als genähert hat. Jeder Engländer wußte, daß Georg II. seine Stellung als deutscher Kurfürst eigentlich höher stellte, denn seine Krone der Inseln, die er allerdings wieder sehr geltend zu machen wußte, wenn es galt, jene Stellung zu stärken. Aber es gelang ihm, England auf die Höhe in Europa zu heben, die es in die Reihe der Staatsmächte stellte, denen die Entscheidungen über das Schicksal der Welt in die Hände gelegt sind. Die geschickte Administration eines Walpole und die geistvolle, weitblickende Politik des älteren Pitt, zusammen mit der Nachwirkung der Revolution und ihrer politischen Verwerthung durch Wilhelm III., die jetzt erst, nachdem die jakobitischen Bestrebungen zu ihrem letzten Ende gelangt waren, überall gern oder ungern als die Basis des künftigen Bestandes des englischen Staates angenommen wurde, ließen England als ein Musterland staatlicher Harmonie erscheinen.

Die Regierung Georgs III. ließ zwar England in dem Abfall der transatlantischen Colonien und in der Entstehung der vereinigten Staaten Nordamerikas eine Zeitlang als den Gegner freier Nationen, als den feindseligen Unterdrücker dastehen, aber es verlor in seinem Innern nichts, es gewann vielmehr an wirklicher Freiheit und konnte sich durch den raschen Anwachs der indischen Eroberungen über die westlichen Verluste trösten. Freilich eine Seltsamkeit wurde der englische Staat, wenn man ihn in der Heimath als die organisirte Freiheit und in der Fremde als eine streng despotisch regierende Macht zugleich erblickte. Desto schöner aber hob sich England in den Augen Europas in der Zeit dieses Königs hervor, wenn in den Parlamentskämpfen zwischen Pitt und Burke, Fox und Sheridan ein immer groß= artigeres Selbstbewußtsein dieser weitherrschenden Nation hervor= trat und wenn es der wildgährenden Fluth der französischen Re= volution mit aller Machtanstrengung entgegentrat. Da zeigte sich, wie fest sich England seiner eigenen gesunderen Freiheit bewußt war und wie es alle Sehnen daran strecken konnte, um der ver= meintlichen Freiheit in dem Nachbarvolke, die nur zu rasch in Despotie und Militärherrschaft umschlug, sich entgegenzustellen. Man kann wohl sagen, daß die Zeit Georgs III. und seines als Regent ihn ｊvertretenden Sohnes in der Brust jedes Engländers das Selbstgefühl hob, in welchem sich England als das starke Bollwerk der Unabhängigkeit des übrigen Europas von Frank= reich erkannte. Die gewaltigen Seeschlachten Nelsons, die Kämpfe und Siege Wellingtons, schließlich der Glanz der ruhmreichen Schlacht von Waterloo, die Theilnahme Englands mit Geldmitteln an dem Ringen Preußens und Rußlands gegen Napoleon, sie ließen die Nationen davon absehen, daß hinter diesen Großthaten doch der Gedanke an Erwerb und Gewerb, an den Schutz ihres Handels und Reichthums als geheime aber mächtige Triebfeder sich bewege. Es gab eine Anschauung Englands, die es für die Wahrung seiner sehr materiellen Interessen in einer idealeren Weise belohnte. Freilich die ängstliche, oft quälerische Vorsicht, mit der es seinen gewaltigen Gefangenen auf St. Helena hütete, die Art, wie seine Staatsmänner in die Gestaltung Europas und besonders Deutschlands seit 1815 mit eingriffen, sie rissen manch schönes Blatt aus dem Ruhmeskranz, der ihm so bereitwillig war dargereicht worden.

Die allmälig steigende Macht der Mittelclassen in England drängte die Regierung von dem doch immer noch edleren Wege, der England zu einer Art von Protector der europäischen Frei= heit emporgehoben hatte, in eine unsichere, inconsequente Politik. Es kam dahin, daß England durch seine politischen Agenten fast zu gleicher Zeit in dem einen Lande die demokratischen Strö=

mungen unterstützte, in dem anderen ihnen direct entgegenwirkte, wenn es der Vortheil seines Handels und Gewerbfleißes zu erfordern schien, und es war nicht zu viel gesagt, wenn Jemand (1839) behauptete, England befinde sich im halben Krieg und halben Frieden mit allen Mächten und Staaten diesseits und jenseits des Oceans ohne Ausnahme. Ein trockener, wie auf ein selbstverständliches Vorrecht sich stützender, oft grober Uebermuth wurde von diesem Lande in den auswärtigen, besonders auch den südeuropäischen Ländern kundgegeben, der auch die Deutschen und andere germanische Stammverwandte dem englischen Volke entfremdete. Während die Bewunderung für die freie Verfassung Englands bei uns stieg, jemehr man in Deutschland mit den eigenen politischen Zuständen unzufrieden war, ließ man seiner internationalen Politik immer mehr die Gerechtigkeit widerfahren, sie selbstsüchtig und herzlos zu nennen, und auch die Fortschritte des Parlaments durch seine eigene Reform auf der Bahn der Freiheit konnten nicht gut machen, was auf jenem Gebiete gesündigt wurde. Nichts hat seit langen Jahren Deutschland und England einander fremder gestellt, ungeachtet zu keiner Zeit mehr Deutsche in England gelebt und mehr Engländer Deutschland durchstreift haben, als die hohe Miene, mit welcher der Engländer auf den Deutschen herabsah und die Zerbröckelung Deutschlands in zahlreiche kleine und große Länder bespöttelt hat. — Aber auch diese Zeit ist vorübergegangen, und der Deutsche hat es verstehen gelernt, welches Echo in ihm selbst von englischen Gedanken und Worten lebt, und der Engländer hat bald mit Freude, bald mit Furcht die geistige Macht betrachtet, welche ihm aus Deutschland herüberkam.

Denn allerdings hat die germanische Strömung in England von Neuem ihren Lauf genommen. Nicht daß man sagen dürfte, der Nationalgeist sei ein wesentlich anderer geworden, vielmehr steht es in Kirche und Staat, in Litteratur und Kunst, in Erziehung und Bildung wesentlich wie es schon lange stand. Aber die eigenen inneren Lebenselemente sind nicht stille gestanden, sondern haben sich fort bewegt, und durch diese Bewegung ist England fähiger geworden, das ihm Fremdgewordene wieder als ein Eigenes zu ergreifen, und auch das deutsche Leben ist in seiner

europäischen Arbeit weiter geschritten und hat sich dem englischen
Geiste und Gemüthe faßbarer gemacht.

Sehen wir das englische Verfassungs = und Staatsleben an,
so wollen wir nicht wiederholen, was wir anderwärts gesagt
haben*), daß es in einer Veränderung, ja einer Art von Auf =
lösungsprozeß begriffen sei. Die drei ersten George aus dem
Hause Hannover hatten die von Wilhelm III. erst eigentlich fest =
gestellte und abgegränzte Theilung der Gewalt zwischen dem Kö =
nige und seinem Parlamente, zwischen welchen die Minister als
Vertreter der Parlaments = Mehrheit vermittelnd standen, erst in
die dauernde Lebensordnung des Staates einzuführen. Aber —
sie hatten doch erst das Interesse als fremde Dynastie auf
einem Boden, der noch die Erschütterungen beurkundete, welche
ihn vor Kurzem bewegt hatten, festzuwurzeln. Daher sie vor
Allem die mächtige Aristokratie zu gewinnen sich angelegen sein
lassen mußten. Ohne die Letztere war gegen die von Frankreich unter =
stützten Versuche der verbannten Stuarts eine Sicherheit nicht zu
gewinnen. Volksthümlich konnten diese Könige nicht regieren,
denn sie mußten die unter sich zusammenhängenden Adelsfamilien
um sich sammeln. Erst Georg III. war ein eigentlicher Eng =
länder. Er war in England geboren und aufgewachsen, er war
aber auch mit Willenskraft und Einsicht begabt. Er zuerst konnte
den Gedanken fassen, diese feste Mauer zu zerbrechen und selbst =
ständig zu regieren. Natürlich hatte auch auf ihn, wie auf alle
Fürsten der Zeit, das Beispiel des verfälschten französischen Kö =
nigthums eines Louis XIV. und XV. gewirkt, und er gedachte
die Selbstmacht zu üben, wie es in England nur möglich war,
durch unmittelbare persönliche Thätigkeit für den Staat, dadurch,
daß er, wie Wilhelm III., sein eigener Minister war und seine
Minister entweder stürzte oder seinen Ideen unterwarf. Allein
diese Bestrebung, mit so viel Arbeit, Selbstverleugnung und treuer
Fürsorge für die Kraft, den Wohlstand, die Ehre seines Landes
sie auch verbunden war, mußte ihn in falsche Stellung bringen,

---

*) Deutschland einst und jetzt, im Lichte des Reiches Gottes. S. 250 ff.
Vergl. dazu May: Die Verfassungsgeschichte Englands. Bd. 1. an ver =
schiedenen Stellen u. A. Todd: Ueber die parlamentarische Regierung in
England, übersetzt von Aßmann. Berlin 1869. Bd. 1. S. 40 ff.

weil die Verfassung sie verbot. Er mußte die Intrigue als Haupt=
mittel seines Herrschens gebrauchen, und die demoralisirende Wir=
kung blieb nicht aus. Aber die politische Wirkung war eine festere
Begründung der Parlamentsmacht, und dieses undeutsche, dem
französischen Muster nachgehende Verfahren des Königs ließ sei=
nen Nachfolger, dem überdies die Charakterkraft und das höhere
geistige Interesse fehlte, sich viel mehr von der Regierung zu=
rückziehen, und ließ ihm Zeit, während sein Vater ein sittliches
Muster der Nation gewesen war, durch ein höchst anstößiges
Leben und durch den noch anstößigeren Prozeß gegen seine Gemahlin, eine deutsche Prinzessin, dem englischen Volke sich gründlich zu entfremden. Unter ihm zuerst gewöhnte man sich in England, den König als ein bloßes Mittel zum Abschluß des Ver=
fassungssystems, fast als ein nothwendiges Uebel, zu betrachten.
Wo nun vollends, wie in dem nicht=constitutionellen Deutschland,
die Könige und Fürsten kein solches Mittel waren, da schätzten
die Engländer dieselben gering, und ein englischer Earl oder
Marquis hielt sich denselben wenigstens gleich an Bedeutung.
Auch dies wirkte zu der in Deutschland vielfach so übel vermerk=
ten Ueberhebung und Anmaßung der Engländer. Die Herab=
setzung des Königthums in England zu einem bloßen Factor der
Staatseinrichtung war gleichfalls dem germanischen Grundgefühle
der Einheit von Volk und Herrscher zuwider, und es waren nur
Männer der Abstraction, aus dem Volksgeiste herausgehoben,
die für ein englisches Verfassungsideal schwärmen konnten. Die
Minderung des Einflusses der Krone durch die Reformacte
war nicht geeignet, das deutsche Gemüth für die englische Staatsordnung zu begeistern.

Erst als die Königin Victoria in ihrer Ehe mit dem Prinzen
Albert von Coburg=Gotha ihre deutsche Gesinnung offen an den
Tag legte und in der Erziehung der königlichen Kinder gleichfalls
ihr deutsches Wesen vorwalten ließ, traten wieder das deutsche
und englische Leben einander näher, und auf politischem Gebiete
wird es dem verewigten Prinzen ein bleibender Ruhm sein, alle
schroffen Begegnungen zwischen beiden Nationen gehindert oder
gemildert zu haben. Er sah klar über die Gemeinsamkeit der
Nationen und ihrer Interessen und wirkte im Stillen aber mäch=

tig für die Annäherung, welche in den letzten Jahrzehnden statt=
gefunden hat. Auch dem Könige Friedrich Wilhelm IV. kommt
dabei das unbestrittene Verdienst zu, einer schließlichen, nicht blos
durch die fürstlichen Familienbande, sondern auch politisch und
culturgeschichtlich begründeten Gemeinsamkeit die Wege gebahnt
zu haben.

Es ist charakteristisch genug für die englische Verfassung, daß,
was der stärkste und weittragendste Mannesverstand hätte zum
Strebeziel wählen müssen, die Annäherung zwischen England und
Deutschland, unter der Regierung einer Frau weiter vorgeschritten
ist, als unter der ihrer letzten vier Vorfahren. Hier aber war
ein dem Königthum gelassenes Feld, auf welchem es nicht ent=
weder der selbstthätigen Wirksamkeit entsagen oder zu entsittlichen=
den Intriguen seine Zuflucht nehmen mußte.

Werfen wir wieder einen Blick auf das Leben der Kirche
und die Aussichten, die in seinem Bereiche sich für eine innigere
Verbindung zwischen Deutschland und England und für eine ge=
meinsame Lösung der Arbeit Europas darbieten. In den Ge=
stalten, welche die religiöse Gemeinschaft in England angenommen
hatte, begegneten sich die beiden Principien der Auctorität und
der persönlichen Freiheit. Das Auctoritätsprincip schwankte in
der anglicanischen Staatskirche, die sich nach der Revolution wie=
der emporhob, auf und nieder. Es war in der bischöflichen Ver=
fassung, sofern man sie als unentbehrlich, als dem Christenthum
wesentlich angehörig, als von Gott durch Christum gewollt und
daher auch als von den Aposteln durch eine ununterbrochene Kette
der Succession seit dem ersten Erzbischof von Canterbury, welchen
der Papst zu seinem Amte geweiht habe, abgeleitet betrachtete, eigent=
lich auf den Thron gesetzt. Wenn man aber diese bischöfliche Ver=
fassung zwar als ein ehrwürdiges Erbstück des Alterthums, sogar
als die bestmögliche menschliche Einrichtung der Kirche, aber doch
nicht als dem Glauben, dem Dogma angehörig ansah, so blieb
der Freiheit auch in der episcopalen Kirche aller nöthige Spiel=
raum. Diese letztere Ansicht hat ihren festen Ankergrund in der
Lehre der englischen Kirche, wie sie in den 39 Artikeln ihres Be=
kenntnisses niedergelegt ist und wie sie, wesentlich protestantisch
und evangelisch, den Werth des Menschen vor Gott in keinem

Maße von der Form der Gemeinschaft abhängig macht, in wel=
cher er lebt, sondern lediglich nur von seinem innern Verhalten
zu Gott, von seiner Stellung zu Christo.

Diese Lehre verknüpfte die englische Staatskirche auch mit
Vielen von denen, welchen im Gegensatze zu ihr die bischöfliche
Kirchengestalt für eine Entstellung des Christenthums, für ein
schlechtes Menschenwerk, ja für ein Resultat arger, herrsch=
süchtiger Leidenschaft, sogar für Teufelswerk galt. Dies waren
die Puritaner in ihren verschiedenen Abstufungen, wie sie gleich=
falls nach der großen Revolutions=Periode noch bestanden. In=
bependenten oder Congregationalisten waren sie alle, sofern sie die
religiöse Gemeinschaft als eine vom Staate bis in seine höchste
Spitze völlig unabhängige und nur in kleinerem Umfange als
bloße Gemeinde (Congregation) organisirte, also nicht als eine
größere und am wenigsten als eine nationale Kirche haben woll=
ten. Das Nationale gehörte ihnen der Natürlichkeit, die kirchliche
Gemeinde dem geistlichen Leben der Wiedergeburt an. In dieser
Beziehung standen hier zwei Principien und in Folge derselben
zwei Massen des Volkes einander gegenüber. Keine von beiden
konnte dem deutschen Gemüthsleben und der deutschen kirchlichen
Anschauung entsprechen. Freilich war auch in unserem Vater=
lande je länger je mehr der Staat, die weltliche Herrschaft, maß=
gebend für die Kirche geworden, es war von einer selbständigen
Freiheit der Gemeinden nirgends mehr die Rede, aber sie lebten
dennoch unter der consistorialen Verfassung in dem Maße ein
gesundes und durch die Kirchengewalt nicht gestörtes Leben, als
sie an ihrer Spitze den rechten Mann hatten und als je nach
Gegenden und Gebieten die ursprünglichen reformatorischen An=
sätze zu einer presbyterialen Lebensordnung erhalten geblieben
oder gar weiter entwickelt worden waren. Auch wo dies nicht
der Fall und die Gemeinde in mittelalterlicher Weise blos eine
Parochie unter ihrem Pfarrer geworden war, hob sich in den
ersten Jahrzehnden des achtzehnten Jahrhunderts das selbständige
religiöse Leben der Gemeinden wieder zu einer realen geistigen
Macht, mit welcher die Kirchenregierungen rechnen mußten. Es
war dies das Werk des sogenannten Pietismus, der bei allen
seinen Kränklichkeiten, Einseitigkeiten, Schwächlichkeiten doch den

guten und unentbehrlichen Kern hatte, daß das christliche Volk
kraft der Reformation und der deutschen Bibel, worin es selbst zu
forschen, zu glauben, zu denken berechtigt und verpflichtet war,
nun auch den Anspruch machte, selbst sich zu erbauen und sein
eigenes religiöses Leben in seiner eigenen, der volksmäßigen
Sprache auszusprechen. Wäre diesem deutschen Volksbedürfnisse
seine Befriedigung nicht nur eine Zeit lang, sondern durch ent-
sprechende Einrichtungen dauernd geworden, die deutsche Kirche
und das deutsche Volk hätten sich manche bittere Erfahrung erspart
gesehen.

Auch in England blieb eine ähnliche Reaction innerhalb des
Anglicanismus nicht aus. Es war nur etwa vierzig Jahre nach
dem Entstehen des deutschen Pietismus, als in England der sogenannte Methodismus sich erhob. — Er traf aber außerhalb
der Kirche die eben beschriebenen Independenten nicht in einem
befriedigenden geistlichen Zustande. Wie die Staatskirche in ihrer
Verfassung und ihrem vermeintlich befriedigenden Organismus
verholzt und erkaltet war, ja vielfach nur als eine Versorgungs-
anstalt von nachgeborenen Söhnen des Adels und von verdienten
Schulmännern und Gelehrten betrachtet wurde, in welcher ein
Mann eine Anzahl Pfarren, jede mit stattlichem Einkommen,
inne haben, auf jeder einen armselig bezahlten Vicar halten, selbst
aber dem Nichtsthun oder der Jagd und anderen Liebhabereien
obliegen konnte, während die Bischöfe und sonstigen hohen Geistlichen der vornehmen Geselligkeit, der Politik oder literarischen
Arbeiten lebten, so waren in ihrer Art auch die Puritaner oder
Nonconformisten oder Dissenters, wie man sie nacheinander zu
nennen pflegte, von ihrem ursprünglichen geistlichen Ernste herabgesunken. Bei ihnen wurde der halb politische Kampf wider die
Staatskirche und eben damit die demokratische Politik, die bloße
leidenschaftliche Festhaltung dessen, was sie von der Staatskirche
trennte, vielfach zur Hauptsache, ohne daß wir deswegen leugnen
wollten, daß in ihren kleinen Gemeinschaften vielleicht noch mehr
innerliche Religion sich barg, als in der reichen, stolzen Kirche
Englands. Sie waren ja auch schon in der Revolutionszeit in
verschiedene Parteien auseinander gegangen, die auch tiefer in die
Lehrauffassung des protestantischen Christenthums hinein sich von

einander schieben. Es gab Presbyterianer, die der Staatskirche noch am nächsten standen, wie sie ja auch in der Revolution stets eine mildere Mittelpartei gewesen waren. Ihnen reichte die evangelische Partei in der Episcopalkirche schon aus großer Nähe die Hand, indem sie auf das bischöfliche Wesen einen geringeren Accent legte, als die sogenannte Hochkirchen-Partei. Auch sie legten großen Werth auf die Verfassung, nämlich die Selbst=regierung der Gemeinde und der Kirche, welche letztere in den General=Synoden sich bethätigte.

In der Lehre waren sie meist dem strengen Calvinismus zu=gethan, der aber auch in der Staatskirche seine Vertreter hatte. Nach diesen kamen die Congregationalisten im engeren Sinne, Nachkommen der weitergehenden widerbischöflichen Richtung aus der Zeit des Gemeinwohls (common wealth). Noch schroffer als sie, die, meist arminianisch in der Lehre von Gnade und freiem Willen, wieder an eine Richtung in der Staatskirche nahe heran=reichten, standen die Baptisten da, in verschiedene Schulen ge=theilt, deren eine in der calvinistischen Auffassung verblieb, wäh=rend die andere der arminianischen folgte. Bei ihrer Lehre konnte ihnen von allen den übrigen Gemeinschaften, welche die Kindertaufe pflegten, streng genommen keine als eigentlich christlich gelten, weil ihre Glieder nicht auf Grund vorausgegangener Bekehrung getauft waren. Die äußerste Linke bildeten endlich die Quäker, der Ueberrest der großen Gesellschaft, die Cromwell gegenüber alles äußere Wesen im Christenthum verwarf, Alles schwärmerisch in die Innenwelt verlegte; auch hier gab es consequentere und minder consequente, jene auch die heilige Schrift als ein äußeres Wort verwerfend und nur aufs innere Licht verweisend, diese die Bibel anerkennend und benutzend, beide aber darin inconsequent, daß sie als Mittel der Erbauung doch die Rede ihrer inspirirten Mitglieder, ungeachtet sie auch ein äußeres Mittel war, im Ge=brauche hielten.

In alle diese Gemeinschaften, welche mehr die niederen Volksclassen Englands umfaßten und neben welchen in Schottland eine sehr emporgeschraubte Episcopalkirche mit aller Schroffheit und der Mehrzahl nach das Presbyterianerthum in verschiedenen Abstufungen lebte, war die Weltlichkeit eingedrungen, eine natür=

liche Folge der Erschlaffung, wie sie einer übergroßen Anspannung folgt. Die mit vieler Gewaltthat in Besitz gelangte Episcopal= Kirche Irlands endlich, welche dem römischen Katholicismus in seiner unwissendsten und fanatischsten Gestalt gegenüberstand, wurde durch ihren Besitz und durch die Unthätigkeit, welche ihr die kleine Zahl der Protestanten aufnöthigte, zu der im Ganzen in= haltslosesten Erscheinung kirchlichen Wesens in Großbritannien. Man kann sich denken, in welche seichte Flachheit all dieses Par= tei= und Sectenwesen um so mehr versank, weil ihm nicht einmal die geringe wissenschaftliche Anregung zu Gute kam, welche die Universitäten Oxford, Cambridge und Dublin, Glasgow, Aberdeen und Edinburg doch immer noch den großen herrschenden Kirchen gaben.

Gegen die theologische Wissenschaft des Festlandes, also der Niederlande und Deutschlands, wurden diese sämmtlichen Gemein= schaften immer mehr verschlossen, seit einmal von dort nur noch der Wiederhall ihres eigenen Deismus und Naturalismus und ihrer eigenen Vertheidigung des Christenthums gegen diese Gegner ihnen zurückkommen konnte, dann aber durch das allmälige Auf= geben der lateinischen Büchersprache ihnen dieser Quell der Er= frischung, als er es wieder sein konnte, unzugänglich wurde. In der anglicanischen Kirche war überdies eine Engherzigkeit und steife Vornehmheit gegen die festländischen Kirchen üblich gewor= den, die es zu der alten Gemeinschaft nicht mehr kommen ließ. In der Zeit der Reformation und noch etwas später war zwischen den deutschen Kirchen und der anglicanischen ein reger Wechsel= verkehr im Gange gewesen, und es war damals Niemandem in den Sinn gekommen, daß ein deutscher evangelischer Pre= diger nicht. auch von der englischen Kanzel, wenn er es vermochte, predigen durfte, jetzt aber (und noch bis auf den heutigen Tag) herrschte der Wahn, als ob Niemand in einer Kirche, die der Bischof eingeweiht habe, das Wort ergreifen dürfe, der nicht selbst die weihende Hand des Bischofs auf seinem Haupte gehabt oder wenigstens die 39 Bekenntnißartikel unterschrieben habe.

So isolirt, vertrocknet, im Absterben begriffen, zuletzt ge= radezu dem lutherischen Deutschland abhold geworden, war die englische Kirche in der That eines neuen Lebenshauches bedürftig.

Er ging von etlichen jungen Männern der Kirche aus, deren
Ueberzeugung war, daß „die Kirche die organische Zusammen=
„fassung und Darstellung des wirklichen Christenthums sei und
„daß alle ihre Einrichtungen, sei es der Lehrform, sei es des
„Gottesdienstes und der Verfassung nur ebenso viel Werth haben,
„als sie diesem Zwecke dienen, daß daher alle in der Geschichte
„neu auftauchenden Hülfsmittel für die geistliche und sittliche
„Wiedergeburt der Individuen müssen in Anregung gebracht wer=
„den dürfen, wenn sie auch noch so sehr dem Herkommen und
„der üblichen Ordnung widersprechen*)." Gleichzeitig mit ihm,
zum Theil ihm vorhergehend, bald mit ihm zusammenfließend,
bald sich von ihm zurückziehend ist eine Bewegung zu größerer
innerlicher Lebendigkeit des religiösen Lebens auch in anderen
Kreisen der Nationalkirche erwacht, die, ähnlich dem deutschen
Pietismus, einen mehr privaten und häuslichen Charakter an sich
trug, wie sie sich denn im Kreise des gräflichen Hauses von Hun=
lingdon hauptsächlich einen Mittelpunkt geschaffen hatte. Es war,
als ob eine neue Fluth lebendigen Wassers über England wäre
hingegossen worden. Die nicht methodistische Bewegung ergriff
mehr die höheren Schichten der Bevölkerung, während der Me=
thodismus in den unteren mit einer gewaltigen Energie wirkte.
Es war dieser Methodismus keineswegs eine gleichartige Erschei=
nung mit dem Puritanismus, denn es war seine Schuld nicht,
daß seine Angehörigen aus der Kirche austreten und sich selbst=
ständig organisiren mußten. Vielmehr war es die Abneigung
derer, welche die Kirche lenkten, wodurch sie derselben diesen le=
bendigeren Hauch entzogen.

Wer aber will es in Abrede stellen, daß es diese zu der be=
sonderen Gemeinschaft der Methodisten führende Bewegung war,
welche das englische Christenthum dem deutschen wieder näher
brachte? Es herrschte freilich in diesen Kreisen über den wirklichen
Bestand des deutschen Christenthums eine so grobe Unwissenheit,
daß sogar noch heute von ihm aus die lutherische Reformation
in Deutschland als eine dem sogenannten Puseismus ähnliche

---

*) A. Stevens: The history of the religious movement of the eight
teenth century called Methodism. London 1860. Vol. 1. p. 2.

Erscheinung bezeichnet werden kann*). Aber sie gingen in groß=
artiger Betrachtung des Christenthums neben ihrer regen bekeh=
rungseifrigen Weise den übrigen evangelischen Christen insofern
voran, als sie in dem Evangelium Jesu Christi die für alle Na=
tionen der Erde bestimmte Religion anerkannten und von dieser
Anerkennung aus das evangelische Missionswesen hervorbrachten.
Freilich war es schon längst in Großbritannien zu einer Thätig=
keit in dieser Richtung gekommen, die sich aber auf die Colonien
Englands jenseits der Meere beschränkte; nirgends als in Deutsch=
land, aber aus dem Heerlager des evangelischen Pietismus in
Halle und in Herrnhut, war die entschlossene Arbeit für die Be=
kehrung der Heidenvölker überhaupt, auch der Muhammedaner
und Juden, ausgegangen, die erst in der großen wesleyanischen
Missionsgesellschaft in England, hernach in der der Baptisten, der
Congregationalisten, an welche letzteren sich viele Glieder der
Staatskirche mit anschlossen, der Presbyterianer, dann der Natio-
nalkirche selbst und noch anderer Gemeinschaften die vielseitigste
Nachfolge fand.

Man kann hier wieder den Anstoß von Deutschland und
die rückwirkende Nachfolge Englands wahrnehmen, das zum
Musterlande der Missionsarbeit sich rasch erhob und in mehr=
facher Verbindung mit den vom Festlande aus geübten Ar=
beiten noch heute diese Stellung behauptet. Die ganze maritime
und mercantile Stellung Englands, der Besitz ungeheurer Colonial=
Gebiete und das Bedürfniß der Civilisation in den letzteren, dann
aber auch die dem englischen Volkscharakter eigene Thatkraft und
praktische Tüchtigkeit, gar nicht am wenigsten die naheliegende
Vorstellung einer England durch seine Eroberungen in Asien,
Afrika, Amerika und Australien auferlegten besonderen Pflicht,
mußten den Drang zur Mission fördern, die Eigenart und Eifer=
sucht der verschiedenen Gemeinschaften mußte ihn schärfen, und
der in dem starken Halbjahrhundert seit Entstehung dieser Vereine
rasch gewachsene Reichthum des Landes und seiner Bewohner
mußte den Arbeiten eine staunenswerthe Ausdehnung geben.
Durch die gemeinsame Arbeit in der Missionswelt kamen Deutsche
und Engländer einander näher und lernten sich als evangelische

*) Stevens a. a. O. p. 6.

Christen hochhalten. Es wirkte hier nicht am wenigsten die evan= gelische Missionsgesellschaft zu Basel (seit 1815 gegründet) durch ihren lebendigen Verkehr mit der Missionsgesellschaft der angli= canischen Kirche, der sie alljährlich Zöglinge ihrer Missionsanstalt mit deren freiem Willen überließ, um der dortigen Staatskirche als Geistliche anzugehören und als Missionäre von jener Gesell= schaft nach Indien und Afrika, aber auch weiter hin, versendet zu werden. Dadurch sind eine Anzahl Deutscher, die als Missio= näre durch ihre Tüchtigkeit den ersten Rang einnahmen, Gegen= stände hoher Achtung für weite Kreise in England geworden, während wiederum evangelische Kreise Deutschlands (allerdings vorherrschend des südlichen Deutschlands) mit der edlen und reinen evangelischen Gesinnung vertraut wurden, die in den eng= lischen Missionsgesellschaften, besonders denen der Anglicaner, herrscht. Die zwischen England und Preußen gemeinsame Stif= tung des evangelischen Bisthums zu Jerusalem, mit zwischen den beiden Kronen abwechselnder Ernennung des Bischofs, ist eine Frucht nicht allein dieser Annäherung, sondern auch der, welche Friedrich Wilhelm IV. und die Königin Victoria persönlich ver= mittelten und deren stärkster Träger der preußische Gesandte in England, Herr von Bunsen, war, ein Mann, dessen vielseitiges Wissen und Können zugleich den Engländern neben den ihnen näher bekannt werdenden wissenschaftlichen Leistungen eines Alexan= der von Humboldt, eines Liebig, eines Leopold von Ranke, eines August Neander eine höhere Achtung vor dem deutschen Geiste und der deutschen Kraft einflößte. Obwohl der damalige Erz= bischof von Canterbury mit einem gewissen mitleidigen Achselzucken bei Gelegenheit der Bisthums=Verhandlungen von den „weniger glücklich constituirten Kirchen des Festlandes" sprach, was in Deutschland eine wirklich schwache Seite, nämlich die territoria= listisch vom Staate gedrückte, jammervoll zersplitterte Kirchen= vielheit schmerzhaft berührte, so wirkte doch dieser erste Anfang weiter. Es gingen in England geistig hochstehenden Männern die Augen darüber auf, wie viel das evangelische England aus Deutsch= land von Kraft und geistigen Mitteln holen könne, und in Deutsch= land sahen Viele längst ein, wie segensreich die Fühlung mit Eng= land auf die eigene Kirchenentwicklung wirken würde. Ein neuer

Verkehr entspann sich, der zuerst in Correspondenzen zwischen englischen und deutschen Theologen sich bewegte, hernach aber zu der Gründung der evangelischen Allianz (1846) mit beitrug, einer Gemeinschaft des europäischen Protestantismus, die, ohne den Lehren und Verfassungen der verschiedenen Gemeinschaften etwas zu benehmen, dennoch in der Einsicht bestärken mußte, daß die Unterschiede gegen die Einheit der Grundlage und der Aufgabe zurücktreten müssen. Die Versammlung bald in London oder Liverpool, bald in Berlin, Amsterdam oder Genf mußte noth=wendig diesem Erfolge dienen, und man kann in der That sagen, daß deutsches und englisches evangelisches Wesen einander seit dem Reformationszeitalter nie so nahe gestanden haben, als eben jetzt. Auch auf dem eigentlich theologischen Gebiete hat eine An=näherung seit lange dadurch stattgefunden, daß nicht nur, wie von jeher geschah, wichtige Werke der englischen Theologie durch deutsche Uebersetzungen auf unseren Boden verpflanzt, sondern daß nunmehr auch eine ganze Reihe deutscher Schriften in englischer Sprache jenseits des Canals gedruckt werden. Ja, es ist nicht zu läugnen, daß an dem Brande, der in Deutschland lodert, nun=mehr auch englische Fackeln angezündet werden.

Die deutsche Wissenschaft in ihrer kritischen und nega=tiven Richtung ist lange Zeit in England nur durch dunkles Hörensagen bekannt gewesen, und man hat dort mit einem gewissen Schauder von der „deutschen Neologie" gesprochen und mit Aengstlichkeit die Berührung damit abgewehrt. Allein das Land ließ sich nicht absperren, und es sind jetzt in Eng=land selbst Schriftsteller in einer ganzen Reihe aufgetreten, die, wie der Bischof Colenso in Südafrika, mit den Waffen deutscher Kritik, echter wie unechter, den frommen Bibelglauben ihrer Landsleute anfechten und eine Gefahr an Englands kirch=lichem Himmel aufsteigen lassen, der die bisherigen, mehr auf den Kampf der Kirche mit den Secten und umgekehrt auf die Controverse mit Rom und dem Puseismus, höchstens auf den gegen Deisten und Naturalisten geschliffenen Waffen und ein=geübten Kampfesarten nicht mehr gewachsen erschienen. Es ist gerade jener Puseismus, eine neue Schule der englischen Kirchen=theologie, und noch mehr der kirchlichen Praxis, der, ungefähr an Erzbischof Laud zur Zeit Carls I. wieder anknüpfend, die englische Kirche ihres Protestantismus entkleiden, auf den Stand des sechsten Jahrhunderts zurückführen und aus ihr eine Zwischen= gestalt zwischen dem römischen Kirchenthum und der protestanti= schen Welt machen möchte, welchen wir als eine antigermanische Reaction in der englischen Kirche betrachten müssen. Die Erfah= rung hat auch gelehrt, daß dieser Puseismus oder — wie man ihn neuerdings nennt — Ritualismus nichts anderes als eine ge= öffnete Thür in der anglicanischen Kirche zum Ausgang in die römisch=katholische ist. Gerade diese, an die zu lange festgehal= tene traditionäre Gestalt der anglicanischen Kirche, zunächst also an die hochkirchliche Anschauungsweise in ihr, sich anknüpfende und sie übertreibende Aftergestalt ist es, welche nach der anderen, der negativen Seite zu extremen Ueberzeugungen geführt hat. Daß diese nicht bei der Kirche, dem Symbol, dem Ritus, der Verfassung stehen bleiben, sondern auf den Grund derselben, den Glauben, die Bibel, gehen, ist ja eine ganz selbstverständliche Consequenz. Die englische Staatskirche trägt in dem offenen Unglauben an das Christenthum, die sich hinter diesem Kriticismus hervordrängt, nur die Folge davon, daß sie innerhalb ihrer selbst den Principien des Protestantismus ihre ganze Folge nicht gegeben, sondern die Zulässigkeit der hochkirchlichen Richtung stets factisch anerkannt hat. Wenn sie fortfährt, dieser Richtung Schutz zu gewähren und — weil der Ritualismus an sie sich klammert — auch diesen gewähren zu lassen, so wird sie entgermanisirt, weil romanisirt, und zerstört sich selbst, sie unterliegt dann in einer zweiten, vielleicht stilleren Revolution, diesmal aber nicht bloß den prote= stantischen Secten, sondern in großem Maße der römischen Kirche und dem eigentlichen Unglauben bis hinaus zum Nihilismus. Ihre Niederlage ist daher eine schimpflichere, als die sie von den Puritanern erlitt. Mit ihr geht ein Heerd kirchlicher Wissenschaft und eine wichtige Theilnehmerin an der geistigsten Seite der Ar= beit Europas verloren.

Wo aber soll gegen diese Calamität eine Hülfe sich finden? Es ist kein fernliegender Gedanke, wie er in englischen Blättern sich verschiedentlich ausgesprochen hat, daß eine Macht gegen diese Gefahr auf englischem Boden selbst zu gewinnen wäre, nämlich

in der Union der englischen Kirche mit dem Metho=
bismus.

Dieser ist nie feindselig gegen die Staatskirche gewesen, er
hat sie nie angegriffen, er ist aus ihr entstanden, er wäre in ihr
geblieben und hätte sie erwärmt und belebt, wenn die Bischöfe
damaliger Zeit das weite christliche Herz und den hohen geist=
lichen Verstand besessen hätten, um eine solche Bewegung zu be=
nützen und zu leiten. Er wird auch heute von den Besonnenen
in der Staatskirche nicht als eine Dissenter=Gemeinschaft betrach=
tet, und das Natürlichste wäre, ihn in die Kirche zurückzunehmen.
Die Ueberleitung von seinem voluntary principle zu dem der
established church wäre gar nicht nöthig. Er ließe sich mit dem=
selben einfügen. Die Unionstendenz hat sich in den letzten Jahr=
zehnden in England sehr stark gezeigt. Sowohl die Indepen=
denten, die Baptisten unter sich haben durch ihre Unions sich
fester zusammengeschlossen und sind — eigentlich gegen ihre Grund=
sätze — mehr Gesammtkirchen geworden; dann haben sich aber
auch die Unterschiede zwischen ihnen mehr abgeschliffen; in Schott=
land sind neben der neuen Trennung in free und established
church Rücktritte alter separirter Gemeinschaften erfolgt. Die
bereits genannte evangelische Allianz hat die Angehörigen ver=
schiedener Denominationen einander näher gebracht und einen
ökumenischen Geist entwickelt, so daß man sagen kann, es nähert
sich in England das religiöse Leben einem Stadium, welches ein
Zusammenwirken wenigstens der meisten seiner Gemeinschaften als
möglich erscheinen läßt. Hier liegt die Hülfe und die Stärke der
Kirche, die aber allerdings ihre Sprödigkeit gegen die anderen
Denominationen erweichen muß. Wie auf dem protestantischen
Festlande, so auch in England ist das Zusammenschließen des
Protestantismus auf Grund der gemeinsamen großen Glaubens=
wahrheit das Mittel, um mit der römischen Kirche sich in das
rechte, nicht blos polemische, Verhältniß zu setzen*). Aber diese
selbe Union, sei sie eine engere, wie sie mit dem Methodismus
indicirt wäre, oder eine weitere, wie sie auch mit den Indepen=
denten und Presbyterianern denkbar ist, oder eine nur auf der

---

*) Deutschland einst und jetzt. S. 451 ff.

Basis der evangelischen Allianz stehende, wie sie auch die Baptisten und Irvingiten umfassen könnte, wäre auch eine Stärkung gegen das Umsichgreifen des Unglaubens, der hauptsächlich an der Zerstückelung und dem Widerstreit des Protestantismus seinen Anlaß findet.

Freilich die Ueberwindung der Angriffe einer hyperkritischen und negativen Wissenschaft auf den Glauben und die Theologie der protestantischen Welt in ihren eigentlichen Herzpunkten wird durch keine kirchliche Gestaltung, durch keinen Zusammenschluß überwunden, weil hier nicht Auctorität, nicht Majorität, sondern nur Erkenntniß der Wahrheit die Macht des Sieges ist. Hier kann auch nicht einfach die engere Verknüpfung mit Deutschland als das sichere Mittel des Heils bezeichnet werden, denn in Deutschland ist derselbe Kampf mit der römischen Kirche, mit dem Puseismus in deutscher Gestalt, dem romanisirenden unechten Lutherthum, mit der negativen Kritik und den Verirrungen eines unevangelischen Protestantismus zu kämpfen, wie in England, und dieser Kampf ist auf deutschem Boden noch nicht ausgefochten, sondern nur erst in seinen Anfängen. Wir können also unseren englischen Stammesvettern nicht zurufen: „Macht es wie wir, so werdet ihr gesiegt haben!" Wohl aber ist es allerdings wahr, daß die deutsche Arbeit hier dieselbe ist, wie die englische, daß also ein gemeinsamer Kampf besteht, daß, wenn deutsche Afterkritik in England Breschen in die Festung der Kirche zu legen droht, auch deutsche Waffen nöthig sind, um dem Feinde zu begegnen. Es ist sicherlich wahr, daß, um die Wahrheit der Bibel als Offenbarung Gottes zu vertheidigen, der in England herrschende Begriff von der Art der Inspiration der heiligen Schrift nicht ausreicht, sondern die in Deutschland immer mehr zur Geltung kommende, psychologisch richtige Vorstellung von diesem geistigen Hergang auch in England Anerkennung muß gefunden haben.

Dies führt uns mit Nothwendigkeit auf die Wissenschaft und Litteratur, wie sie an der Arbeit Europas kräftig und siegreich auch jenseits des Meeres auf den britischen Inseln ihre Schritte gethan hat und noch thut. Wir bleiben fürs Erste in der Nähe der Kirche und hören, wie Isaak Taylor behauptet, die englische

Litteratur sei zur Zeit des Auftretens John Wesley's, des Grün=
ders der Methodistenkirche, geradezu heidnisch gewesen. Schwer=
lich wußte der wackere Mann, was er damit sagte, denn diese
Litteratur hat die wesentlichsten Grundzüge des Heidenthums nie=
mals befürwortet, sie hat höchstens gesagt, ob „Jehovah, Jove
or Lord" angebetet werde, sei eins und dasselbe, weil das Gebet
nur als innere Erhebung zum Ewigen in Betracht komme, sie hat
nie die Sklaverei wieder eingeführt, nie die Knechtschaft der Fa=
milie hergestellt, nie das Priesterthum mit seinen Opfern und
Orakeln restaurirt gewünscht. Höchstens konnte er sie indifferen=
tistisch und moralisch wenig erhaben nennen, dabei aber vergessen,
daß auch selbst in dieser vagen Freiheitsbestrebung, der Emanci=
pationslust gegenüber der Kirche, eine wenn auch einseitig ausge=
sprochene Wahrheit lag. Die Freiheit des Individuums war es
ja, was diese Litteratur wenigstens in den gelesensten ihrer Ver=
treter anstrebte.

Es ist wahr, die Hobbes, Tindal, Collins, Shaftesbury und
Chubb waren Verkündiger des baaren Unglaubens, aber es ist
auch wahr, daß sie die Periode der Erschlaffung nach der Ueber=
spannung auf religiösem Gebiete darstellten und daß Shakespeare
und Milton hoch wie Thürme in dieser Zeit sichtbar und Ver=
treter sowohl des derben Realismus, der wahren Menschenkennt=
niß und des wirklichen Gottesbedürfnisses und Gewissens, als der
idealen schwunghaften Auffassung des göttlichen Thuns im mensch=
lichen Geschlechte blieben. Wer wird läugnen, daß Schriftsteller
wie der vielbewunderte Addison die Eleganz zum höchsten Gesetze
hatten und sich mit dieser gegen die Frivolitäten um sich her mit
großem Ernste erhoben, daß dagegen Steele, Smollett, Fielding,
Swift und Sterne in ihrem kecken Humor keine Tugendmuster,
und daß auch die berühmten Bühnenstücke damaliger Zeit zum
Theil Kinder der französischen Schule waren, aber wir können
entgegenhalten, daß Samuel Johnson zugleich den höheren Ton
und die religiöse Tiefe, und Richardson die tugendselige Gefühls=
innigkeit vertrat, daß also auch hier das Bedenkliche seine Cor=
rectur fand.

Daß Pope, der poetische Papst seiner Zeit, die Form
weit über den Gedanken setzt und in schönen Versen oft gar viel

mehr Rhetorik als Poesie zu Markte brachte, daß es überhaupt keine Zeit der Tiefe und Innerlichkeit, sondern eine Epoche der Oberflächlichkeit und Sinnlichkeit war, in welcher die englische Gesellschaft damals lebte, ist gewiß. Allein eben für eine solche Zeit waren die Wesley's und ihre Genossen die rechten Gewissens= wecker, während die Essayisten in tief einschneidender Weise dem Zeitalter und seinen Schwächen zu Leibe gingen. Aber Ein Grundcharakter blieb dieser Zeit und wurde noch durch Schrift= steller wie Gibbon und Hume verstärkt, nämlich die spöttische Unfreundlichkeit gegen das Christenthum in Glauben und Wan= del, wogegen auch die großen Moralisten wie Johnson und Abbi= son so gut wie nichts vermochten. Es war also eine einseitige Arbeit, aber doch eine Arbeit an der europäischen Aufgabe, die damals in England gethan wurde. Dagegen muß der englischen Litteratur, wenn wir sie mit der Staat und Familie auflösenden französischen vergleichen, nachgerühmt werden, daß sie die ger= manische Familienhaftigkeit des englischen Lebens und eben damit die gesunde Wurzel der Nation stärkte. In dieser Richtung ist sie auch in späterer Zeit fortgegangen, indem die Darstellungen Walter Scotts, so sehr sie den Hintergrund der vaterländischen Geschichte zur Hauptsache machten, doch in alter Weise das Fa= milienhafte als den wahren Charakter des sittlichen Lebens her= vortreten lassen.

Die neueren Dichter freilich haben sich mehr an die Seite des Naturfinns gehalten und auch in ihren See= und Gebirgs= bildern den germanischen Zug des Naturgefühls und der Ab= spiegelung der Natur im Gemüthe walten lassen. Nur Lord Byron und was sich an ihn anschließt, tritt hier als ein ganz Fremder dazwischen, undeutsch, heimathlos, der Familie fremd und doch wieder beständig verrathend, wie eben diese Heimath= losigkeit das Unglück seines Lebens ist. Daß die sogenannten Sensations=Romane der heutigen Zeit geradezu ein fremdes Ge= wächs und auf französischem Mistbeet erwachsen sind, bedarf keiner Bemerkung, aber es wird auch Jedermann gewahr, daß ihnen die Familiengeschichten der meist weiblichen Schriftstellerinnen mit gro= ßem Gewichte gegenüberstehen. Es ist auch nicht zu verkennen, daß Shakespeare längst wieder der Stolz und Liebling der Nation

geworden ist, und daß daher England — wir brauchen dabei
noch nicht an die fast Manier zu nennende germanische Hyper=
trophie eines Carlyle zu erinnern — in seine germanische Strö=
mung wieder zurückkehrt.

Die eigentliche Wissenschaft hatte in der Zeit der Refor=
mation ihren größten Vertreter an dem Lordkanzler Baco von
Verulam gehabt. Er hatte das Ganze der realen Erkenntnißwelt
vor seinen Geist gestellt und sich gefragt, wie man dieser gegen=
ständlichen Welt das Geheimniß ihres Wesens abzugewinnen im
Stande sei oder, mit anderen Worten, er hatte die Methode der
Naturerforschung zum Bewußtsein gebracht. Die Religion und
der Glaube, und die Erkenntniß und das Denken waren ihm
zwei verschiedene Sphären des geistigen Lebens, und die englische
Nation verstand ihn, wenn sie auf diesem Wege der Knechtschaft
des denkenden Geistes unter der Formel der Kirche zu entrinnen
strebte. Dieses Verständniß trat hauptsächlich nach der Herrschaft
der Puritaner so allgemein hervor, daß die Societät der Wissen=
schaften, welche 1662 gestiftet wurde, geradezu im Mittelpunkte
der gebildeten Gesellschaft lebte und Chemie, Optik, Mechanik,
Physiologie, Astronomie die Erholungsstunden bis in den Königs=
palast ausfüllten. Harvey mit der Entdeckung des Blutumlaufs
im menschlichen Körper und Isaak Newton mit der Entdeckung
der allgemeinen Gravitation, Halley mit seinen astronomischen
Berechnungen und Flamsted mit seinem Fixstern=Kataloge stellten
den forschenden Menschen groß und herrlich in die Mitte der
durchsichtig gewordenen Welt, und der Gedanke des menschlichen
Geistes war zum Herrscher über Zeit und Raum geworden.
Holland lieferte das Telescop, Italien den strengsten Berechner,
Deutschland den genialen Entdecker der Umlaufgesetze, aber Eng=
land that in seinem Heros den Blick ins Herz des Weltgebäudes.
Es war eine That der Befreiung. Auf dieser Basis wurde fort=
gebaut, aber zugleich wandte sich der forschende Blick in die Ein=
zelheiten der Natur.

Das Räthsel der Erkenntniß glaubte man in England durch
Baco gelöst, das der Natur löste sich immer mehr, aber die
menschliche Seele, das Thun des Menschen, seine Gemeinschaft
und eben damit der Staat blieben noch Gebiete der eingehenden

Forschung. Die Erfahrungswissenschaft, die Gründung aller Er=
kenntniß auf sinnliche Wahrnehmung, waren die nächsten Er=
rungenschaften, die Deisten aber und die Moralisten thaten ihr
nur wenig aufbauendes Werk; die Erforschung der Quellen aller
Staatsgewalt ging in sich bestreitende Richtungen auseinander,
und die Naturreligion wurde aus der Seele des Menschen und
aus der Kenntniß der neu entdeckten wilden Völker hervorgeholt;
die weiteren Schritte auf Lockes Bahn führten dem Materialis=
mus näher, und Adam Smith erhob die Frage nach dem Wohl=
stande der Völker zu einer Wissenschaft. Daß England über diese
Höhe der wissenschaftlichen Entwicklung auch durch die feineren
Arbeiten der Schotten nicht wesentlich hinausgeschritten ist, daß
ihm auf dem geologischen Felde erst die deutsche Wissenschaft den
Boden bereiten mußte, daß seine Bucklands, Lyells, Mantells,
de la Bèches, Murchisons und Andere, seine Brewsters, Whewells,
Grahams und Faradays den Horizont aller Culturnationen er=
weitert und England recht als das Land der Naturforschung be=
zeichnet, daß seine Watts und Stephensons, seine Whistons und
Wheatons ihm den Weltruhm der Anwendung der Wissenschaft
aufs Leben gesichert haben, wird Niemand läugnen, und doch ist
es wahr, was einmal ein großer Chemiker, ein bedeutender Ma=
thematiker und ein Theologe, alle drei mit England näher be=
kannt, sich gegenseitig aussprachen, daß, wo die englische Unter=
suchung in diesen Gebieten vollendet sei, die deutsche erst recht
anfange. Und wenn von Leibnitz, Kant, Fichte, Schelling, Hegel
u. A. noch geredet werden sollte, wir müßten wieder sagen, daß
die in England begonnenen Fragen in universalerer Weise nur
erst auf deutschem Boden dem letzten Ziele näher geführt worden
seien. Kein englischer Dichter hat seit Shakespeare auch nur an=
nähernd die Höhe eines Göthe, kaum einer hat die eines Schiller
erreicht. — Wir haben jedoch nicht zu messen, wo die größere
Geistesfülle und schöpferische Leistung sei, sondern nur zu er=
kennen, daß beide germanische Nationen einander bedürfen, daß
sie sich suchen und nach jeder Periode der Abstoßung von Neuem
sich näher treten. Die deutsche Geistesentwicklung kommt dem
innersten Nationalleben Englands zu statten, weil sie aus seiner
eigenen Grundnatur zum englischen Volke spricht, und die eng=

lische Durcharbeitung der europäischen Aufgabe wird stets den deutschen Geist, wie einst in Shakespeare, zu noch höherem Schwunge herausreizen.

Wir tragen kein Bedenken auszusprechen, weder Deutschland wird ohne England, noch England wird je ohne Deutschland zu dem aufgesteckten Ziele gelangen, während sie beide Frankreichs entbehren könnten, wenn es sich nur darum handelte, nur der germanischen Race, nicht auch der romanischen und slawischen Welt, die Frucht der europäischen Arbeit zu erringen. Dazu reicht der kritisch-kühle Geist des achtzehnten Jahrhunderts und die negative Skepsis neben der blauen Romantik Frankreichs nimmermehr aus, sondern die ganze Tiefe, Schärfe und Wärme, die ganze Vielseitigkeit und Regsamkeit des englischen und deutschen Forschens, Wissens, Dichtens und Darstellens ist dazu erfordert.

Nun noch auf die wichtige Frage einen Blick, die an die Pforten aller Culturstaaten mit lauten Schlägen pocht und welche zu lösen England vor allen Ländern durch seine gewaltige Industrie berufen ist. Wie weit ist das heranstrebende Deutschland noch hinter ihm zurück, und wie sicher ist das Inselland, von ihm nicht überholt zu werden! Gleichwohl wird ihm nicht gleichgültig sein dürfen, was in dem verwandten Lande auf diesem Gebiete, nämlich dem der Arbeiterfrage geschieht, noch weniger wird Deutschland die reichere Erfahrung Englands und dessen vorgeschrittene Thätigkeit unbeachtet lassen können.

Die Arbeiter in den großen industriellen Anstalten vorzüglich, aber auch die Landarbeiter und die kleinen Handwerker sind in der großen Zahl, welche sie jetzt erreicht haben, eine neue für den Staat und die Kirche, für das öffentliche Leben überhaupt, höchst wichtige Thatsache, die man nicht ignoriren kann. Sie haben in früheren Zeiten wohl Schutz durch Polizeigesetze, wie er auch den Sklaven zukommt, aber keine öffentliche Stellung gehabt, sie waren einfach von den Zünften, welchen ihre Arbeitgeber angehörten, als private diesen zugehörige Leute abhängig. Die Zünfte sind zerstört und die Arbeiter sind schon durch die enorme Masse der fabrikmäßigen Production aus ihrer Verborgenheit hervorgetreten. Die Frage über den Schutz, die Förderung, welche sie von dem Staate fordern könnten, war die erste, welche sich in Bezug auf sie erhob, aber die zweite drängte hinter ihr nach, nämlich über die Befugnisse, welche ihnen einzuräumen seien, und aus dieser wird von selbst die dritte, welche Theilnahme ihnen an der politischen Macht im Staate zu gewähren sei. Niemand wird behaupten, daß irgend eine dieser Fragen in irgend einem Staate schon genügend beantwortet sei.

Daß aber England zuerst und seit dem Jahre 1832 sich mit großem Ernste dieser Fragen annahm, muß ihm zu dauernder Ehre gereichen. Freilich war auch der Zustand der Fabrikarbeiter in Manchester, wo sie auf einem nicht großen Raume zu Hunderttausenden ein elendes Leben führten, als ein haarsträubender gefunden worden, als das Parlament durch Commissäre denselben hatte untersuchen lassen. Der Schutz der Arbeiter hinsichtlich der täglichen Stundenzahl ihrer Arbeit, sowohl der Männer, als insbesondere der Frauen und Kinder, ist durch Gesetze geregelt worden, an deren Entstehung die Arbeiter selbst, seit sie eine höhere Bildung erlangt, nicht unbetheiligt waren*). Nächst dem physischen Schutze der Personen, welche das Capital für seinen Umsatz und seine Vermehrung verwendet, kam die Bewahrung des Erwerbes, wofür die Gesetzgebung durch Arbeiterbanken und Wechselgesetze zu sorgen hatte. Dem Arbeiter wurde hierdurch das Emporsteigen in eine bessere gesellschaftliche Stellung ermöglicht. Diesen Gesetzen zur Seite gingen die über die Unterstützungsvereine, ohne welche es dem Arbeiter kaum möglich war, in Fällen der Noth dem Untergange zu entrinnen. Einen tieferen Griff that die Gesetzgebung, als sie die Bauvereine für Wohnungen der Arbeiter und die Landgesellschaften, welche ihnen Grundbesitz anschaffen, unter ihren Schutz stellte. Den tiefsten endlich mit der gesetzlichen Zustimmung zu den Vereinen, welche dem Arbeiter einen Theil des Gewinnes der gesammten Fabrikation gewähren.

---

*) Eine treffliche Uebersicht des Geschehenen und seiner Wirkung gibt die eben erschienene Schrift: J. M. Ludlow und Lloyd Jones: Die arbeitenden Classen Englands in socialer und politischer Beziehung. Aus dem Englischen von J. von Holtzendorff. Berlin 1868., besonders S. 21 ff. Die Verfasser sind selbst Arbeiter, und der eine von ihnen hat sich bei der ganzen diese Classe betreffenden politischen und litterarischen Bewegung seit lange betheiligt.

Daß auch Deutschland diesen von England gezeigten Weg bereits zu betreten angefangen hat, ist bekannt. Aber nicht minder, daß in dem noch Wichtigeren die Spur Englands von ihm betreten wird, nämlich in der Selbsthülfe der Arbeiter, ja daß die große Entscheidungsfrage noch mehr und schärfer abgegränzt in Deutschland vorliegt, ob der Arbeiter sich selbst und dadurch auch dem Staate helfen soll, oder ob der Staat dem Arbeiter helfen und dafür sich diesem in die Hände liefern soll? Wohl ist auch in England die Frage erhoben, welches Wahlrecht künftig dem Arbeiter zukommen solle, um seinerseits im Parlamente neben den anderen Ständen Vertretung zu finden. Ueber diese Frage ist man in Deutschland und Preußen, wo eben ein regierendes Parlament nicht besteht, sondern ein Reichstag, ein Landtag, dem die Krone als freie Macht zur Seite steht, allerdings hinweg. Das allgemeine Stimmrecht oder die liberale Wahlverfassung sichert längst dem Arbeiter sein staatliches Recht. Aber damit ist ja den Bestrebungen noch nicht ihr Ziel erreicht, welche den Staat zum Capitalisten machen wollen, der die Arbeit gibt und die Arbeitnehmer mit einem starken Antheil an der Leitung des Staates ausstatten wollen, damit sie über das Capital mitverfügen. Diese wollen mit einem Wort das Princip der cooperativen Gemeinschaft am Gewinn sowohl ·der geistigen als der manualen Arbeit dem ganzen Staatsleben einwachsen lassen und somit die Träume des Socialismus auf politischem Wege zur Erfüllung bringen. Man kann sagen, daß in Deutschland diese Frage, die auch für England eine Lebensfrage ist, in klarer, unmißdeutbarer Weise gestellt ist und ihre Antwort eigentlich beständig erhält. — Die Antwort gibt nämlich die freie, vom Staate unabhängige Gemeinschaft der Arbeiter zum Zwecke der Selbsthülfe in den verschiedensten Formen, wie sie ja in England musterhaft (Rochdale), auch für Deutschland im Gange ist. Nicht minder hat England in den freien Vereinigungen und Anstalten für geistliche, sittliche, mechanische Ausbildung der Arbeiter den Vortritt gewonnen und Deutschland eifert ihm nach. Was in dem einen der beiden germanischen Völkerganzen errungen wird, das kommt hier dem anderen sofort zu Gute. Und wie kräftig mögen aus England nach Deutschland die Zeugnisse dafür herüberschallen, daß ungeachtet der auch dort zu Tage tretenden Erscheinung der Unkirchlichkeit vieler Arbeiter dennoch die Religiosität derselben eher im Wachsen ist*). Dann wird sowohl die englische als die deutsche evan= gelische Kirche darauf zu denken haben, diesen Bedürfnissen in anderer als der bisher üblichen Form Genüge zu geben?

So weisen denn also alle Fäden der Geschichte auf eine nähere Verbindung zwischen England und Deutschland, und es wird die Frage sich erheben, ob auch die Gegenwart zu einer solchen hindrängt? Die Nationalitätsfrage ist nicht etwa nur ein glücklicher Griff des Kaisers der Franzosen zum Behufe der Annexion von Savoyen gewesen, sondern sie ist ein Ergebniß der Gesammtcultur Europas. Kein Volk, das wirklich die Fähigkeit zur staatlichen Gestaltung besitzt, kann sich des Bewußtseins seiner inneren Einheit und besonderen Kraft, Gabe und Aufgabe er= wehren, mit der auch immer der Anlaß zur Erwägung der be= sonderen Arbeit gegeben ist, wie sie einer Nation zu einer be= stimmten Zeit obliegen kann. Die Weltgeschichte hat ihre dunklen, verdeckten Wege, in welchen die Nothwendigkeiten der Naturgesetze walten, wie sie auch tief in das geistige und sittliche Leben hin= eingreifen; aber sie sind nicht ihre Höhepunkte, sondern diese liegen im klaren Lichte des Bewußtseins und der sittlichen Ent= scheidung. Es können aber viele Jahrzehnde hingehen, ohne daß ein solcher Moment der bewußteren klaren Wahl für ganze Na= tionen eintritt. In den dunkelen Bewegungen der Geschichte wir= ken die Naturmächte ihren Teppich, und der Naturdrang der Nationalität thut da sein Werk, aber ohne daß die Nationen ihrer Verwandtschaft gemäß einander näher kommen. Vielmehr kann auf der Oberfläche gerade das Gegentheil sich zeigen, wie denn auch in den letzten Jahrzehnden das mit Deutschland so eng verwandte England sich beständig unfreundlich gegen dasselbe gestellt hat, fast wie ein vornehmer Mann gegen einen verkomme= nen Verwandten sich stellt, wenn er selbst nicht edel genug denkt, und seine Vornehmheit gerne zur Schau trägt. Deutschland und insbesondere Preußen hat in der durch die großen Zeitungen ge= leiteten und sie tragenden öffentlichen Meinung Englands als ein

---

*) A. a. O. S. 189 ff.

unpraktisches, den wirklichen Interessen des Volks= und Staats=
lebens entfremdetes, als ein auf eitle Speculationen und nebel=
hafte Phantasien gerichtetes, als ein despotisch regiertes und die
Freiheit und ihre Mittel verkennendes Land sich hofmeisternde
Belehrung, mitleidiges Achselzucken, geringschätzige Verachtung
oder knurrendes Anfahren gefallen lassen müssen, und der Eng=
länder wies nicht selten auf den französischen gewandten Vetter
des englischen Adels, mit dem sich doch ganz anders gehen lasse,
so unheimlich ihm auch der Mann sein mochte, mit dem er Arm
in Arm ging. Der Deutsche schwieg, weil es ihm in den Ein=
geweiden brannte, daß er nicht seiner Fähigkeit und schlummern=
den Kraft gemäß antworten konnte.

Im Jahre 1866 trat einer der wahren Momente der Welt=
geschichte ein, in deren Lichte die Nationen sich auf sich selbst
besinnen. Englands öffentliche Meinung konnte nicht umhin, die
Kraft, die Energie, die Schlagfertigkeit und die kluge Mäßigung
bewundernd anzuerkennen, mit welcher die durch Preußens starke
Hand regierte wieder erwachte Kraft Deutschlands gehandhabt
wurde. Nicht einmal für das Hannover seines Königsgeschlechts
hatte es einen theilnehmenden Seufzer. Sogar darüber ging
Manchem dort drüben ein Licht auf, daß Kraft und Erfolg einer
Nation nicht von dem Maße abhänge, in welchem sie die eng=
lischen Verfassungs = Maschinerien zu handhaben wisse, sondern
daß es auch außerhalb Englands noch eine germanische Origi=
nalität gebe, vor Allem da, wo sie Jedermann geographisch zu
suchen haben werde. Mit dieser dämmernden Erkenntniß verband
sich und wird sich weiter verbinden die hellere, daß Frankreich,
seit Deutschland auch nur nördlich des Mains geeinigt ist und
vollends bei der sicheren Aussicht seiner Einigung bis an die
Alpen, aufgehört hat, die erste Militärmacht des Festlandes zu
sein. Die krampfhaften Anstrengungen, sich auf dieser Höhe zu
halten, können dem klaren englischen Kopfe schwerlich einen Nebel
vormachen; denn nicht diejenige Macht ist die größte, die mit
Aufwendung jedes Hauches und jedes Pfennigs für einen Augen=
blick die zahlreichste Armee aufstellen kann, wiewohl auch nach
diesem Maßstab das einige Deutschland noch Frankreich hinter
sich lassen wird, sondern diejenige, die ohne Ueberbürdung ihrer

.

Finanzen und ohne Ueberspannung der physischen Volkskraft im Stande ist, für lange Zeiten eine in den Waffen geübte Volks= macht hinzustellen, daß also Deutschland die erste Militärmacht des Festlandes hinfort sein wird, das kann in England keinem der Dinge Kundigen entgehen. Und wenn es so ist, so hat Eng= land, die unbestritten erste Seemacht Europas, der nur etwa die französische Bedenken erregen kann, das entschiedene Interesse, sich mit Deutschland so eng wie möglich zu verbinden. Ja wir stehen nicht an zu behaupten, daß der Uebergang des englischen Bündnisses von Frankreich auf Deutschland nur eine Frage der Zeit noch ist. Es ist der Germanismus im Herzen der englischen Nation, es ist der Protestantismus im Glauben derselben, welche als die stärksten Fürsprecher dieses Bündnisses auftreten. Die deutsche Marine wird unter der Mitwirkung Englands am raschesten zu ihrer Entwicklung kommen, und ein starkes Seeheer Deutsch= lands wird für England in einem etwaigen Kampfe mit Frank= reich, ja in einem noch mehr fast drohenden mit den Vereinigten Staaten Nordamerikas nur ein willkommener Zuwachs sein; sie kann andererseits im Bunde mit Nordamerika zu einer Erhöhung zukünftiger Gefahren werden. Das germanische Bündniß, dem Holland und Scandinavien beizutreten kaum möchten unterlassen können, das sowohl dem romanischen Frankreich als dem slawi= schen Rußland die Nothwendigkeit auferlegen würde, sich blos mit der Ausarbeitung ihrer inneren Angelegenheiten zu beschäftigen, allerdings dem letzteren gestattete, nach seiner Ostseite hin, so= fern nicht die englischen Interessen in Ostindien dadurch be= schädigt würden, seine expansive Kraft zu bethätigen, würde, der Geschichte Europas und seiner ethnographischen Gestaltung gemäß, wieder die germanische Völkermasse als einen breiten Gürtel zwischen das romanische und das slawische Europa legen und — da Oesterreich kaum anders wollen könnte, als diesem Bündnisse sich anschließen — eine Uebermacht zu Gunsten des Friedens von Europa schaffen. Denn weder England noch Deutschland kann irgend einen Grund haben, sein Staatsgebiet zu erweitern, viel= mehr ist beiden die auf lange gesicherte Ruhe Europas für ihre innere Entwicklung unentbehrlich, und die kleineren Staaten, welche als Glieder dieses Bündnisses gedacht werden müssen, können eine stärkere Sicherung ihres Fortbestehens nicht wünschen und nicht erlangen, als die durch dasselbe gebotene.

England, der alte Verbündete Preußens gegen Frankreich, bald mit Oesterreich im spanischen Erbfolgekriege, in welchem sein Marlborough die herrlichsten Siegeskränze ihm erworben hat, bald gegen dasselbe im siebenjährigen Kriege, als der größte Minister, den die englische Krone je gehabt, der große Pitt, mit weitsichtiger Politik die Stärkung des protestantischen Deutschlands als einen nie aus den Augen zu lassenden Zweck seines Vaterlandes verfolgte, sein Waffen- und Siegesgenosse von Waterloo und sein geistiger Mitkämpfer seit der Reformation, hat an Deutschland und an Preußen Vieles gut zu machen. Denn es ist, von den Sirenenstimmen der materiellen Interessen verlockt, immer tiefer in die Schlingen Frankreichs gerathen und — man wolle dies nicht verhehlen — immer feindlicher und schadenfroher gegen Deutschland, insbesondere gegen Preußen geworden und hat damit seinen eigensten und heiligsten Interessen entgegengearbeitet. England hat im Jahre 1815 die schnödesten Intriguen gegen die berechtigtsten Ansprüche Preußens durch seine Staatsmänner, einen Castlereagh, ja selbst einen Grafen Münster, dem es an deutscher Gesinnung sonst nicht fehlte, getheilt. Es hat, um sich an Hannover einen Besitz mitten zwischen Preußens Provinzen zu sichern, und um Preußen von der Nordsee abzusperren und ihm dadurch die Möglichkeit zu benehmen, eine Seemacht zu werden, die bitteren Enttäuschungen mitverschuldet, welche Preußens zu edlen König und Preußens heldenmüthiges Volk im Wiener Congresse betrafen. England hat mit Frankreich und Rußland den von seinem Standpunkte verkehrten Wunsch getheilt, ein zerrissenes Deutschland in einer Vielheit schwach verbundener Staaten erhalten zu wollen. England hat, als Preußen endlich, viel später, als es von England in gleicher Lage geschehen wäre, gegen die Schändung der deutschen Ehre zum Schwerte griff, sich auf die Seite des frechen Dänen gegen eigene bessere sittliche Ueberzeugung gestellt und mit Rußland dieses Schwert in die Scheide zurückgenöthigt. Und was anderes konnte hiefür sein Grund sein, als die Furcht vor dem Herabreichen eines starken deutschen Staates an die Küsten der Nordsee? Noch in dem letzten dänischen Kriege hat England stets Miene gemacht, die preußische Action zu hemmen, und man hat es in seinem Parlamente sogar ohne Gelächter aus dem Munde des Lord Malmesbury als eine ernste Anklage gegen Preußen angehört, daß die preußischen Kanonen in Sonderburg nicht blos dänische Soldaten, sondern auch Bürger der Festung und deren Häuser beschädigen. Nur die überraschende Schnellig= keit der preußisch=österreichischen Action mitten in Schnee und Eis, ehe die Panzer=Ungeheuer Albions sich herauswagen konnten, hat Preußen und Oesterreich vor dem Dareinreden seiner Feuer= schlünde geschützt. Wider Willen hat es durch dieses Hinhalten und halbe Zuwinken der deutschen Sache genützt, weil ohne das= selbe die Dänen schwerlich gewagt hätten, der Uebermacht bis auf die letzte Landzunge der Halbinsel zu widerstehen. Und mit wel= chem Hohne haben englische Blätter, auch die, in welchen die Lenker des Staats ihre Gedanken und Wünsche verrathen, den edlen preußischen König überschüttet, den jedes englische Herz hoch zu verehren und zu preisen hätte verstehen sollen, weil er weder im Jahre 1848 sich den Machtgeboten einer chaotischen Volks= aufregung zum Diener gestellt, noch 1854 mit England den In= teressen Napoleons III. die Heeresfolge gegen Rußland geleistet hatte.

Wie viele Tausende von Briten durchfliegen allsommerlich die schönen Thäler des Preußenlandes, und wie Wenige haben es der Mühe werth gefunden, in das innere Lebensgetriebe und die geistige Athmungsstätte dieses Großstaates einen forschenden Blick zu werfen? Es sind fast nur die verlachten Männer der evangelischen Allianz, welche mit warmer Herzensliebe auch die preußische Brust haben schlagen hören. Sollen wir es diesem England, das so viel an uns gut zu machen hat und dafür nichts Anderes zu thun braucht, als was sein eigenes Interesse ihm dringend anräth, sollen wir es seinem Zeitungsheere etwa hoch anrechnen, daß sie nach den blitzschnellen Flügelschlägen und Stößen des preußischen Adlers im Jahre 1866 einen lauten Trompetenstoß zu Ehren der Kraft und Sicherheit des ent= schlossenen Handelns gethan haben, das ihnen imponirte? daß sie den König von Hannover seinem wohlverdienten Schicksale

überließen? daß sie jetzt endlich einsahen, wie ein einiges, mäch=
tiges Deutschland, welchem ihre Regierungen fünfzig Jahre lang
nach allen ihren Kräften entgegengearbeitet haben, auch Englands
wahrem Vortheil mehr entspricht, als das zerstückelte des bloßen
„geographischen Begriffs?“

Daß England von Deutschland und Deutschland von Eng=
land nichts zu befürchten hat, braucht kaum gesagt zu werden,
aber desto mehr will es sagen, daß sie die beiden einzigen euro=
päischen Großstaaten sind, in welchen die Staatsentwicklung ihre
eigenen Wege gehen kann und gehen muß, ohne daß fremde kirch=
liche Einwirkungen in von der Bahn ablenkenden Planetenstörun=
gen von Seiten eines dem Staate auswärtigen Lebens, während
der Protestantismus ein Innenleben in demselben hat, irgend mitzu=
reden haben. Sie sind in Europa die einzigen großen Länder,
in welchen der moderne, seinem Wesen nach protestantische Staat
mit der Kirche nicht im Widerspruche und Kampfe liegt. Dieser
Kampf besteht nämlich auch da, wo, wie in Rußland, Kirchen=
und Staatsgewalt in Einer letzten Hand zu liegen scheinen, und
es ist gar nicht das geringste Uebel, wenn dieser Kampf in die
Person des Herrschers selbst verlegt wird. England ist auf dem
Gebiete des Verfassungslebens das älteste und edelste Gewächs,
Deutschland noch erst im Sprossen und Aufgrünen begriffen, Eng=
land ist mit seinem Dreizack die Herrscherin der Küsten in allen
Erdtheilen, seine Seerosse begrüßen sich auf allen Meerstraßen,
während Preußen erst die starken Eisenritter umpanzert, die seine
Handelszüge schützen sollen. Für jetzt ist jenes noch der großmüthige
Starke, der den jungen Anfänger beschützt, und kann kein Fieber
der Eifersucht in seinen Adern fühlen, wenn dieser anfängt, sich
zu rühren und zu tummeln. Aber wenn auch Preußens Adler
kriegerisch auf den fernen Meeren flattern sollten, wird England
je von ihnen für seine Colonien zu fürchten haben? Wird der
preußische Kaufmann den englischen von seinen alten Wurzeln ver=
drängen? Selbst wenn der norddeutsche Bund sich in den fernen
Erdstrichen umsehen und deutsche Colonien da pflanzen sollte, wo
die britische Flagge noch nicht, überhaupt nicht die eines euro=
päischen Landes weht, müßte nicht England eher fördern als
hindern, indem es der Zukunft gedächte, welche seiner Größe zur

See noch ernste Erhaltungskämpfe nach ganz anderer Seite droht? Ist die Eifersucht, welche sich in einigen englischen Blättern bei dem deutschen Versuch, den Nordpol zu gewinnen, laut machte, wirklich ein Zeichen von Angst? Dann wäre das alte gesunde Selbst=bewußtsein dem stolzen Alt=England entschwunden, und es wäre wirklich, weil es sich selbst sinken ließe, bereits im Alter der Kraft=abnahme. Preußen hat ein Recht, sich der Colonien zu erinnern, die es unter dem großen Kurfürsten an der westafrikanischen Küste erwarb, und England kann allerdings sagen, diese hätten doch damals die Eifersucht der noch so mächtigen Niederlande erweckt*) und die preußischen Kriegsschiffe hätten sich den Spaniern und den Schweden furchtbar gemacht. — Wird aber England es in der That hindern können, daß der norddeutsche Bund, im Besitze einer so langen Nordseeküste, die bereits so große deutsche Han=delsmarine nicht nur schützen, sondern auch wieder zur Wehr=haftmachung seiner maritimen Kräfte benützen wolle? Wird es z. B. ein Recht des Einspruchs haben, wenn von Norddeutsch=land aus die Länder südlich des La Plata, wenn Ostafrika in der Gegend des Schneebergs Kilimandscharo**), wenn Formosa und die benachbarten Inseln der chinesischen Küste, wenn die Niko=baren, Borneo, die Carolinen, Neu=Guinea, Neu=Britannien, Neu=Irland oder auch Theile von Sumatra mit dem Gedanken an Colonisation angesehen würden***)? Würde nicht jede dieser Colonien, wenn sie zur Wirklichkeit würde, dem englischen Inter=esse, weil sie Bevölkerungen mit den Bedürfnissen der Civilisation schüfe, mehr nützen als schaden?

Wir sprechen daher den Gedanken des deutsch=englischen

---

*) Man lese die Thaten der preußischen Marine unter dem großen Kur=fürsten und die Colonial=Versuche in H. Graf von Borcke: Die branden=burgisch-preußische Marine und die afrikanische Compagnie. Cöln 1861, und Jordan: Geschichte der brandenburgisch-preußischen Kriegsmarine im Archiv für Landeskunde der preußischen Monarchie. Berlin 1856. Heft 1. S. 106 ff.

**) Dr. Kersten: Die Colonisation Ostafrika's. Wien 1866, und längst schon: Dr. Krapff in Briefen an den Verfasser, auch mit dem Gedanken an Abessinien.

***) E. Friedel: Die Gründung preußisch=deutscher Colonien im in=dischen und großen Ocean. Berlin 1867; besonders S. 195 ff. Wappäus: Deutsche Auswanderung und Colonisation. Leipzig 1846.

Bündnisses, ja des germanischen Bundes, als einen nicht blos
durchführbaren, sondern vor Allem als eine Nothwendigkeit der
Geschichte und eine Forderung der europäischen Interessen mit
Zuversicht aus, weil ein Zusammentreten der beiden großen
Mittelpunkte germanischer Bildung, Deutschlands und Englands,
der echten Civilisation von höchstem Segen sein würde. Frank=
reich mit seiner romanischen Prävalenz (denn das Deutsche tritt
in seiner Bildung fast zum Unkenntlichen zurück) mag immerhin
auf der Oberfläche, im Geschmacke für die äußerliche Form, in
der Mode seine Herrschaft über Europa behalten, aber England
ist es, das die romanisch=germanische Verschmelzung, wie in seiner
Sprache, so in seiner Sitte, und wie in diesen, so in seiner ganzen
Lebensauffassung darstellt, und Deutschland ist es, das in echt
und rein germanischer Art die altclassische Welt in sich verarbeitet
hat und noch verarbeitet. Je mehr Deutschland und England in
Gemeinschaft leben, sich gegenseitig mittheilen und sich fördern,
desto sicherer wird der volle Gewinn der Erziehung der Weltge=
schichte in einer von ihnen geleiteten europäischen Bildung wirk=
sam werden, und von dem religiösen und sittlichen Herde dieser
evangelischen, von den Lebensgedanken der Bibel geistig be=
herrschten Gesammtmacht wird ein siegreicher Gegendruck gegen
die entsittlichende romanische und slawische Oberflächlichkeit aus=
gehen, der auch für Frankreich, Rußland, Italien heilsam werden
wird. In diesem Bündnisse und in dieser Gemeinschaft der Na=
tionen wird abermals die innere Geistesmacht des Reiches Gottes
aus Licht des europäischen Bewußtseins treten, und das Nationale
wird nicht blos in seinem irdischen und politischen, sondern in
seinem höheren, echt menschheitlichen Werthe glänzen. Beide
Mächte vereint werden im Stande sein, ohne Verletzung der ma=
teriellen Interessen diejenige edle und hochherzige Politik in Eu=
ropa zur Herrschaft zu bringen, welche dem inneren Gemüthe
beider Nationen so sehr gemäß ist und von welcher die der heiligen
Allianz nur ein Phantasma und ein bald zur Karikatur verzoge=
ner Vorschatten war.

Das germanische Bündniß allein ist es, das in sich die
Sicherung eines dauernden Friedens für alle Länder Europas
trägt. Denn weder England noch Deutschland kann Wünsche

der Erweiterung über das eigene Sprach= und Nationalgebiet in Europa hinaus haben, sobald das Verwandte sich, wie ganz na= türlich, an sie anlagert und das dem deutschen Bunde (wir setzen natürlich den Anschluß Süddeutschlands als unerläßlich voraus) so nahe liegende und desselben so sehr bedürfende Oesterreich im engsten Bündniß mit ihm steht, welches ohne förmlichen Eintritt in den Bund möglich ist. Oesterreich wird aber desto sicherer ein so inniges Verhältniß eingehen, je fester sich das geeinigte Deutsch= land und England an einander schließen. Es wäre damit die Uebermacht nicht erobernder, nicht im Innern in revolutionären Sprüngen sich bewegender Großstaaten eine so gewaltige, daß auch ihre viel geringere, hinter der jetzt unentbehrlichen weit zurück= stehende kriegerische Rüstung genügen würde, jeden Angriff auf ein Glied dieses Bundes unmöglich zu machen. Sogar würde eine Macht von achtzig Millionen vollständig hinreichen, um auch Rußland jeden ehrgeizigen Gedanken in der Richtung des westlichen Europas zu verbieten, und Frankreich nöthigen, in seinen Schran= ken zu bleiben und die inneren Krisen, durch die es noch hindurch= gehen mag, als wirklich innere in sich selbst auszutragen. — Der ewige Friede wird zwar hier auf Erden immer nur ein Traum bleiben, und wir bilden uns nicht ein, daß dieser durch das ger= manische Bündniß geschaffen würde. Aber England bedarf, da es einen Krieg in Europa stets in seiner enormen Fabrikproduction theuer zu bezahlen hat, des langen Friedens und wird, je mehr bei seiner Verfassung durch die Parlamentsreform in ihren weite= ren unausbleiblichen Stadien die arbeitende und erwerbende Classe der Nation Einfluß auf die Staatslenkung und ihre Entschlüsse üben wird, in Zukunft noch mehr als schon jetzt einer Friedens= Politik huldigen. Deutschland aber, das von dem Verluste zweier Jahrhunderte in seinem wirthschaftlichen und Culturleben, wie er ihm durch den dreißigjährigen Krieg zugefügt worden ist, sich nur eben erholt hat, wird das Geschenk eines langen Friedens um so lieber annehmen und um so höher achten, je mehr derselbe eine Wirkung der eigenen Macht und Tüchtigkeit sein wird.

VI.

Die germanischen Schutzstaaten.

Um die germanische Festlandsmasse gruppiren sich die maritimen Staaten germanischen Grundstammes als peninsulare Glieder oder als insulare Vorwerke oder als solche mehr littorale Gebiete, welche von dem Meere beherrscht oder gar ihm abgewonnen sind; sie sind die letzten Ausläufer des germanischen Europas. Dies sind die nördlichen Lande Scandinavien (Schweden und Norwegen) mit Dänemark und Holland und mit wenigstens einem Theile Belgiens. Allerdings sehen wir auch im Süden und unter anderen Umständen ein Land deutscher Zunge mit Gegenden französischer und sogar italiänischer Sprache zu einem politischen Ganzen vereinigt und so zwischen Frankreich, Deutschland und Oesterreich eingekeilt, daß nur seine Alpennatur und die künstliche politische Ordnung Europas es als unabhängiges Staatenconglomerat bisher hat erhalten können. Wie sehr es wesentlich Deutschland angehört, zeigt schon die Thatsache, daß es lange Zeit ein Theil des deutschen Reiches war und nur durch dessen innere Schwäche von ihm hat zu einer Zeit abgerissen werden können, in welcher auch diejenigen Reichsgebiete, welche es zuvor umschlossen hatten, sich von dem Reiche gelöst hatten, um nachher dauernd an Frankreich zu fallen. Es ist daher allerdings jetzt nicht mehr die ganze Schweiz als ein nach Deutschland centrirendes Land zu betrachten, sondern nur noch der germanische Theil derselben, während der andere seinen Schwerpunkt an Frankreich hat. So greifen hier wie in Belgien, dessen flämische Landschaften dem germanischen Kreise angehören, die beiden Anziehungssphären Frankreichs und Deutschlands in einander, und es wird zu allen Zeiten, so lange beide als entscheidende Mächte in Europa bestehen, stets eines Uebereinkommens derselben bedürfen, um die Existenz jener Staaten sicher zu stellen. Denn nur zwischen Deutschland und Frankreich, höchstens noch England, wird es sich bei der Unabhängigkeit von Belgien, ebenso zwischen jenen beiden, höchstens noch Oesterreich, bei der Unabhängigkeit der Schweiz handeln. In gleicher Weise aber, wie bei diesen Staaten außer Deutschland, England, Oesterreich auch noch Frankreich mit in Frage kommt, ist es bei jenen insularen und peninsularen Nordstaaten mit Rußland der Fall. Daher nennen wir sie im vollen Sinne des Wortes Schutzstaaten, die sich an den anlehnen müssen, der ihnen die stärkste Garantie ihrer Existenz bietet. Wenden wir uns diesen einzelnen Ländern mit dem Blicke auf ihr geschichtliches Verhältniß zu Deutschland zu.

Es ist kein Zweifel, daß sowohl Schweden als Norwegen im Mittelalter so lange außerhalb des deutschen Gesichtskreises lagen, als sie noch, von heidnischen Herrschern regiert, dem Heidenthum angehörten, und daß die erste innerlichere Berührung zwischen Schweden und Deutschland den Arbeiten des edlen Anskar zu verdanken war, daß aber Norwegen alle seine christlichen Einflüsse und Güter mit einer nur einmaligen Ausnahme von England her empfing. Die beiden germanischen Hauptmächte sind es daher, mit welchen diese Lande eine auf das Tiefste in ihrem Gesammtleben zurückgehende Gemeinschaft hatten. Als die Kirche in beiden Ländern selbständig geworden war und ebenso wie in Deutschland die Waage zwischen der päpstlichen und der königlichen Uebermacht schwankte, schließlich aber doch die erstere durchdrang, da trat mit Deutschland ein neues Band in den immer steigenden und auch in die Herrschaftsverhältnisse einwirkenden Einflüssen der Hansa, also des deutschen Städtebundes, hervor, und man kann diesen außer dem Reiche ältesten deutschen Bund als den großen Civilisator jener Nordländer neben England betrachten. Gerade dies aber mußte bei der Größe und Macht Deutschlands, wie sie zwar längst im Sinken, aber doch den kleineren Nachbarn noch weit überlegen war, je länger je mehr zu einer argwöhnischen Abschließung und

Zurückhaltung Deutschland gegenüber führen, und es ist bekannt, daß Sprache und Sitte sich immer mehr als eine eigene nordische wollten geltend machen. Aus der Reformation erwuchs diesen Ländern, statt engerer Verbindung mit Deutschland, woher doch die Feuerfunken der Wahrheit kamen, die dort das Volksleben entzündeten, indem sie doch die lutherische, d. h. die deutsche Reformation annahmen, vielmehr die innere selbständigere Zusammenziehung. Für Norwegen blieb, so lange es unter dänischer Herrschaft stand, Dänemark der Vermittler, und es selbst wurde ferne gerückt, Schweden aber stand durch seine Besitzungen in den sogenannten Ostsee-Provinzen in unmittelbarer Berührung mit dem deutschen Osten, mit Preußen, freilich noch mehr mit Polen und bald auch mit Rußland. Die schwedische Reformation hatte die bischöfliche Verfassung in ähnlicher aristokratischer Weise wie in England in die neue Zeit mit hinübergenommen, Deutschland war es nicht gelungen, eine echt evangelische und zugleich episcopale Kirche herzustellen, weil seine Zerstücklung im sinkenden Reiche die Kirche unter den Schutz und die Gewalt der Territorialmacht trieb. Ebenso war die Fremdheit der schwedischen Kirche gegen das in Deutschland fast unumgängliche reformirte und melanchthonische Element dem deutschen Lutherthum noch abholder und ausländischer geworden, und die herbe Energie gegen die römisch-katholische Kirche in Schweden, während sie im deutschen Reiche sogar wieder die Oberhand gewann, ließ die Nordländer mit Mistrauen über die trennende Ostsee herüberblicken. Dabei war die wachsende Macht Brandenburgs, als es Preußen dauernd erworben hatte, für den Schweden eine gefährliche Nachbarschaft.

Die stärkste, man möchte sagen, heftigste Berührung zwischen Deutschland und Schweden brachte der dreißigjährige Krieg. Kaum war in dem gesunkenen deutschen Ehrgefühl eine Scham über die Gnadenhülfe, die der lutherische Gothenkönig seinen mißhandelten Glaubensgenossen brachte, und in Brandenburg und Sachsen eher Mißtrauen gegen den Eindringling auf deutschem Boden. Gustav Adolphs edle Persönlichkeit mochte, so weit sie wirken konnte, über die Besorgnisse beruhigen, aber sein kluger Kanzler und so manches Wort aus dem Kreise seiner Umgebungen konnte den Ge-

danken erwecken, daß es weniger um die Rettung der Glaubensgenossen, als um die Eroberung des nördlichen Deutschlands,
vielleicht gar um eine lutherische Kaiserkrone zu thun war.
Diese Gedanken schwanden, als der König sein frühes blu-
tiges Ende gefunden hatte, dagegen trat jetzt entschieden und unverkennbar hervor, daß man die Idee, einen festen Fuß auf
deutschem Boden zu behalten, schwedischerseits gern als das
Erbe des Heldenkönigs darstellte. Es war auch diesem Ende
nicht zu entgehen, aber es führte zu einer desto größeren Entfremdung der beiden Länder, weil das unter dem großen Kurfürsten emporstrebende Deutschland sich von der Ostsee nicht konnte
dauernd abdrängen lassen.

Brandenburg und Schweden traten im Norden als die beiden
ringenden Mächte hervor, und die deutsche Kraft siegte ob. Schweden wurde immer mehr auf seine wahre Bedeutung zurückgeworfen, und, was ein genialer König und ein großer Staatsmann
aus ihm gemacht, wurde gerade sein größter Fluch, weil es die
Kräfte über das Maß hinaus gesteigert hatte, die sich nun in der
inneren Reibung verzehrten.

Als Carl XII. nochmals, aber ohne den nöthigen Hintergrund, blos im Sturm und Drange seiner Persönlichkeit und mit
den Ueberresten des Schwunges im Heere aus einer vergangenen
Zeit ein gewaltiges Schwedenreich anstrebte und an dem felsen-
haften Brandenburg vorüber sich auf das lockerere Gefüge von
Polen warf, sich aber dann zu weit reißen ließ und der, wenn
auch noch ungeordneten Massenhaftigkeit des slawischen Czaren-
reichs erlag, da war Schwedens Rolle auf dem Vordergrunde der
Weltgeschichte ausgespielt und der Uebergang seiner deutschen Lande
an Brandenburg-Preußen war nur noch eine Zeitfrage. Aber
wie bitter mußte in jedem schwedischen Herzen diese brandenbur-
gische Gegenwart im Widerspiel mit der welthistorischen Vergangenheit empfunden werden, und der Spott Friedrichs des
Großen gegen das kraftlose Kriegsspiel in den nördlichen Marken,
als er dem Frieden suchenden Gesandten die Frage entgegenwarf:
„Habe ich Krieg mit Schweden gehabt? ich wüßte es nicht; Er
„muß sich an den General Belling wenden, der hat in diesen
„Gegenden zu thun gehabt" war in der That ein letztes Wort

über die Fähigkeit Schwedens, in den deutschen Sachen mitzu=
reden. Als ihm vollends durch Rußland der Kern seiner Kraft
in den Ostseeprovinzen genommen und Finnland entrissen war,
blieb ihm nur seine halbe Halbinsel mit aller ihrer Anmuth und
Schönheit zum Trost, und selbst geistreiche Männer auf dem
Throne, wie Gustav III., konnten in den ,inneren Kämpfen nur
untergehen.

So blieb Schweden in sich zurückgeworfen, der deutschen
Bildung keineswegs entfremdet, aber von Deutschland wie auf=
gegeben und wenig beachtet. Zwar die deutsche, ja die euro=
päische Naturwissenschaft hatte ihren großen Beherrscher und
Nomenclator Linnäus aus Schweden erhalten, und in seinen Fuß=
stapfen waren Mehrere auch dort gegangen, und Schwedens großer
Chemiker·Berzelius leitete die Wege der Forschung in allen deut=
schen Laboratorien, aber die romantische Dichterschule in Schwe=
den war doch nur ein an der deutschen Phosphorflamme ange=
zündetes Licht, und vollends die gothische Schule mit ihrer Zeit=
schrift „Iduna" tönte nach Deutschland nur herüber als eine
Antwort auf Klänge, die hier seit Klopstock erschollen waren, nur
mit dem eigenthümlichen nordisch ahnungsvollen Duft und Hinter=
grund; des uns auch als Geschichtsforscher liebgewordenen Geijers
und Tegnérs, des lutherischen Bischofs, Liederklänge und epische
Gemälde, sowie die Lyra eines Afzelius und Lindblad fanden
deutsche Gemüther, die ihnen als verwandten Lauten gerne
lauschten. Wenn auch später die Bremer, Flygare=Carlén und
Andere bei uns heimisch wurden und uns wieder in das ver=
wandte schwedische Haus= und Gesellschaftsleben hineinzogen, so
waren dies eben schon Uebergänge zu einer neuen Zeit, wie sie
sich in dem Anschlusse Schwedens an den deutschen Befreiungs=
krieg, so wenig auch Bernadotte, sein französischer Kronprinz,
durch Zaudern und Ausweichen sich den rechten Dank der Deut=
schen verdienen konnte, schon kundgegeben hatte. Erst als die scandi=
navischen Bestrebungen, von Dänemark angeregt und auch haupt=
sächlich von der dänischen Presse genährt, durch eigenthümlichere
Beziehungen dieses Landes zu Deutschland einen Charakter der
Bitterkeit gegen uns annahmen, wurde die natürliche Gemeinschaft
Schwedens mit der deutschen Nation gestört. Niemals zwar hat

Schweden sich bis zum Handeln in dieser Richtung fortreißen lassen, Alles hat mehr den litterarischen und höchstens politisch den demonstrativen Charakter behalten, und jetzt, da auch Dänemark nicht anders können wird, als sich über das Geschehene beruhigen, da die Einigung Deutschlands ihm jede Hoffnung raubt, das Verlorene wieder zu gewinnen, und da diese selbe Einigung auch den bisherigen schielenden Verhältnissen des deutschen Lebens zum nordischen ein Ende machen muß, wird Schweden allen Anlaß haben, in die ihm natürliche Bahn zurückzukehren. Denn eine Wahl hat es zu treffen. Es kann ihm nicht entgehen, daß, wenn erst das deutsch=englische Bündniß besteht, ihm nur zwischen diesem und Rußland der Scheideweg offen steht. Es mag sein, daß eine Verbindung mit Rußland ihm, weil es von diesem am ehesten zu fürchten hat, näher liegt, aber sie müßte eine so enge sein, wie die der Staaten des norddeutschen Bundes unter einander, um wirklich vor Annexion zu schützen, und zu einer solchen möchte wohl kaum das lutherisch=germanische Schweden mit dem griechisch=slawischen Rußland, insbesondere, so lange dasselbe auf Niederdrückung seiner eigenen, von Schweden überkommenen germanischen Elemente bedacht ist, geneigt sein können, zumal es ihm klar sein muß, daß Rußland, nachdem Preußen auch die Westseite der Ostsee zu seiner langen Südküste gewonnen hat, eher wünschen muß, die deutsche Herrschaft über die Ostsee durch Gewinnung noch weiterer Küsten zu hindern, also ihm der Besitz der schwedischen Küstenlande oder wenigstens die Disposition über dieselben in dem Horizonte seiner politischen Bestrebungen liegen muß. Wir lassen uns fürs Erste auf die Folgen eines festeren Anschlusses Schwedens an den deutschen Bund und einer Gemeinschaft der schwedischen Marine mit der deutschen und der Ausweitung ihrer Wirksamkeit in der Meereswelt für den Bestand des russischen Reiches nicht näher ein, da wir im folgenden Abschnitt diese weitreichende Frage werden zu besprechen haben. Aber für Schweden dürfte doch in nicht allzuferner Zeit die Anregung vorliegen, seine Wahl zu treffen. Man wird es ihm nicht verdenken können, wenn es erst die Einigung von ganz Deutschland außer Oesterreich und die festere und Dauer versprechende Ordnung der Verhältnisse zwischen diesem und Deutsch=

land, ja wenn es die eine Zukunft des Friedens sichernde Setzung zwischen Deutschland und Frankreich, sogar wenn es die wirkliche Entstehung eines deutsch-englischen Bündnisses abwarten will. Aber daß es unter Voraussetzung dieser Vorgänge schwerlich sich anders wird entschließen können, als dem germanischen Bündnisse zum Schutze seiner gedeihlichen Existenz beizutreten, darf man wohl jetzt schon aussprechen.

Schwerer möchte die Erwägung dessen, was in Zukunft zu thun sei, für das dänische Inselreich mit seinem Anhängsel auf der jütischen Halbinsel in dem Maße werden, als ihm Deutschland näher, Rußland aber ferner liegt.

Auch seine Geschichte ist mit der Deutschlands und Englands, und zwar noch inniger als die schwedische verwachsen. Seine Sprache und Bevölkerung steht der eigentlich deutschen von jeher näher, als die der scandinavischen Halbinsel. Der Däne hängt mit dem Deutschen nicht blos durch eine altdeutsche Wurzel, sondern auch durch das sächsische Mittelglied zwischen derselben und dem jetzigen Deutschland zusammen, er hat aus England nicht blos, wie Norwegen, empfangen, sondern er hat England erobert und mächtig beherrscht. Die dänische Geschichte hat einen Hintergrund weltgeschichtlicher Größe, welcher der schwedischen nur in einer vorübergehenden Epoche verliehen war. Die dänische Nation hat auf die Schicksale Deutschlands nicht so gewaltig eingewirkt, wie es Schweden durch Gustav Adolph that, aber sie hat viele Jahrhunderte lang bald angreifend, bald angegriffen mit Deutschland gerungen, sie hat in allen wichtigen Epochen seiner Geschichte sich in dieselbe verflochten gesehen, sie hat schließlich tief in die deutsche Bevölkerung mit ihrer Herrschaft hineingegriffen und sie hat zugleich an der transmarinen Bewegung ihren schönen und rühmlichen Antheil gehabt und sich Besitzungen in Ost- und Westindien, sowie im westlichen Afrika errungen. Dänemark war im Besitze von Norwegen und war im Besitze von Schleswig und Holstein und Lauenburg gewesen, und es hatte durch den Sundzoll ein gewisses Herrscherrecht über alle die Ostsee befahrenden Nationen ausgeübt. Die Erinnerungen und Gefühle der dänischen Nation waren daher die einer Weltmacht, so schmal auch selbst in den besten Zeiten die Grundlage sein mochte, auf welcher

das Gebäude derselben aufgeführt war. Ja gerade die Noth=
wendigkeit, durch Thatkraft zu ersetzen, was an materieller Macht
gebrach, und im Gebiete der Phantasie zu sein, was sie in der
groben Wirklichkeit nicht war, steigerte noch die Neigung zu einer
gewissen staatlichen Selbstüberschätzung, mit welcher es den Wort=
führern der Nationalität und des Scandinavismus gelang, das
dänische Volk in den Wahn hineinzumusiciren, als wäre es im
vorkommenden Falle Allem gewachsen.

Die mittelalterliche Geschichte Dänemarks läßt einen eben so
wilden Wechsel der Herrscher und der Macht derselben wahr=
nehmen, wie die schwedische und norwegische, bis sie von deutscher
Kraft und Besonnenheit temperirt wird. In der Reformation
griff auch Dänemark zu der deutschen Form und Art derselben
und gestaltete seine Kirche, in welcher bis dahin oft sehr kriege=
rische Bischöfe gewaltet hatten, mit Beibehaltung der bischöflichen
Verfassung, doch schon viel mehr an die deutsche Kirche ange=
nähert, in eine lutherische Landeskirche um. Der König, deutschen
Geschlechts und deutscher Bildung, war ihr Oberhaupt und hat
sein Recht stets zu gebrauchen gewußt.

War doch eben schon Christian II., der Mann des Stock=
holmer Blutbades, da er als letzter scandinavischer Gesammt=
herrscher auf Grund der Calmarischen Union die schwedischen
Stände, vierundneunzig an der Zahl, hinrichten ließ, zugleich der
Urheber der dänischen Reformation, durch welche er die Macht
des Klerus zu brechen suchte, wie er seit lange die der Aristo=
kratie und der Hansa niederzukämpfen bestrebt war. Er gerade
war die Ursache, daß die holsteinischen Herzoge hinfort Könige
von Dänemark wurden, während das Haus Wasa in Schweden,
unterstützt von der deutschen Hansa, seinen Lauf begann. Der
deutsche Bugenhagen war der Reformator Dänemarks, und die
Güter der Kirche, sowie ihre politische Macht, fielen dem König
und dem Adel zu. Nichts konnte daher mehr erwartet werden,
als daß Dänemark an Deutschland sich schließen würde, und es
wäre sicher auch geschehen, wenn nicht in so verfehlter Weise
Oesterreich wieder katholisch geworden, das Kaiserthum römisch
geblieben wäre. Dänemark hatte sich zwischen Schweden, den
Niederlanden und dem mächtiger werdenden Brandenburg zu er=

halten. Es gelang ihm, aber auf Kosten der Macht der Krone, welche vom Adel geradezu unterjocht wurde. Eine Aristokratie, die mehrmals zur Oligarchie wurde, mit einem Executiv-Beamten als König an der Spitze, dies war die Verfassung des Landes. Im dreißigjährigen Kriege vermochte Dänemark nicht, die Rolle Schwedens zu erschwingen, es erlag den Schlägen der kaiserlichen Feldherren und that es keinem der streitenden Theile wahrhaft zu lieb. Durch die Verstärkung Schwedens und Brandenburgs im Frieden wurde es zurückgedrängt, und der schwedische Krieg unter Carl X. von Schweden, den es über sich hereinzog, nahm ihm, was es von schwedischen Südprovinzen noch besessen hatte. In Folge desselben gewann aber der König in der Revolution von 1660 die absolute Gewalt, und der Adel verlor seine Herrschaft, vielleicht das schlimmste Geschenk für das Königthum, weil dieses von den Volksmassen abhängiger wurde. Aber fürs Erste sahen die Könige ihren scandinavischen Gegner sich verbluten, dagegen den deutschen immer und stetig wachsen, weshalb nunmehr der Anschluß an deutsches Wesen bei ihnen so gut als entschieden war. Die ferneren Unternehmungen des dänischen Königs, die von Norwegen ausgegangene Mission in Grönland (Hans Egede), die aus Halle die Kräfte für die Mission in Ostindien (Ziegenbalg u. A.) und aus Herrnhut (Zinzendorf) für Westindien suchende Bekehrungsarbeit des Königs Friedrich IV. hob Dänemark in den Augen der evangelischen Welt, es war wie an der Spitze der Expansion des deutschen Protestantismus, und dieser Erweiterung folgte ein goldenes Zeitalter Dänemarks, welches jedoch nichts Anderes war, als die geistige Herrschaft Deutschlands, für welche nur die Namen Graf Bernstorf, Klopstock, Niebuhr (der Aeltere) genannt zu werden brauchen. Auf dieser Höhe überstürzte sich die deutsche Bildung, weil sie eben nicht mehr eine kerndeutsche blieb, sondern in französischer Frivolität, in Voltaire-schem Unglauben schwindelte. Struensee war ihr Vertreter, und zwar bei dem geistesschwachen König Christian VII.; er war als solcher vom Leibarzt zum Reichsgrafen und allmächtigen Minister emporgestiegen und wandelte nunmehr die verrottete Staatsverwaltung zum Nachtheil des Adels und zum Schrecken der Geistlichkeit in sehr zweckmäßiger Weise um. Die Stock-Dänen und die Verletzten stürzten ihn und brachten ihn durch einen gräulichen Justizmord aufs Schaffot. Seit diesem Umschwung, so wenig es auch möglich war, anders als von Deutschland geistig zu leben, so daß selbst die bedeutendsten dänischen Schriftsteller (Oehlen=schläger, Baggesen, Andersen) weit mehr auf die deutsche als die dänische Lesewelt wirkten, daß ihre Männer der Wissenschaft, wie Oersted, Rafn, Clausen, Martensen, Madvig, eigentlich nur Mo=mente in der Entwicklung der deutschen Wissenschaft bezeichnen, war eine ungesunde Verkennung der eigenen Nationalität in den Dänen groß gezogen worden. Je mehr Dänemark in Land und Leuten beschränkt und je völliger durch die englische Vernichtung seiner Flotte (1801) seine maritime Bedeutung vernichtet war, desto stärker hätte es aus Deutschland neue Kraft in sich ziehen und daher seine deutschen Provinzen als Kleinodien der Krone und des Volks behandeln und ihnen ihre Deutschheit erhalten müssen, eben um sie als Vermittlungsorgan mit dem größeren deutschen Leben zu behalten. Aber die demokratische Regierung seit 1848 beherrschte die schwachen Könige in der Richtung eines engen Nationalismus, der nicht mehr diesen Namen, sondern den des kleinstaatlichen Particularismus verdient, und die wohlbekannten Schritte, die Unterdrückung des deutschen Sinnes und Geistes, der deutschen Sprache sogar, von dem offenen Briefe des Königs Christian VIII. an, traten hervor. Die Folgen brauchen wir nicht näher zu bezeichnen, sie sind bekannt.

Daß man in Dänemark weder einem englischen Bündnisse, sofern es nicht auf Wiedergewinnung des Verlorenen abzweckte, noch aber einem deutschen gefühlsmäßig zugeneigt ist, kann Nie=mand den Angehörigen dieses Staates verdenken, da es Englands Schuld und Deutschlands Thun ist, daß er sich, nachdem eine Reihe von Gebietsverlusten ihm in Folge seiner falschen Politik auferlegt worden, nunmehr fast auf die Inseln zurückgeführt fin=det. Aber dergleichen Wunden pflegen zu vernarben, und man beginnt nach kürzerer oder längerer Zeit mit den bestehenden Ver=hältnissen zu rechnen. Ein englisch = deutsches Bündniß würde wenigstens die Hoffnung ins Grab legen, daß jemals durch Hülfe Großbritanniens eine Restitution geschehen werde, ja es würde schon die Einigung Deutschlands, sofern sie die Schluß-Abrech= nung mit Frankreich auf friedlichem oder kriegerischem Wege zu Stande bringt, hinreichen, einen Versuch dieser Art, selbst mit englischer Hülfe, als hoffnungslos erscheinen zu lassen. Es läßt sich daher nur ein Zurücklehnen Dänemarks auf Rußland als möglich denken, und diesem großen Reiche kann die Freundschaft Dänemarks, welches den Eingang der Ostsee bewahrt, als drin= gend wünschenswerth erscheinen, während das Inselreich von Ruß= land, dessen Nachbarschaft es blos zur See pflegen kann, nichts kann zu fürchten haben. Die Abneigung gegen ein deutsches Bündniß wäre fähig, Dänemark in die Arme Rußlands zu trei= ben. Allein was wäre der Erfolg davon, als daß in irgend einem späteren Zusammenstoße Deutschlands und des Slawen= reichs der letzte Rest der dänischen Besitzungen auf der jütischen Halbinsel, ja vielleicht Dänemarks ganze unabhängige Existenz ver= loren ginge. Und könnte dem protestantischen und in seiner Geistes= bildung ganz und gar deutschen Dänemark der russische Hinter= grund jemals ersetzen, was ihm in dem deutschen genommen wäre? Es versteht sich freilich von selbst, daß die deutsche Litteratur auch dann ihm unverschlossen bliebe. Aber es handelt sich ja um einen reicheren Austausch einander nahe stehender Nationen, als das gedruckte Papier gewähren kann. Es ist der von Mund zu Munde und von Universität zu Universität, ja von Staat zu Staat und von Volk zu Volk, und dieser hängt doch auch von den politischen Stellungen der Nationen zu einander ab. Däne= mark würde, sich von der deutschen Wurzel, so weit es kann, los= reißend, an seiner eigenen Verkümmerung arbeiten.

Auch dieses germanische Land kann daher die sicherste Ge= währ seiner unangetasteten Existenz und seiner ungestörten Fort= entwicklung am sichersten einer Anlehnung an Deutschland ver= danken, und in je mannigfaltigerer Bewegung, gebend und neh= mend, es mit Deutschland lebte, desto höher seine besondere Eigen= thümlichkeit ausbilden. Es würde, mit Schweden dem germani= schen Bunde angehörig, die nordische Ausgestaltung des germani= schen Lebens zu einer schönen Entfaltung bringen, und auch seine Marine würde mit der deutschen, in wetteiferndem Vereine, wieder einen höheren Schwung und eine neue, von England, nachdem es feine Colonien aufgegeben hat, nicht mehr ungern gesehene Kraft gewinnen.

Nach den insularen und peninsularen Gliedern der germanischen Nationengruppe ruft uns diejenige zu sich, welche in ganz anderer, fast entgegengesetzter Weise dem maritimen Leben angehört und die sich uns in dem Königreich der Niederlande und einem Theile Belgiens vor Augen stellt.

Hier ist das Mündungsland eines der germanischen Hauptströme, der deutschen Pulsader, des alten Rheins, hier ist alter deutscher Reichsboden, erst in der Zeit der Schwäche des sinkenden Reiches ihm entfremdet und an Spanien und theilweise an Frankreich gekommen. Die Niederlande von Gröningen und Arnheim bis nach Brüssel und Gent, sie sind in der deutschen Geschichte ein nicht unbedeutender Factor gewesen.

Das von den Franken eroberte und ihrem großen Reiche einverleibte Land der Friesen und Bataver gehörte zu der Herrschaft Carls des Großen und fiel in der Theilung dem lothringischen Mittelgebiete, mit diesem aber unter den sächsischen Kaisern dem deutschen Reiche zu. Die Grafen von Flandern, Hennegau, Holland u. a. wurden Erbherren, aber sie huldigten dem Reiche. Durch Margaretha von Flandern kamen die schönen Provinzen meist an das Herzogthum Burgund, dem es gelang, allmälig ganz Niederland unter sein Scepter zu bringen. Aber es blieb dabei nicht, daß ein ungewisses Verhältniß zum Reiche bestand und die burgundischen Herzoge demselben nur eben so viel Respect als Lehensleute erwiesen, als es gerade Macht hatte zu erzwingen; unter Carl dem Kühnen war das Reichsverhältniß so gut wie gelöst, und durch das Vermächtniß seines Sohnes wurden die Niederlande undeutsch, indem sie zu der Erbschaft Carls von Spanien (des Kaisers Carl V.) gehörten. Sie waren ein werthvoller Besitz, weil die herrlichen Städte (Gent, Brügge, Brüssel, Antwerpen, Amsterdam u. a.), auch ursprünglich hauptsächlich der deutschen Hansa ihre mercantilen Anfänge verdankend, neben dieser und gegen sie reich und mächtig geworden und zum Besitz großer Vorrechte, freier Verfassungen und nicht geringer Macht gelangt waren. Die Grafen und Herren verschwanden allmälig vor ihrem

Glanze. Die Niederlande waren ein Conglomerat von Städten und Landschaften, nur durch den einen Oberherrn zusammengehalten. So regierte sie Carl mit vieler Schwierigkeit, und sein Sohn Philipp II., der ein Fremder für sie war, kam bald an das Ziel, wo die Fähigkeit des Regierens aufhört. Der Aufstand dieser Provinzen, der mit dem Verfahren der fanatisch=katholischen Spanier gegen den Protestantismus, aber auch mit der despotischen Neigung Philipps, die Freiheiten der Städte und Lande in den Staub zu treten, zusammenhing, brachte es zu dem denkwürdigen achtzig= jährigen Kampfe derselben um ihre völlige Unabhängigkeit, der schon unter Carl V. seine Vorspiele in dem gereizten Unabhän= gigkeitssinne der Bürger gehabt, der aber erst an der blutigen Unterdrückung des weitverbreiteten Calvinismus sich entzündet hatte. Es war dies ein Kampf, der dem englischen im folgenden Jahrhundert noch voranging und bei dem es sich bald um die= selben Grundsätze der Freiheit handelte, welche im Kampfe mit den Stuarts zum Durchbruche kamen.

In diesem Jahrhundert ihres Ringens feierten die Nieder= lande den geistigen Höhepunkt ihrer Geschichte und traten in die Arbeit Europas in einem Maße ein, wie, außer durch die Refor= mation Deutschland und die Schweiz, kein anderes Volk. Hätte nicht Frankreich, sich selbst mißverstehend, seinem romanischen Wesen mehr Gehör gegeben, als dem germanischen Elemente in ihm, und sich dadurch zum Schergen Spaniens und des Papstes erniedrigt, dieser Kampf wäre größer und reiner ausgekämpft und weniger von kleinlichen Folgen gewesen; oder hätte Deutschland als evangelisches Land nicht in dem bornirten Widerwillen der Lutheraner gegen die Calvinisten die Hände in den Schooß ge= legt, die Reformation wäre in den germanischen Gebieten voll= ständiger zum Siege gekommen, und der germanische Bund hätte sich schon im siebenzehnten Jahrhunderte mit Abwendung des un= säglichen Jammers des dreißigjährigen Krieges gestalten können. Die Staatsschriften und Aufrufe des wahrhaft großen Wilhelm von Oranien sind voll der Gedanken, die dahin zielen und den germanischen Nationen ihre Stelle in der großen europäischen Arbeit zeigen. Die für einen Theil dieser Länder gewonnene und im westphälischen Frieden der europäischen Ordnung eingefügte selbständige Herrschaft wurde die erste größere Republik in dem neuen Europa, und in der Vertheilung der Gewalten in ihr zwischen dem Statthalter, dem Rathe und den Generalstaaten wurde ein politischer Gedanke zur Verwirklichung gebracht, der seitdem nicht aufgehört hat, in Europa fortzuleben. Die Erobe= rung weiter und reicher Colonieen in Ostindien, wo die Nieder= länder in die Besitzungen der Portugiesen eintraten, und eben da= mit ein unerhörter Aufschwung des Handels, der in der Heimath den Gewerbfleiß hob, steigerte den Unabhängigkeitsgeist und das Selbstbewußtsein der Niederländer, die mächtigen Fortschritte der Wissenschaften, besonders der Mathematik (Huyghens) und der Alterthumswissenschaft (Lipsius, Scaliger, Vossius, Heinsius; Grävius, Gronovius, Hemsterhuis, Ruhnken, Valcenaer), der Staats= und Rechtswissenschaften (Grotius), der Medizin (Boer= have), nicht minder der Kunst (niederländische Schule) und die allgemeine Duldung aller Religionsgesellschäften, die das Land zur Zuflucht der Flüchtlinge aus allen Landen und gleichsam zur Musterkarte aller Arten und Abarten des Christenthums machten, hoben das Ansehen und die geistige Macht der Niederlande. Von hier gingen die Anregungen nach England hinüber, hier bereiteten sich die Angriffe, die nachher dort stattfanden, hier wurden die gefährlichen Bücher gedruckt, kurz Holland war das politische, re= ligiöse, kirchlich=kritische Arsenal von Europa geworden und stand mit dem Reichthum und der Thätigkeit seiner Bürger, dem Wissen seiner Schulen, der Weisheit und Kraft seiner Staatsmänner, Admirale und Feldherren als das Eldorado Europas da. Kein Wunder, daß der gierige Ludwig XIV. seine Räuberhand danach ausstreckte.

Holland war am Rande des Untergangs. Die Ermordung der De Witts zeigte die Republik dem übrigen Europa in ab= schreckendem Lichte. Aber die Republik wurde gerettet, nebst den göttlichen Fügungen über Wind und Wetter und dem gewaltigen Willen Wilhelms III. von Oranien, durch die Energie des großen Kurfürsten von Brandenburg. Kaiser und Reich bezahlten mit ihrer Schmach im Frieden zu Nymwegen die Erhaltung der freien Niederlande. Auch gegen England hatten sie in zweimaligem Krieg ihre Stellung behauptet, und der später erneuerte französische

Krieg bewährte glänzend ihre Lebensfähigkeit. — Dennoch war im innersten Mark eine Krankheit. Die vereinigten Staaten hatten, während ein anderer Theil der Niederlande an Oesterreich kam, ihre Existenz behauptet und sogar die Macht des Statthal= ters wiederholt beschränkt, und dennoch war das republikanische Princip nicht mächtig genug, sich zu erhalten. Der Calvinismus in seiner einseitigen Strenge wurde zur bloßen Form, der Un= glaube zernagte die Sehnen des geistigen Lebens, der Reichthum ließ die Energie erschlaffen, und Frankreich riß in seiner Revo= lution, wie in der bonapartischen Militärherrschaft die innerlich geschwächte Republik in seinen Strom hinein. Aus demselben ging sie mit den österreichischen Niederlanden zugleich (Flandern und Brabant) als neues Königreich der Niederlande mit der Dy= nastie der um sie so wohl verdienten Oranier hervor. Sie war eines der Geschöpfe des Wiener Congresses.

Es war Deutschlands alleinige schwere Schuld gewesen, daß es zweierlei Niederlande gab, daß der eine Theil wieder zum rö= mischen Katholicismus zurückkehrte oder in demselben blieb. Denn, hätte es rechtzeitig und mit ganzer Kraft in den Kampf gegen Spanien eingegriffen und nicht blos den reformirten Ständen des deutschen Reichs eine sehr schwache und gehemmte Hülfe erlaubt, ja nicht selten in der langen Zeit auch diese gehindert, so hätte ein großes und dann ohne Zweifel nicht republikanisches, sondern unter Oranien frei monarchisches Niederland sich als mächtige Vormauer, England die Hand reichend, gegen das romanisch= despotische Frankreich aufgestellt. Wäre Deutschland echt deutsch gewesen, so stand hier ein großer Wendepunkt der europäischen Geschichte, so wurde Niederland dem Reiche zurückgegeben und es war in diesem die protestantische Uebermacht entschieden, auch die Gemeinschaft zwischen lutherischem und reformirten Christenthum erhalten, und die Niederlande wären nicht einem Calvinismus der Dordrechter Synode in die Arme geworfen worden, der seinerseits wieder den Gegensatz hervorrief. Dann hätte Deutschland nicht auf religiösem und kirchlichem Gebiete neben seinem Orthodoxis= mus im Innern zugleich in den Niederlanden das Gespenst der Freigeisterei, Hyperkritik, des Pantheismus und zugleich des ba= rocksten Sectenthums großgezogen, von dessen Festungen aus immer

neue Brandraketen in die deutschen Holzmauern flogen. Der ge=
funden Entwicklung des Protestantismus ist durch die schmähliche
Preisgebung der Niederlande von Seiten des lutherischen Deutsch=
lands (denn Brandenburg wäre ihnen so gerne nachdrücklicher zur
Seite getreten) unsäglich geschadet worden. Alle diese alten Sünden
straften sich, als nunmehr nicht mehr zu Deutschland kam, was
zu ihm gehörte, weil es schon längst nicht mehr dabei gewesen
war, sondern nur eine armselige Erinnerung an die alte Reichs=
gemeinschaft in der Zuschlagung von Luxemburg und Limburg
zum deutschen Bunde festgehalten, das Haus Nassau = Oranien
aber mit seinem Königreiche zu einem außerdeutschen gemacht
wurde. Als ein außerdeutsches hat es sich denn auch lange ge=
nug mit seiner bekannten Deutung des jusqu'à la mer bewiesen,
indem es die Rheinschifffahrt, welche frei sein sollte, an der Mün=
dung unter dem Vorwande knechtete, daß es nicht hieße: jusque
dans la mer und daß überdies die Mündung nicht die des Rheins,
sondern die der Waal sei. In dieser undeutschen Stellung, die
zu einer widerdeutschen geworden, wurde natürlich Land und Volk
von der Politik Frankreichs, selbst Englands und Rußlands er=
halten, welchen die Niederlande nur der Keil waren, der zwischen
das für ehrgeizig und eroberungssüchtig gehaltene Preußen und
den westlichen großen Nachbar eingeschoben blieb und den weder
der Eine noch der Andere wegräumen durfte. Das Land fühlte
sich fremd den beiden größeren Mächten gegenüber und betrach=
tete England und Rußland als seine wirklichen Beschützer. In
dieser politischen Anschauung und Gefühlsart konnte es durch die
in Deutschland gährende Bewegung nur bestärkt werden. Oester=
reich war ihm der starke Halt gegen Preußen, und Oesterreichs
Interessen wurden bei dem geldreichen Handelsstande, der sich
die Finanzverlegenheiten des Kaiserstaats zu Nutze machte und in
so vortheilhaft zu erwerbenden österreichischen Papieren gerne
speculirte, zu eigenen. Zu Hunderten von Millionen kamen öster=
reichische Werthpapiere in holländische Truhen, und jede Bewe=
gung Preußens zur Zurückdrängung des Kaiserstaats mußte in
Holland Schrecken und Widerwillen erregen. Auch hierin war
Holland undeutsch. Wenn es dann endlich in einem Liberalis=
mus auf politischem Gebiete, der ganz an die ehemaligen Repu=

bliken erinnerte, die höchsten Güter des Volkes, Religion und Glauben, der Willkür der meisterlosen Individualität und der anmaßenden Majorität preisgab, so wurde es dadurch noch am völligsten undeutsch.

Auch die Trennung der unnatürlichen Ehe zwischem dem katholischen Flandern, Brabant und Hennegau von dem calvinistischen und als Staat ganz der Religion fremden Holland, des Französischen (wobei das Flämische unterdrückt ward) und des Deutschen, wie die belgische Revolution sie herbeiführte, hätte Niederland allen Anlaß gegeben, sich zu dem alten geistigen und physischen Vaterlande zurückzuwenden. Aber die Entfremdung war zu groß geworden und die Mißstimmung blieb dieselbe in dem Rest-Königreich, ja sie verstärkte sich eher, weil die Hinwendung zu Frankreich und die Furcht vor demselben wegfiel, die bisher noch der Abneigung gegen Deutschland ein Gegengewicht gehalten hatte. Ein seltsames Zwitterleben zwischen Deutsch, Englisch und Französisch war und blieb die holländische Litteratur in dieser Zeit, und wenn auch dem deutschen Geiste das Beste entstammte, was die Holländer hatten, so sprachen sie doch von dem deutschen „Muff" in verächtlicher Weise. Holland sollte die Vormauer Deutschlands sein und wurde sein böser Nachbar. Das Vorgefühl der Zweckmäßigkeit seiner Wiedervereinigung mit Deutschland, wenn es zwischen diesem und Frankreich nochmals zu einer blutigen Abrechnung käme, war wohl das tiefste Geheimniß der Gegnerschaft gegen Preußens König und Volk. Als bitterer Haß, wie er so oft aus den Schrecken des Schuldgefühls erwächst, trat diese Gegnerschaft hervor, als hauptsächlich Preußens Waffen Schleswig von den Dänen befreiten. Das Schicksal der kleinen Staaten schien Vielen dort in der unvermeidlichen Einverleibung der Elbherzogthümer vorgebildet, denn jetzt schien Deutschland nicht mehr durch Zerrissenheit schwach zu bleiben. Als aber gar Oesterreich (man denke an die Staatspapiere) durch die preußischen Waffen gefährdet wurde, da brach ein Schrei des Abscheus gegen dieses gewaltthätige Preußen los, und ein hervorragender conservativer Mann, Herr Groen van Prinsterer, der ausgezeichnete Geschichtschreiber des oranischen Hauses, ließ eine seitdem wohl erkennbar gewordene deutsche Feder in seiner Zeitschrift den Nationalismus der Deutschen als einen Götzendienst des Vaterlandes schmähen und Worte König Wilhelms und des Grafen Bismarck zu der Erklärung umdeuten: „Wo das Inter= esse Preußens im Spiele ist, da gilt kein Recht", ja geradezu sagen, das Gewissen sei in Preußen an den Vortheil verkauft, und die „Berliner Theologen", die ihren König nicht als Kronen= räuber (wegen Hannovers) betrachteten, seien Jesuiten, und die Schwärmerei für „dieses Vaterland" sei „Antichristenthum." — Man würde über solche sich überpurzelnde Lästerung nur lächeln können, wenn nicht ein so ernster Mann wie Herr Groen seinen Schild über dieselbe hielte. Er findet zwar das Wort seines Freundes „übertrieben", bittet es „bildlich" zu verstehen, denkt aber nicht daran, die angeführten Worte Graf Bismarcks richtig, und zwar dahin zu deuten, daß er nicht das ewige Recht, son= dern die Gerechtsame der Gegner des preußischen Staates, mit welchen sie diesen zu vernichten getrachtet, zurückwies. Preußen weiß und will eben so gut, wie selbst dieser verblendete Ankläger, was vor Gott Recht ist, aber Paragraphen des alten deutschen Bundesrechts und des Wiener Protokollrechts sind ihm in solcher Entscheidung, wie die von 1866 war, nicht mehr maßgebend, wenn Gott ihm die Macht in die Hände legt, ein neues und wahres Recht zu schaffen, indem es das Recht der ganzen deut= schen Geschichte, welches man 1815 Preußen gegenüber mit Füßen getreten hat, in seiner geharnischten Gestalt hervortreten läßt.

Wenn in Holland über diese Erscheinung eine mit Wider= willen und Furcht gemischte moralische Entrüstung laut wird, so mag das der Heilung der Zeit überlassen werden. Aber wenn ein ernster Geschichtschreiber wie Herr Groen in die faden Spötte= reien französischer Publicisten über „die providentielle Aufgabe Preußens" eingeht, so mag er uns verzeihen, wenn wir dies sei= ner sehr wenig würdig finden, und wenn er da, wo es sich um Thatsachen handelt, nur von Principien, Systemen und Theorien zu reden weiß, und es ihm mehr darum zu thun ist, wie Stahl und Bismarck vereinigt werden können, als um Alles, was die Geschichte seit Jahrhunderten geredet und geweissagt hat, so hat er nicht als wahrer Geschichtsforscher gehandelt. Genug, Herr Groen van Prinsterer hat sich in einer besonderen Schrift gegen die preußische Annexionsluft in Betreff Hollands verwahrt, während von einer Einverleibung Hollands, das leider kein deutscher Staat ist, politisch noch nirgends die Rede war. Zu verbergen braucht er sich allerdings die Lage nicht, in welche das Königreich der Niederlande käme, wenn es in einem Kriege Frankreichs gegen Deutschland auf die Seite des ersteren träte, wie seine Bereitwilligkeit zur Abgabe Luxemburgs an Frankreich wohl ein Recht gäbe zu vermuthen, wenn nämlich der Hof allein in solchen Fragen zu entscheiden hätte. Es kann nicht eben der Wunsch Deutschlands sein, mit holländischen Zuständen sich als mit eigenen zu befassen und z. B. die Gesetzgebung sich anzueignen, welche die Schule durch ganz Holland als eine von der Religion des Volkes abgelöste Anstalt des zum Abstractum gewordenen Staates behandelt. Es hat uns noch erst kürzlich ein Deutscher*), der Jahre lang in Holland gelebt und gewirkt hat, die wirkliche Volkseigenthümlichkeit der Niederländer vor Augen gehalten und uns gesagt, daß hier, wenn auch aus Deutschland erwachsen, doch ein besonderes Volk lebe, und daß es den germanischen, tiefreligiösen Zug sich durch alle „jüdisch= französischen Wühlereien" hindurch bewahrt habe. Er hat uns aber auch gezeigt, in welchem Maße der Einfluß der Juden, des frechen Unglaubens und der französischen undeutschen Weltan= schauung dahin gewirkt hat, daß troß der tapferen und geistvollen Gegenwehr des edlen Groen van Prinsterer, dem wir mit Freu= den auf diesem Felde begegnen, das Christenthum und der christ= liche Unterricht aus den öffentlichen, staatlichen Schulen ver= bannt worden ist (1857). Die Folgen dieser wahrhaft albernen Errungenschaft einer undeutschen Weltansicht stellen sich bereits in Geschichtsverfälschung — weil ja die Geschichte der wichtigsten Epoche des niederländischen Volkslebens mit deren Glauben in innigster Beziehung steht —, in Rohheit, Unwissenheit, flacher Abrichtung und Sectirerei an den Tag. Die Gegenwirkung in Gründung von christlich=nationalen Privatschulen ist aber eben durch den trefflichen Groen ins Leben geführt worden. — Möge das Volk Niederlands seiner alten Wurzeln eingedenk werden und

---

*) F. W. S. Schwarß: Die religionslose Schule der Niederlande und ihre Früchte. Berlin (Wiegand & Grieben) 1868.

sich des wälschen Unwesens entledigen, das tief in sein Leben ge=
drungen ist. Es höre auf, alle Mahnungen seiner eigenen Ge=
schichte und der des Hauses Oranien zu mißachten und mit einer
fast krankhaften Beeiferung für Paris die Bitterkeit gegen die
eigene geistige Heimath in Deutschland zu verbinden, die ihm,
dem Bindegliede zwischen Deutschland und England, dem pro=
testantischen Lande, dessen Stellung in dieser Hinsicht mit der
Preußens in Europa nahe verwandt ist, nur zu eigenem Schaden
ausschlagen kann. Die Thatsachen werden am Ende Recht be=
halten, und man kann sich Angesichts ihrer nicht denken, wie die
Niederlande einem germanischen Bündniß fremd zu bleiben ver=
möchten.

Schwieriger freilich wird sich die Frage für Belgien ge=
stalten, in welchem entschieden französische Provinzen neben sol=
chen bestehen, in welchen die Fremdsprache nur durch die Herr=
schaftsverhältnisse als oberster Guß über der germanischen (flä=
mischen) Volkssprache liegt. Gleichwohl, ja eben deshalb, weil
seine Bevölkerung die Sprache Frankreichs redet, ist ihm die
dringende Nothwendigkeit der Anlehnung an die germanische Welt
schon bisher zum Schutze geworden, der es starke Bewegungen im
Nachbarlande hat überdauern lassen. Die gefährlichste Anziehung
an Frankreich liegt für Belgien nächst der Sprache in der katho=
lischen Kirche. Seine Neutralität ist schon bisher durch England
und Deutschland garantirt, sie wird auch ferner unerläßlich sein,
da jede Vergrößerung Frankreichs dem Interesse Europas und
dem Frieden entgegenwirkt. Seine Erhaltung, und wenn ja die
französische Nation ihre Grenzen gegen die Nachbarn nicht un=
verändert lassen kann, seine Erweiterung ist eine Forderung des
Gleichgewichts, von welchem schon so viel gefabelt worden ist.

Wir wenden uns zu dem südlichen Schutzstaate oder Staaten=
Conglomerate, dem einzigen in Europa, dem es gelungen ist,
seine alte Verfassung als Bundesstaat aus kleineren und größeren
Republiken bis auf den heutigen Tag zu erhalten, nämlich der
Schweiz. Sie ist das Quellenland der beiden größten deutschen
Ströme, und sie muß sich durch den lauten Ton der deutschen
Nationalität, der im Jahre 1866 und seitdem erschollen ist, zu
der Erinnerung gedrungen gesehen haben, daß ein großer Theil

von ihr aus alten deutschen Reichslanden besteht, die erst unter
Kaiser Maximilian I. endgültig vom Reiche abgelöst worden sind.
Allerdings war sie blos germanisirtes Land, indem das keltische
und das rhätische Element in ihr nicht so sehr verschwanden, wie
auf dem übrigen deutschen Boden; überdies gehören Landschaften
zu ihr, bei denen nicht einmal dies zutrifft, sondern die dem ro=
manischen Sprachgebiete zugezählt werden müssen. Und welch
eine Verschiedenheit zwischen dem alemannischen Basler, Zürcher
und Aargauer, dem schon halb burgundischen Berner und Jura=
Bewohner, dem schwäbischen Appenzeller und Schaffhauser und
andererseits den Bewohnern der Urcantone, dem Bündner in der
Südostschweiz, dem Tessiner, dem Genfer und Waadtländer! Daß
wir hier ein eigentliches Volksganze in physisch=nationaler Hinsicht
nicht vor uns haben, leuchtet ein. Ueberall strömt es hinüber in
andere Nationalitäten, und seit wie kurzer Zeit erst besteht poli=
tisch ein engeres und straffer angezogenes Band, wodurch der
Staatenbund der Cantone (Eidgenossenschaft) zu einem Bundes=
staate geworden ist. Auch hier hat die französische Ueberwuche=
rung ihr Jahrhunderte altes Feld gehabt, auch hier ist der Gang
der inneren Bewegungen Frankreichs beherrschend geworden. —
Von der Einen helvetischen Republik in ihren verschiedenen Pha=
sen bis zu der einheitlich verfaßten Schweiz welche Reihe von
Schattirungen und Veränderungen! Gleichwohl aber fand die
französische Einwirkung hier ein festeres Material als in den
Niederlanden vor, das sich so rasch nicht auflösen und anders zu=
sammensetzen ließ. Die deutsche Schweiz ist trotz alles dessen, was
in den höheren Classen der Gesellschaft von französischem Unwesen
durchgedrungen ist, dennoch wesentlich deutsch geblieben. Und
welche deutsche Kraft und männliche Ehrenhaftigkeit, welche treue
Hingabe für das Vaterland, welche aufopfernde Bürgertugend
glänzt in der allgemeinen und der Specialgeschichte dieser Can=
tone! Wer möchte die Schweiz als besonderes europäisches Volks=
gebiet gerne verschwinden und das Einzelleben mit seiner Eigen=
thümlichkeit der nicht zu leugnenden Tendenz der modernen Ge=
schichte zu großen Staatsganzen geopfert sehen? Und in wessen
Händen wäre auch dieses Land der Pässe, dieser Brückenkopf
Mitteleuropas mit Sicherheit zu lassen, ohne daß ein Nachbar

sich dadurch gefährdet sähe? Und in welche Staatsform ließen sich diese so verschiedenen Volksarten und Herrschaftsgebiete einheitlich fassen? Es waren ohne Zweifel solche Gedanken und Erwägungen, welche es 1815 als selbstverständlich erscheinen ließen, daß die Schweiz in ihrer Besonderheit und als neutrales Gebiet zwischen Oesterreich, Frankreich und dem übrigen Deutschland verbleibe und zugleich eine Art Sicherheitsventil für die Aufbrausungen in den monarchischen Staaten bilde, durch welches die allzuheftigen Stoffe entweichen könnten.

Diese Thatsachen und Erwägungen sind den Bewohnern der Schweiz wohl bekannt. Was konnte sie daher im Jahre 1866 wenigstens für einen Augenblick zu ganz ähnlichen Verstimmungen reizen, wie wir sie oben an den Niederlanden tadelten? Hatten sie doch überdies von Preußen, welchem dieselben galten, noch vor kaum einem Jahrzehend eine Nachgiebigkeit und Freundlichkeit erlebt, die ein preußisches Besitzthum aus den bisherigen Verhältnissen der Oberherrlichkeit ohne Entschädigung entließ, um mit der Schweiz in Frieden zu bleiben. Offenbar war durch das Unerwartete der preußischen Erfolge und ihrer Benutzung doch der Gedanke erwacht, als ob die plötzliche Expansion des deutschen Nationalgefühls auch über die Schranken, welche die Neutralität und Unantastbarkeit der Schweiz setze, hinüberschreiten oder als ob durch das Gebahren Preußens auf französischer Seite ein längst heimlich lauernder Wunsch, die Gegenden um den Genfersee mit Frankreich zu vereinigen, ans Tageslicht hervorbrechen könnte. Da nun jeder Störer des öffentlichen Friedens dem Manne der Industrie und des Handels als ein gröblicher Verletzer der öffentlichen Moral erscheint, der sich Alles erfrecht, und in der Schweiz die Männer des Erwerbes gerade an der Spitze der Staaten stehen, so war es nicht so ein wildfremder Gedanke, die preußischen Waffen, wenn sie einmal in Baiern, Würtemberg, Baden die Nähe der Schweizergrenze erreichten, auch noch über diese hinübertreten zu sehen, um etwa nachholend die Angelegenheit Neuenburgs auch auf kriegerischem Wege zu ordnen.

Freilich bei etwas kühlerem Nachdenken mußte dieser Gedanke als abenteuerlich erscheinen. In dem großen Absteigequartier, der Villeggiatura von Europa und dem Zufluchtsort aller schiffbrüchigen politischen Existenzen Deutschlands redeten überdies Stimmen sehr laut mit, welchen der drohende Untergang der Kleinstaaterei für ihre verschiedenen Interessen bedenklich erschien. Auch muß zugestanden werden, daß es, zwischen drei mächtig erregte Nationalitäten eingeklemmt, eben kein angenehmes Bewußtsein genannt werden kann, selbst nicht eine eigentliche Nation zu sein, sondern den dreien anzugehören und sich zwischen ihnen vertheilen zu müssen. Ueberall war von Nationalitäts= princip und Nationalstaat die Rede, und auch das sonst so stille Deutschland redete in Schlachtendonner davon, die Schweiz aber kann ein Nationalstaat nicht sein und nie werden.

Daß die Schweizer Anstalten trafen, sich für ihre Neutralität vorkommenden Falls zu wehren, konnte nur erwünscht sein, da es allerdings viel Gutmüthigkeit auf Seiten Frankreichs voraussetzen heißt, wenn man von ihm erwartet, daß es nach der Zerreißung der Verträge von 1815 durch den Prager Frieden dieselben dennoch hinsichtlich der Schweiz unter allen Umständen heilig halten werde.

Auf diesen Vertragsboden wird wohl auch in der That die Schweiz ihre Unabhängigkeit kaum mehr stützen können. Sie wird vielmehr ihre Landesnatur und die Unmöglichkeit, einem einheitlichen Nationalstaate anzugehören, sowie den glücklichen Umstand, daß doch weit ihre zahlreichste Bevölkerung deutscher Sprache ist, als ihren stärksten Schutz anrufen und zugleich an die eigene Kraft und Tüchtigkeit appelliren müssen. Auch nicht einmal einem germanischen Bündnisse der überwiegend protestantischen Staaten könnte die Schweiz in ihrer Vielartigkeit angehören. Sie wird ein Schutzstaat für Deutschland, nämlich das geeinigte, sein, dessen Unabhängigkeit dieses mit allen Mitteln behaupten muß, wenn sie von der einzigen Seite bedroht wird, von welcher sie möglicher Weise bedroht werden kann. Mag die Schweiz auch auf freundliche Beziehungen zu Frankreich mit angewiesen sein, gleichwohl wird das einige Deutschland ihr die stärkste Gewähr ihrer politischen Existenz darbieten.

VII.

Rußland und Deutschland.
Die Zukunft der slawischen Welt.

――――――

Von den europäischen Staaten, die ein mächtiges Volksganze umfassen, ja über dasselbe hinausgreifen und daher nicht mehr nur Nationalstaaten, sondern auf Grund eines solchen in hinreichender Macht, Reiche geworden sind, welche eine größere oder kleinere Anzahl von Nationen in ihrem Herrschaftskreise festhalten, ist Rußland der jüngste. Noch im späten Mittelalter fand sich an der Stelle, wo jetzt das geschlossene Slawenreich sich ausbreitet, eine zwar weitgedehnte, aber innerlich gebrochene Herrschaft der russischen Großfürsten, die, den Mongolen tributpflichtig, nichts Staatliches zu thun vermochte, sondern nur den Uebergang vom bloßen Hirten= und Jägerleben zum Ackerbau und Städteleben darstellte. Die germanischen Stämme hatten als Waräger einen gewissen Grad von Cultur hineingetragen, die griechische Kirche hatte die äußerliche massenhafte Bekehrung der Russen erreicht, und nur der schwere Druck, unter dem sie seufzten, hinderte sie gleichfalls, wie die westlicheren Polen, eine Rolle in Europa zu spielen. Diese hatten es an Oder und Weichsel zu einem erst vom deutschen Reiche abhängigen, hernach zu einem selbständigen, nach deutschen Formen in seinem Bau geregelten, schließlich aber durch innere Zerwürfnisse zersplitterten und geschwächten Reiche gebracht, das täglich Boden an die Deutschen verlor und vor dem Prozeß der Germanisirung immer weiter nach Osten zurückwich. Die Russen waren vor diesem Prozesse, der bereits die Wenden umgewandelt und die Polen zu verändern begonnen hatte, eben durch die polnische Vormauer geschützt, der sie auch wieder durch ihre Massenhaftigkeit einen Anhalt gaben, daß sie von dem germanischen Elemente nicht völlig überfluthet werden konnten. Der Verlust Preußens erst an den deutschen Orden, dann an das fürstliche Haus der Hohenzollern, ebenso die Verdeutschung Schlesiens, das später an Oesterreich kam, engten das Polenreich ein, dessen innere Verfassung, in welcher der Adel als einzige National=Bürgerschaft galt, es allmälig dem Untergang durch Unmöglichkeit der politischen Existenz zuführte. — Auch Rußland hatte an die Deutschen (die Schwertbrüder) Landstriche verloren, die in einer gewissen Abhängigkeit von ihm gestanden, aber bei der Entfernung vom Herrschersitz zu Kiew, später zu Moskau, nur wenig Zusammenhang mit dem Mittelpunkte hatten. Die Iwane, der Große und der Schreckliche, Gewaltherrscher, wie man sie nur in Asien kannte, dehnten ihre Herrschaft, nachdem sie das Joch der Mongolen zerbrochen, bis zum Kaukasus und kaspischen Meere aus, unterwarfen die Kosaken und eroberten Sibirien. Damit war das Kaiserreich, dessen Kaiser sich Czar nannte, „Selbstherrscher aller Reußen", im Wesentlichen fertig, und seine weitere Ausdehnung auf und über dem Kaukasus, nach Kleinasien, nach dem inneren Asien zu, nach Westen (Polen) mußte erfolgen und ist noch jetzt im Gange. Der große Schritt, der Rußland in die Reihe der europäischen Staaten heraufhob, ist durch Peter aus dem Hause Romanow geschehen, und seit ihm ist dem Einflusse deutscher, aber auch englischer und französischer Bildung das russische Reich geöffnet gewesen. Die Kämpfe zwischen Schweden und Polen gaben Rußland die Gelegenheit, zuerst tiefer in die westeuropäische Staatenwelt einzugreifen. Es gewann die Herrschaft über die Ostseeküsten und schließlich (1809) auch über Finnland, und Schweden war für dasselbe hinfort keine eigentliche Schranke mehr, Polen zerbröckelte unter dem Drucke seiner mächtigen Faust und, um es nicht ganz in seine Gewalt gerathen zu sehen, mußten, da es im Innern hülf= und haltlos geworden, die Nachbarmächte Preußen und Oester=

reich in die Theilung willigen. Die Vormauer war verschwunden, und Rußland reichte an die deutschen Staatsgrenzen. Inzwischen war sein Kaiserhaus durch Heirathen ein überwiegend deutsches geworden und die Tüchtigkeit der deutschen Adelsgeschlechter aus den Ostsee=Provinzen hatte zu den meisten Siegen und Fort= schritten Rußlands nicht wenig beigetragen. Deutsche Colonisation war durch die einsichtsvollen Herrscher Catharina und Alexander I. ins Herz des Reiches und an seine südlichen Grenzen gezogen worden. An der Wolga hin, im Kaukasus und diesseits des= selben, in der Krim, in Bessarabien blühten die deutschen Colo= nien empor. Durch das ganze Reich waren als Apotheker, als Aerzte, neuerdings auch als Verwalter adlicher Güter und Forsten deutsche Einwanderer zerstreut, und der russische Bauer weiß sich auch jetzt den durch die Länge des Reichs ziehenden Telegraphen nur als „einen Strick" zu denken, „an dessen jedem Ende ein Deutscher stehe." In der Armee, in den höchsten Staatsämtern, in der Diplomatie, am Hofe haben deutsche Russen dem Reiche und dem Kaiserhause die größten Dienste geleistet; in der Wissen= schaft und Kunst, an den Universitäten und in der Akademie sind es vorzüglich deutsche Namen, die den Glanz der Entdeckungen auch über diesen Spätling europäischer Cultur verbreitet haben.

Es ist gerade das deutsche Kaiserhaus, das in Paul, Alexan= der I., Nikolaus und Alexander II. an der europäischen Arbeit nicht blos empfänglichen Antheil genommen hat, indem es die Früchte derselben annahm und in einer freilich oft blos schein= haften Gesittung in das Slawenleben übertrug. Die Aufhebung der an die Sclaverei in manchen Erscheinungen noch hinabreichen= den Leibeigenschaft ist unter diesen Kaisern Schritt für Schritt, zuerst nur in der Schaffung der freien Kronbauern und der Mi= litär=Colonien neben der deutschen Einwanderung, zuletzt in dem kühnen und epochemachenden Schritte der völligen Beseitigung der Leibeigenschaft durch kaiserliche Gesetze verfolgt und dadurch der Wendepunkt der inneren Geschichte Rußlands erreicht worden.

Daß aber Rußland zu gleicher Zeit — und es ist dies hauptsächlich das Werk des verewigten Kaisers Nikolaus — den Anspruch macht, ein Nationalstaat zu sein oder zu werden und sogar eine National=Kirche zu haben, die denselben decken soll, das ist das thörichteste Unterfangen, welches die neuere Geschichte je gesehen hat. Das Reich ist von vier verschiedenen Russen= stämmen, von Polen, von Deutschen, von Litthauern, Esthen, Liwen, Letten, Finnen, von Kosaken, Türken (Tataren), Mon= golen (Kalmücken), Armeniern, Grusiniern, Persern, von Samo= jeden, Ostiaken, Tungusen und hundert kleinen Volksresten im Kaukasus und im Altai=System, mit eigenen Sprachen und Sitten und mit mancherlei Religionen, bewohnt. Ein Kaiserreich ist Ruß= land, aber ein Kaiserreich kann nie ein Nationalstaat sein, höch= stens nur einen solchen zum Kern und zur Unterlage haben, denn es ist ja gerade sein Begriff und Wesen, über vielerlei Nationen zu herrschen. Der Versuch aber, ein solches Nationenreich in einen Nationalstaat zu verwandeln ist geradezu ein Weg zur Selbstzerstörung. Man kann allerdings die Sprache des Haupt= stammes, also hier die russische, als Amtssprache einführen, und die Gerichte, die Gesetze können die Kenntniß derselben fordern, allein dadurch wird man nur das Gefühl einer Fremdherrschaft hervorrufen, weil die öffentliche Sprache und die Privatsprache aus einander gehen, und eine Fremdherrschaft wird je länger je mehr als Last, als Druck, als Mißhandlung gefühlt, und es werden die ihr Unterworfenen zu der Untersuchung gedrängt wer= den, auf welchem Rechte sie beruhe.

An der Spitze des russischen Riesenreiches steht ein deutsches Fürstenhaus, das längst nur wieder mit deutschen Fürstenhäusern sich verschwägert hat. Wird es dies ferner können, wenn es sich in den Ruf setzt, Unterdrücker der Nationalitäten zu sein, deren Recht eben die neueste Zeit von allen Seiten her so laut zur Anerkennung gebracht hat? In diesem Hause ist neuerlich eben dieser Nationalitäts=Gedanke zu einer seiner wunderlichsten Ge= stalten, dem sogenannten „Panslawismus", gelangt, zu der wun= derlichen Idee einer Herrschaftseinheit aller Slawen, womit na= türlich eine Zerstörung nicht etwa nur der Türkei, sondern auch Oesterreichs und wenigstens ein tiefer Eingriff in den Bestand des preußischen Staates auf das Programm der Zukunft gesetzt war. Die Tollheit dieses Gedankens leuchtet auf den ersten Blick ein, seine brutale Albernheit nicht minder, wenn man an die

nicht-slawischen Völkerschaften Rußlands denkt, die erst zu slawi=
siren oder slawisirt zu haben doch die unerläßliche Voraussetzung
zum Weitergreifen wäre. Wenn aber durch die Beseitigung auch
slawischer Sprachen, wie der polnischen, der Panslawismus in
einen Pan=Russismus umgesetzt wird, so kann ja nur der weit
verbreiteten polnischen Nationalität in Oesterreich und Preußen,
die hier nicht unterdrückt wird, sondern nur mit deutschen Ele=
menten sich verschmelzt, eine Rußland gegenüber günstigere Stel=
lung bei ihrem Uebergang in deutsche Herrschaft vor die Augen
gestellt werden. Wenn es sich hierbei zugleich um die Existenz
der Esthen, Liwen, Letten und um deren deutsche Grundherren
und Städte handelt, so tritt die Frage hervor: ob denn die
niedrigere Culturstufe (die russische) im Stande sei, die höhere
(die deutsche) in sich zu verwandeln? ob ein russischer Czar auch
die Gesetze der Weltgeschichte, wonach sogar die unterworfenen
höheren Culturvölker ihre Sieger in sich umgestalten müssen, ein=
fach umzuprägen vermöge? Die Bildung und Intelligenz des
russischen Kaiserhauses selbst ist eine germanische, und nur der
Ueberwurf derselben französischer Abkunft. Die vornehmen russi=
schen Slawen sind durch englische und deutsche Bonnen, Gouver=
nanten, Erzieher, durch französische und deutsche Lehrer und
Aerzte, durch deutsche und französische Litteratur das, was sie
überhaupt sind; wie werden sie fähig sein, zu slawisiren, während
sie selbst germanisirt, französirt und englisirt sind? Begünstigen
kann man wohl, wie Kaiser Nikolaus in hohem Grade that, die
National=Russen, Friedensschlüsse und deren Bedingungen kann
man brechen und Decrete erlassen, aber die Thatsachen werden
immer stärker bleiben, als die beschränkten Velleitäten. Wenn
dieses selbige Rußland zu gleicher Zeit eine ungeheure Umwäl=
zung im Innern, die Aufhebung der Leibeigenschaft und Grün=
dung eines freien Bauernstandes friedlich vollzieht, dadurch aber
in den Strom der europäischen politischen Entwicklung seinen
bisher davon nur angespülten Staat hineintreibt, wenn es,
um dem Verlangen seiner Kirche und Geistlichkeit zu genügen
und dadurch vermeintlich dem „heiligen Rußland" gemäß zu
handeln und das Volksgemüth zu befriedigen, es nicht lassen
kann, zugleich auch nach dem Süden die Hand auszustrecken, weil

die türkischen Slawen= und Griechenbevölkerungen, der griechischen Kirche angehörig, es als seinen Retter aus der Knechtschaft der Muhammedaner anrufen, so mögen sich die russischen Staatslenker wohl besinnen, ob sie nicht ihrer Kraft zu Großes zutrauen? Es ist noch nicht sehr lange her, daß sich diese Kraft einer geringeren Aufgabe, als die der Panslawismus dem Kaiserreiche stellen würde, nicht gewachsen gezeigt hat, und falsche Berechnungen auf diesem Gebiete pflegen von verderblicher Nachwirkung zu sein.

Es ist nicht unwahrscheinlich, daß die Bewegungen auf deutschem Boden seit 1864 längst bereit liegende, aber wie= der, wie es schien, zur Ruhe gelegte Pläne der Russificirung auf= geweckt haben, weil das einige Deutschland ein stärkerer natio= naler Magnet werden könnte, als das getheilte es war; aber es muß als höchst unwahrscheinlich betrachtet werden, daß die rus= sische Regierung ihre Absicht durchsetzen werde, weil in der That, wenn den Ostsee=Provinzen der Friede, durch welchen sie ein Theil des russischen Reichs geworden sind, gebrochen würde, die Frage sich erheben könnte, ob nicht Deutschland eine moralische Schutz= verpflichtung übernehmen und Schweden, von demselben gestützt, noch andere Gedanken in sich bewegen möchte? Die Frage würde freilich mit der österreichischen Rußland gegenüber kaum unver= bunden bleiben, und Rußland doch weiser handeln, wenn es die Heftigkeit seiner Schritte gegen deutsche Sprache und Nationalität zumal in den Provinzen mäßigte, welchen es so viel für seine staatliche Entwicklung seit mehr als hundert Jahren zu verdan= ken hat.

Allein die Betrachtung dieser Dinge führt noch weiter. Die Durchdringung des evangelischen Bewußtseins und der deutschen Nationalität, wie sie dem nördlichen Deutschland eigen, hat aller= dings eine innerliche Gemeinschaft Deutschlands mit den zuerst von Norddeutschland her christianisirten, dann ebenso von hier aus evangelisirten, jetzt russischen Ostsee = Provinzen geschaffen, und der Druck des russisch = griechischen Kirchenstaats hat auf diesen Provinzen mit schwerer Wucht seit lange gelastet, und „der Druck steigert sich in dem Maße mehr und mehr zu „feindseliger Verfolgung, als nachgerade das sogenannte ortho= „doxe Griechenthum zu dem demüthigenden Bewußtsein hat

„gelangen müssen, in seinem cäsareo=papistisch begründeten, eitel
„äußerlichen Scheinumfange sich gegen die geistige und sittliche
„Ueberlegenheit nicht etwa nur des Protestantismus, sondern auch
„des römischen Katholicismus, nur durch unerbittliche, ja gestei=
„gerte Fortsetzung seines cäsareo=papistischen Zuchthaus=
„regimentes behaupten zu können"*). Die Vergewaltigung,
welche an dem innersten Rechte der Provinzen durch die nichts=
würdige Verlockung von 100,000 Esthen und Letten zu der grie=
chischen Kirche und, als sie sich gröblich getäuscht fanden, durch
die verweigerte Rückkehr zu ihrem alten „deutschen" Glauben ge=
schehen ist, läßt die neuerdings in der russischen Presse geschehen=
den Fälschungen der Sache in ihrem wahren Werthe erkennen.
Man redet von der Toleranz der griechischen Kirche, von russi=
scher Glaubensfreiheit und verbirgt dem Auslande, in welcher
Weise diese Glaubensfreiheit den Raskolniken und insbesondere
den Molokanern, die man zur Auswanderung nach Asien zwang,
gegenüber gehandhabt wurde und noch wird. Es ist wahr, die
griechische Kirche hat keine Scheiterhaufen lodern lassen, wie ihre
abendländische Schwester, aber sie hat auch keine Reformation
weder in ihren Vorspielen, noch in ihrer Durchführung erlebt,
und ihre Klostermauern wissen doch auch von Todesseufzern der
Opfer der kirchlichen Macht und Rechtgläubigkeit zu erzählen. Es
ist wahr, die Kaiserin Catharina II. hat, selbst ursprünglich Pro=
testantin, den römisch Katholischen wie den Evangelischen eine
aufgeklärte Toleranz bewiesen, und der Kaiser Alexander I. hat
sogar die Verbreitung der Bibel in seinem Reiche aus allen
Kräften zu fördern gesucht und selbst edlere Bischöfe der griechi=
schen Kirche dafür zu begeistern gewußt, es ist wahr, daß schon
Peter der Große fast mit ähnlichen Worten wie später Friedrich
der Große „jeden nach seiner Façon selig werden lassen wollte",
aber es ist eben auch wahr, daß man mit dem Deutschthum der
Ostseeprovinzen zugleich ihrem deutschen Protestantismus ans

---

*) W. v. Bock: Wesentliche Verschiedenheit der Bedeutung, Wirkung
und Tragweite gleichnamiger Factoren des öffentlichen Lebens in Preußen und
in den deutschen Ostsee=Provinzen Rußlands. Berlin (Stilke & van Muyden
1868. S. 9.

Leben will; es ist unleugbar, daß man unter Kaiser Nikolaus plötz=
lich die durch den Frieden mit Schweden als Bedingung der Ab=
tretung der Provinzen übernommenen, später allerdings nach dem
Bedürfniß erhöhten Geldmittel, worauf die kirchliche Leitung und
Ordnung der Lande angewiesen ist, unter dem Vorgeben einzog,
die Kirche der Provinzen (wobei man auf einzelne reiche Paro=
chieen wies) sei wohlhabend genug, um derselben nicht zu bedür=
fen. Sie wurden durch den gesunden Sinn des Reichsrathes
wieder erstattet, aber die Absicht, die evangelische Kirche in den
Provinzen zu zerstören, war doch neben den schon berührten Volks=
bekehrungen deutlich verrathen. Allerdings darf man nicht ver=
gessen, daß das Aergste nicht dasjenige ist, was von der Regie=
rung geschieht, sondern was von der in Moskau concentrirten
sogenannten liberalen Partei gedroht und der Regierung erst zu=
gemuthet wird. Dies geht allerdings auf Vernichtung der rela=
tiven Selbständigkeit der Provinzen*).

Ein richtiges Vorgefühl können wir es allerdings nur nennen,
wenn der Slawismus den Germanismus fürchtet und ihn lieber
in seinem Großstaate beseitigen möchte. — Das russische Reich
kämpft in der That mit inneren Schwierigkeiten nicht geringer
Art. Der Krimkrieg hat das erstaunte Europa sehen lassen, wie
schwach seine Finanzen, wie weit geringer als sie schien, seine
Kriegsmacht, wie entsetzlich der Gräuel der Bestechung und des
Unterschleifs in der Kriegs= und Civil=Verwaltung war. Kaiser
Nikolaus starb, und man konnte sich so wenig denken, wie dieser
starre Mann der Willenskraft sich hätte unter die Nothwendigkeit
beugen können, daß man meinte, er sei eben dieser Aufgabe auch

---

*) W. Menzel: Unsere Grenzen. S. 83 ff. werden die agrarischen
Mittel geschildert, durch welche man die zur griechischen Kirche übergetretenen
Letten in das Russenthum einzukneten versucht. Daß dies den nicht=deutschen
Knechten gegenüber ein wirksames Mittel sein muß, läßt sich nicht leugnen.
Die Gefahr für das Deutschthum liegt aber mehr darin, daß in Folge der
Parcellirung der Krongüter auch die deutschen Rittergüter unhaltbar zu wer=
den drohen. So hängt diese Gefahr mit der Emancipation der Leibeigenen
zusammen, und insofern ist sie nicht abwendbar. Von den Drohungen der
Nationalpartei aber giebt eine Probe v. Bock: Livländische Beiträge. Bd. 2.
Heft 4. (Berlin, Stilke & van Muyden, 1868).

körperlich erlegen. Rußland mußte sich den Bedingungen seiner Gegner fügen. Aber Kaiser Alexander II. sah in dieser Rück= werfung Rußlands in sein Inneres keine Beschädigung seiner Zu= kunft, sondern nur die göttliche Weisung, sie mit allem Ernste zu bauen. Er hat mit klarem Blick und fester Hand den ersten Stein gelegt in der Aufhebung der Leibeigenschaft, mit der er 25 Millionen seiner Unterthanen an den Anfang eines neuen Weges stellte. Damit aber ist dem Staate eine Aufgabe erwach= sen, die er nie und nimmer aus eigenen Mitteln bestreiten wird. Diese That durfte nur geschehen, wenn man nicht zugleich Ruß= land der helfenden Dienste des einzigen nachbarlichen, ja in das eigene Reich hineinverzweigten Culturvolkes berauben wollte. Die Emancipation ist der Nothwendigkeit nach die Oeffnung Ruß= lands für Deutschland, sogar für alle Welt, sie ist ein Bruch mit dem rein internationalen System des Kaisers Nikolaus, eine Rück= kehr auf die Bahn Alexanders I., der sein Land mit deutschen Kräften in allen Gebieten des Lebens zu durchziehen mit Bewußt= sein strebte. Zu dem System des in sich geschlossenen Russen= thums darf man also nicht zurückgehen, auch nicht ferner die Un= sittlichkeit zum finanziellen Vortheil des Staates ausbeuten*).

Allerdings hat der Kaiser Alexander dem russischen besitzen= den Adel eine Wunde geschlagen, die der Schonung und Heilung bedarf. Kann er daher im Augenblicke die Anforderungen der Nationalrussen an die Stellen im Staatsdienste auch mit Zurück= drängung der Deutschen nicht zurückhalten und entsteht hierdurch nicht blos der Schein, sondern auch die Wirklichkeit einer anti= germanischen Bewegung, so wird er doch schließlich auf die Bahn seines Oheims Alexander I. zurückzulenken nicht unterlassen können.

Die Gesellschaft ist in Rußland in einem Uebergange be= griffen, in welchem die Haltlosigkeit, die Leidenschaft, die werth= losen Theorieen in unklarer, verwirrender Weise wirken. Wenn

---

*) Wie dies geschieht, wenn die Vereine der Bauern für Abschaffung des Branntweintrinkens als ungesetzlich verboten werden, weil die Branntwein= pächter, die notorisch sich bisher im größten Maßstabe bereicherten, klagend ein= getreten sind und erklärt haben, ihre Pachtgelder nicht mehr bezahlen zu können, wenn das Trinken der Bauern abnehme. S. J. Müller: Ueber den Alkohol. Berlin 1867. S. 33 ff.

in diese trübe Gährung hinein als nächstliegendes Ingrediens der
Nationalstolz, und zwar ein so fanatischer, wie er hier nur möglich
ist, geworfen wird, so schließt sich an diesen Jeder leicht an und es
entsteht ein unvernünftiger Haß gegen das Fremde, zunächst gegen
das Deutsche, dem die neue einseitig gehandhabte Freiheit der Presse
offenen Weg bereitet. Die öffentlichen Gerichtsverhandlungen sind
für Rußland ein eben so neuer Schritt, als die Emancipation,
vielleicht ein zu früh gewagter, indem er ja natürlich den notorisch
bestechlichen Beamten das Ehr= und Rechtsgefühl nicht eingießen
kann, ohne welches solche öffentliche Verhandlungen nur die Ach=
tung vor der Obrigkeit abschwächen können. Eine eben emanci=
pirte Welt von 25 Millionen aber und ein durch ihre Freilassung
in seinem Einkommen sehr zurückgebrachter Adel bedürfen fürs
Erste der festen Anziehung der staatlichen Bande der Ordnung, der
bureaukratischen Erziehung, und für diese ist wieder ein anders
gebildeter Beamtenstand als der russische erforderlich. Nur eine
Volksbildung, wie sie auch durch glänzende Dotation von Aka=
demieen und Universitäten noch lange nicht erzielt wird, kann
Rußland allmälig die Beamten schaffen, die weder Bestechung
annehmen, noch durch die Staatsgelder sich bereichern, und ehe
dieser Krebsschaden überwunden ist, wird kein neuer Finanzplan
dem russischen Staate ein gesundes Leben einhauchen*). Aber
auch alle Bildung an sich schafft keine neuen Gewissen, denn wir
sehen und sahen in Rußland Männer der höchsten geselligen und
selbst litterarischen Cultur an dem allgemeinen Schaden betheiligt.
Gewissenhafte Redlichkeit und gewissenhafter Fleiß kommen aus
tieferen Quellen. Das russische Volk bedarf nicht der Verallge=
meinerung des Firnisses, über die innerlich unveränderte Rohheit
schimmernd hingegossen, wie er schon seit lange der Charakter der
vornehmen Gesellschaft Rußlands gewesen ist, sondern der sitt=
lichen Umgießung, und für diese hat sich die griechisch=orthodoxe
Kirche längst unfähig erwiesen. Wie könnte sie auch das Ge=

wiſſen beleben und erneuern, da es in ihr nur auf Bekenntniß=
formel und Ceremonie ankommt, wie könnte ſie den Fleiß fördern,
da ſie 145 Feiertage im Jahre vorſchreibt? Es gilt neue Lebens=
kräfte, die erſt in das ruſſiſche Volksleben hineinwirken müſſen
und die Frage nach dieſen führt auf den germaniſchen Weg, die
Erneuerung und Verinnerlichung der orientaliſchen Kirche. Statt
ſich feindlich gegen Deutſchland abzuſchließen, hat Rußland in ſeinem
wahren Intereſſe, zu welchem auch die Ueberwindung der falſchen,
aus romaniſcher Quelle ſtammenden Freiheitsſucht und des nihi=
liſtiſch=albernen Schwindels gehört, der den Adel vielfach ergriffen
hat, die geiſtigen Kräfte in Deutſchland zu ſuchen und dieſem ſich
allſeitig aufzuſchließen, es hat ſich ſelbſt in der orientaliſchen Frage
vor Schritten zu hüten, welche ihm Deutſchland entfremden müß=
ten, es hat überhaupt in dieſer Frage vor Allem darauf ſich zu
richten, daß die ruſſiſch=griechiſche Kirche für die türkiſch=griechiſche
eine wirkliche Erfriſchung und Neubildung bereit habe und ſo
durch die Macht des Geiſtes die Griechen an ſich heranziehe. Die
Einmiſchung der kirchlichen und religiöſen Frage in die der bloßen
politiſchen Herrſchaft, wie der Kaiſer Nikolaus ſie bei ſich herrſchen
ließ, der kirchliche Fanatismus alſo, darf im neunzehnten Jahr=
hundert nicht mehr auf Anerkennung als ein rechtſchaffenes Mo=
tiv zu großen politiſchen Handlungen hoffen. Rußland wird
daher noch tiefer nach Innen gehen müſſen, als es unter der
Führung ſeines jetzigen Beherrſchers ſchon gegangen iſt. Kaiſer
Alexander I. mit ſeiner Bibelverbreitung war in dieſer Hinſicht
auf einem beſſeren Wege, und dieſe vorigen Wege ſind erſt wieder
zu betreten, ehe Rußlands Streben im Orient eine höhere Be=
rechtigung anſprechen kann. Alſo eine neue Taufe der griechi=
ſchen Kirche, ein Untertauchen in die Fluth des Evangeliums,
um gereinigt und kraftvoll wieder zu erſtehen und ein lebendiges,
reines Chriſtenthum der abendländiſch=katholiſchen Kirche gegen=
überzuſtellen, das iſt es, was Rußland auf dem innerſten Ge=
biete ſeines Lebens anzuſtreben hat. Seine Theilnahme am euro=
päiſchen Leben und ſeiner Arbeit war bisher kaum nennenswerth,
es war bloße Uebertragung der Reſultate fremder Arbeit, die
niemals eine wirkliche Aneignung derſelben ſchafft; es war blos die
Stufe der Nachahmung, auf welcher Rußland bisher ſtand. Einen

selbständigen Schritt hat erst die Emancipation gethan, aber sie
darf nicht einzeln stehen bleiben. Es ist eine tiefer greifende
Emancipation der Nation nöthig, sonst wird die Frucht der äuße=
ren Befreiung ausbleiben, und es wird in überstürzendem Vor=
wärtsbringen doch wieder nur die Nachahmung des Fremden er=
zielt und vielleicht schneller als irgendwo der tiefe Sturz erreicht
werden, nach welchem ein noch nicht denkbares Neues erst wieder
beginnen kann.

Wir haben von dem Vorgefühle geredet, das die russischen
Deutschenhasser vielleicht bewege, einem unvermeidlichen Schicksal
entgegenzukämpfen, nämlich dem der Germanisirung. Bis auf
diese Stunde hat überall, wo germanische Stämme in gehöriger
Zahl und Kraft und langer Dauer mit slawischer, auch größerer
Bevölkerung in enge Berührung traten, der Prozeß der Ger=
manisirung seine Schritte gethan, oft blos geistig wirkend, oft
und dann schneller auch in den politischen, socialen, Erwerbs=
Verhältnissen sich bewegend. Oesterreich freilich gibt durch die
unsäglich falsche innere Politik seiner Herrscher, die den Natio=
nalitäten schmeichelten, den Beweis, daß beide Bevölkerungen sehr
durcheinander geschoben sein können, ohne daß dieser Prozeß
große Schritte thut. Aber den Beweis der eben genannten Wir=
kung liefert die preußische Provinz Posen. Freilich kann man
sagen, daß dort die slawische Bevölkerung noch einen Rückzug vor
der deutschen in das nahe russische Polen habe, und wieder,
daß, was von einer wendischen oder polnischen Bevölkerung neben
einer deutschen gelte, nicht ebenso auf die compactere russische Na=
tionalität Anwendung finden würde. Alle diese Einwendungen
zugegeben, bleibt dennoch die historisch erprobte Wahrheit be=
stehen, daß die deutsche Sprödigkeit und die slawische Biegsamkeit
und Geschmeidigkeit einander mächtig anziehen, daß jene sich durch
diese zu einem volleren Leben ausbildet, diese durch jene einen
festeren Halt der Kraft empfängt. Daß im russischen Staats=
leben, in der russischen Wissenschaft, Kunst, Lebensbildung die
germanischen Elemente tief eingedrungen sind, daß die deutsche
Intelligenz schon an der Spitze der russischen Geistesbewegung
gegangen ist und trotz des entgegengesetzten Scheins eigentlich
noch gelt, ist eine nicht leicht wegzubeweisende Thatsache. Wie

in der Kirche nur durch die auf das innerste Bewußtsein der
Religion zurückgehende Reformation diejenige Kraft entwickelt
werden kann, welche das Volksleben aus der Erschlaffung und
Verdumpfung emporhebt, so ist dies nicht minder im Staate,
überhaupt im gesellschaftlichen Leben der Fall, indem die Persönlichkeit und das kräftige Selbstbewußtsein derselben gegen die
blos anererbte Herrschaft und die Bewegungslosigkeit des einge-
schlafenen Unterthanenverstandes reagirt, wenn ein wirkliches
Staatsleben und eine actio wirkende Gesellschaftscultur sich her-
vorthut. — Dies ist in musterhafter Weise in den germanischen
Nationen seit drei Jahrhunderten zur Erscheinung gebracht, und
ihre Art und Arbeit ist es daher, auch andere verwandte Nationen, wie die Slawen dem Deutschen sind, in diesen Prozeß hineinzuziehen. So groß auch das russische Reich in seiner Er-
streckung bis an den östlichen Ocean in Asien und bis an das
Eismeer und das schwarze Meer in Europa ist, so hat es diesen
Prozeß der Germanisirung in sich doch längst begonnen, denn
die russische Gesittung ist wesentlich eine Germanisirung, und auch
die Zwischenstufen der französischen und englischen Bildung machen
diesen Satz nicht unwahr. Freilich kann dieser Prozeß nur ein
durch die Jahrhunderte gehender sein, aber er wird schließlich
Rußland erst recht der europäischen Staatenfamilie einverleiben.
Es ist ein langsamer, weil geistiger und Gemüthsprozeß, der die
ernsteste Seite seines Verlaufs im kirchlich-religiösen Gebiete haben
wird, aber jede gewaltsame Zurückbrängung desselben führt zu
nachherigen rascheren Vorschritten, und die Weisheit der Staatslenker kann nur durch energische Anstrengungen für Volksbildung
innerhalb der Nationalität für die Vertheidigung der letzteren
thätig sein, ohne jedoch den Gang der Weltgeschichte abzuändern,
vielleicht sogar nicht ohne ihn zu fördern.

Auch die Lösung der Rußland mit Preußen und Oesterreich gemeinsamen polnischen Frage mündet in diese culturhistorische Strömung. Die Theilung Polens haben wir als eine durch das polnische
Volk selbst herbeigeführte, ganz unausweichliche betrachtet*). Die

---

*) Einen trefflichen Beweis hiefür finden wir in Roebenbecks: Vom
Verfalle und Untergange Polens. Berlin 1864.

Vernichtung der Reformation in Polen war eigentlich das von dem Lande sich selbst gesprochene Todesurtheil. Denn sie war zugleich die Lossagung von dem germanischen Elemente, das als civilisatorisches schon seit dem Mittelalter in ihm gepflanzt war*). Alle Bemühungen Rußlands zur Hebung des ihm zugefallenen Löwenantheils an Polen haben das unglückliche Land nicht hindern können, zweimal in fünfzig Jahren in bewaffnetem Aufstande sich seine Lage zu verschlimmern, und nie werden die Hoffnungen in Erfüllung gehen, die man sich von der jetzt in mancher Hinsicht so tüchtigen Verwaltung desselben verspricht**). Der Weg, den Preußen eingeschlagen hat und dessen Ergebnisse unzweifelhaft vor aller Welt liegen, ist der einzig zum Ziele eines gesegneten Volkslebens für diese Nation führende.

Es versteht sich von selbst, daß unter der Germanisirung der slawischen Völker, von welcher wir sprechen, nicht eine politische Stellung unter deutsche Herrschaft, eine Vernichtung der Selbständigkeit, am allerwenigsten eine Ersetzung ihrer angestammten Sprache durch eine fremde zu verstehen ist, sondern eine wirkliche, willensstarke Mitaufnahme der geistig-sittlichen Arbeit, welche in Deutschland im Gange ist. Das Verhältniß des germanischen Geistes zu den romanischen Nationen, die ihn in gebundener Weise in sich tragen, ist ein anderes, als zu den slawischen. Diese können ihn nicht in sich tragen, ohne daß er erfüllend und bereichernd, hebend und erneuernd auf sie wirkt, während jene ihn in sich nur in untergeordneter Weise wirken lassen können, wenn sie nicht ihre ganze Eigenthümlichkeit verlieren sollen. Ein germanisirtes Slawenreich aber würde vielleicht nicht ein so großes Riesenreich bleiben, wie das russische jetzt ist, es würde vielleicht eher ein Bund von germanisch durchhauchten Slawenvölkern sein, der aber seine große civilisatorische Arbeit nach dem Osten hin, bis in das chinesische Reich, auszuführen durch seine Mannigfaltigkeit in der Einheit nur desto geschickter sein würde. Denn das wird Nie-

---

*) Adler: Studien zur Culturgeschichte Polens. Berlin 1866. Bd. 1. S. 103 f.

**) Verwaltung und Reformen im Königreiche Polen von 1815 bis 1867. 2. Aufl. Berlin 1867. Vergl. Graf Münster a. a. O. S. 58 ff.

mand verkennen wollen, daß in den Wegen der Geschichte nicht ein „Kosakischwerden" Europas, nicht eine nach Westen gehende slawische Eroberung, ein Panslawismus, sondern vielmehr eine Wendung der aus den germanischen Quellen Kraft und Leben schöpfenden ost=slawischen Welt nach dem weiteren Osten liegt, und daß St. Petersburg schwerlich noch mehrere Jahrhunderte die wirkliche Hauptstadt derselben bleiben wird.

Die Stellung Rußlands zu Deutschland müßte nach diesen Anschauungen eine friedliche und freundliche sein und bleiben, ohne jedoch mit ihm in die westeuropäischen Fragen gemeinschaft= lich weiter einzugehen, als die Erhaltung der germanischen Mittel= zone Europas gegen die westlich=südliche romanische erfordert. Ein innerlich kräftiges, religiös und kirchlich neu erwecktes, geistig und sittlich bewegtes russisches Nationalleben mit seiner eigenen Aufgabe für die südliche Griechenwelt und für die östliche Bar= barenwelt ist ein hoffnungsvolles Bild in der Zukunft der Jahr= hunderte. Dafür aber müßte Rußland sich seine deutschen Ele= mente sorgsam bewahren, ja in aller Weise zu verstärken suchen. Der falsche Weg, welchen Catharina II., recht im Unterschied von Peters des Großen begründender und schöpferischer Politik, vor ihr aber Kaiserin Elisabeth einschlug, nämlich die Politik der Staatserweiterung durch Kriege mit den Nachbarn, ist nur ein= mal und zwar durch Kaiser Nikolaus wieder betreten worden. Kaiser Alexander I. hat zwar die größten und weitreichendsten Kriege geführt, aber sie galten nicht der Eroberung neuer Pro= vinzen, sondern nur der Sicherung seiner westlichen Grenze. Polen, das man als Grenzwall Europas erst gegen Tataren, dann gegen Russen betrachtet hatte, war eine schädliche Ansammlung wider= wärtiger Revolutions=Elemente geworden. Es mußte russisch wer= den, und diese einzige Erwerbung gab dem Reiche Anlaß genug, seine ganze Kraft zu ihrer Assimilirung anzuspannen. Es war dem Kaiser aber um Zusammenschließung, und zwar im freund= lichsten Verkehr mit Preußen und Oesterreich, zu thun. Die Er= oberungen nach Süden, nach der Türkei zu, sie blieben ein be= ständiger Reiz an dem Körper Rußlands. Daß sie zu weit ge= gangen seien, kann Niemand sagen, aber sie hatten nicht befriedigt und mußten als Vorstufe zu weiteren betrachtet werden. Die griechische Revolution rief nach weiteren Schritten, und als sie geschehen, waren sie dennoch in der Hauptsache vergeblich), da Kaiser Nikolaus im Frieden von Adrianopel alles Eroberte zu= rückzugeben genöthigt war. Dorthin zog sich nach und nach die ganze Frage der Stellung Rußlands zusammen, und noch bis zu dieser Stunde muß Rußland die Lösung der orientalischen Frage erwarten. Auch sie wird von dem mächtigsten Einfluß auf seine Offenheit oder Verschließung für den Germanismus sein.

VIII.

Die orientalische Frage.

～～～～～

Wir stehen an der Grenze unserer Aufgabe. Die orienta=
lische Frage hat es nicht allein mit der europäischen Türkei, son=
dern mindestens eben so sehr mit den Ländern und Bevölkerungen
Asiens bis an den Ararat, den Euphrat und Tigris und mit
dem alten Wunderlande Afrikas, Aegypten, bis hinauf in die
nubischen Wüsten und nach Abessinien, ja sogar mit den Ländern
im Norden der großen Sahara zu thun. Deutschland ist durch
den Umschwung von 1866 dieser Frage ferner gerückt, indem
zwischen ihm und den europäischen Grenzen derselben Oesterreich
und besonders sein halb selbständiges Ungarn liegt. Und doch
wieder in doppelter und dreifacher Weise näher, indem es weder
eine Machtwirkung Frankreichs auf Oesterreich durch die Ver=
mittlung der Gemeinsamkeit dieser Frage für beide zulassen darf,
noch sich verbergen kann, daß durch eine Lösung dieser Frage
ohne sein entscheidendes Mitreden Deutschland mit Oesterreich eine
Lebensader seines Handels und seiner culturhistorischen Bewegung
nach dem Osten unterbunden werden könnte. Beides kann das
geeinigte Deutschland in seinem eigensten Interesse nicht dulden.
Die dritte Seite der Sache betrifft aber England, dessen Interessen
wesentlich auch die deutschen sind, wobei auch die Zukunft der deut=
schen Seemacht mit ins Spiel kommt, daß nämlich weder Rußland
noch Frankreich Herr der Dardanellen werden darf, und daß
weder England der nächste Weg nach seinen indischen Herrschafts=
gebieten verschlossen, noch Palästina dem Fanatismus der morgen=

ländischen oder der abendländischen Kirche ausschließlich einge=
räumt, auch der Weg durch Syrien und die Euphratländer dem
englischen und deutschen Handel nicht barrikabirt werde. Ferne
abliegende Interessen! wird man ausrufen, sowohl im Raume,
als in der Zeit. Was kümmern den Thüringer und Hessen die
Euphratländer, und warum schon reden, als wäre die deutsche
Flotte schlagfertig in der Jahde vor Anker! Allein so wird man
an der ganzen Seeküste Norddeutschlands und an den großen
Handelsplätzen des Binnenlandes gewiß nicht reden, auch in den
Ländern nicht, die troß ihrer Binnenlage, wie Würtemberg und
Baden, mehr oder weniger auch andere evangelische Gebiete Deutsch=
lands, durch die evangelische Mission längst ihren Horizont über
Europa hinaus erweitert haben. Es wird auch Keiner so reden, der
es weiß, wie kein Großstaat sich der Pflicht entschlagen darf, die
Ordnung der politischen Dinge auf der Erdoberfläche, besonders
in den Ländern, die der europäischen Bevormundung längst und
noch auf lange bedürfen, sein Wort mitzusprechen, und daß die
Unterlassungssünden auf diesem Gebiete sich in der geringeren
Werthschäßung in der Heimath empfindlich strafen.

Also ja! es gibt eine orientalische Frage für Deutschland,
für das geeinigte Norddeutschland, und diese Frage hat es mit
Oesterreich gemeinsam und sie greift in die österreichische Existenz=
frage tief und unmittelbar ein. Sehen wir ihre historischen Vor=
aussetzungen an.

Die osmanische Macht, von der wilden Eroberungskraft
mittelasiatischer Türkenstämme getragen, von dem fanatischen Geiste
des Islam gegen die Christenheit getrieben, hat in Jahrhunderte
langem Anstürmen allmälig ganz Vorderasien, ganz Nordafrika,
die ganze Balkan=Halbinsel, die unteren Donauländer, die Lande
des Dniepr und die Halbinsel Krim, schließlich sogar Ungarn,
einen Theil Polens erobert und ist bis vor Wien, die deutsche
Kaiserstadt, vorgestürmt. Die ruhmredige Weissagung, daß die
türkischen Spahis noch ihre Rosse im Rhein tränken werden, hat
bei dem Schall der Türkenglocken einen unheimlichen Nachhall in
Deutschland bis nahe an den Rheinstrom gefunden. — Wenn
nun auch diese Weissagung schon seit der Rettungsthat Johann
Sobiesłys ihre Wahrscheinlichkeit verloren hat und Europa sich

vor neuer Wiederholung der Züge der Hunnen, Awaren, Magya=
ren bis ums zehnte Jahrhundert gesichert mußte, so hat die Tür=
kenmacht doch trotz der spanischen Gegenwirkung (Carl V. und
Philipp II.), die sich auf Nordafrika beschränkte, und trotz der
maltesischen Gegenwehr und der venetianischen und genuesischen
Heldenkämpfe in Griechenland, auf das Schicksal des mittleren
und westlichen Europas einen weitreichenden Einfluß geübt. Sie
hat durch die Nöthigung Oesterreichs, alle seine Kräfte an der
Ostgrenze zur Wiedereroberung und Erhaltung seines Ungarlandes
aufzubieten, den deutschen Kaiser, der hierzu auch der Kräfte des
Reichs bedurfte, gehindert, mit gesammelter Energie im Westen
des Reichs Wache zu halten, hat ihn gezwungen, oder doch
schwache Kaiser bei der inneren Auflösung des Reichs verlockt,
dem Franzosen das Umsichgreifen zu gestatten, welches in Deutsch=
land stets als eine schwere Schuld der Reichsführung und als
eine Schmach unserer Nation gefühlt worden ist. Nach aller
Heerpredigt wider den Türken in Deutschland seit Luthers Zeiten
mußte das französische Bündniß mit dem Erbfeind der Christen=
heit gegen den katholischen Kaiser als ein fluchwürdiger Treu=
bruch gegen die Christenheit empfunden werden und mußte eine
französische Hof=Frömmigkeit, die solches über sich vermochte, wie
sie auch das Maitressenleben und andere Gräuel nicht ausschloß,
als eine heuchlerische brandmarken. Wenn später Friedrich der
Große ein Bündniß mit dem Türken gegen Oesterreich einging
oder wenigstens einleitete, so ist diesem gewiß nicht heuchlerischen
Könige dies weniger vorzuwerfen gewesen, nachdem Frankreich
mit seinen katholisch = frommen Prätensionen ihm ein solches Bei=
spiel gegeben hatte. Es sind von jeher die protestantischen Mächte
von den Muhammedanern mit etwas günstigeren Augen angesehen
worden, als die in ihren Augen götzendienerischen Griechen und
Römisch=Katholischen. Preußen hatte dabei freilich den Vortheil
und den Nachtheil seiner geographisch = politischen Lage, die ihm
bald die freundliche Zuneigung, bald die gleichgültige Gering=
achtung der hohen Pforte zuzog. — Die letzten Kämpfe mit der
Türkei, sofern sie das westliche Europa und in gewissem Maße
Deutschland mitbetrafen, waren die um die Unabhängigkeit Griechen=

lands, um die Selbständigkeit Aegyptens, um die Erhaltung der osmanischen Macht in Syrien. Sonst war es Rußland, das in unmittelbarer Berührung mit den Türken zu immer neuem Krieg mit ihnen getrieben wurde, bis es im Laufe seiner Eroberungen am schwarzen Meer, am Pruth, ja sogar am Balkan ange= langt war und einmal diesen sogar überstiegen, zugleich aber in Armenien und Kleinasien sich den festen Ausgangspunkt zu weiteren Eroberungsschritten in Kleinasien geschaffen hatte. Es war nicht die Kraft des Osmanenreichs, welche diesen Fortschritten eine Grenze setzte und durch den Frieden von Abrianopel sogar die Russen wieder hinter den Pruth zurückweichen ließ, sondern der Umstand, daß Rußland mit den letzten Schritten in die Sphären der unmittelbaren Interessen=Politik Oesterreichs und mittelbar ganz Deutschlands, zugleich aber auch Englands eingetreten war. Es war Europa, nicht Stambul, vor welchem Kaiser Nikolaus zurückwich.

Aber alle diese Kämpfe und Friedensschlüsse, auch der letzte noch, der ja der Erhaltung des Türkenreichs in Europa und Asien in Folge des Krim=Krieges und nach dem Willen Frank= reichs, Englands und Oesterreichs, welchem Preußen beitrat, also der längeren Hinhaltung einer innerlich ausgehöhlten Existenz galt, sie hinterließen die orientalische Lage immer noch als Frage, die irgend einmal ihre Antwort finden muß. Die fraglichen Dinge sind nichts Geringeres als die griechischen Unterthanen der Pforte überhaupt, also die Mehrzahl der Bewohner des Reichs, in ihrer Stellung zu der muhammedanischen Herrschaft. Dies ist die orientalische Existenzfrage, denn die Türken sind nur eben die Eroberer und daher die geringere Zahl, die Griechen aber und Armenier die Masse der Bevölkerung. Hier tritt nun überhaupt der Gedanke hervor, ob die Christenheit, welche es zu allen Zei= ten für ihre Aufgabe hielt, das Joch muhammedanischer Herr= schaft über christliche Völker womöglich zu brechen, die dies in den Kreuzzügen vergeblich versucht, die es in Spanien und Ita= lien, dort freilich in sehr harter Weise, zu Stande brachte, nicht eine verwerfliche Gleichgültigkeit übe, wenn sie in der Türkei die= ses Joch auf den Unterdrückten lasten lasse. So lautet die Frage offenbar im Sinne der durch dieselbe kirchliche Confession mit diesen Belasteten verbundenen griechischen Kirche Rußlands, und bei deren Verschmelzung mit dem Staate in Einem Haupte kann auch nur schwer eine klare Scheidung zwischen ehrgeizigen Herr= scherbestrebungen und religiösem Fanatismus und wirklich christ= licher Gewissensforderung vollzogen werden. Für die katholische, der griechischen feindliche Kirche dagegen, wie sie bisher von Frankreich und Oesterreich vertreten war, setzt sich die Forderung in diejenige um, daß die Griechen unter dem Sultan diejenige Erleichterung ihrer Existenz erhalten, welche dann auch den rö= misch=katholischen Unterthanen der Pforte, ja allen Nicht=Mu= hammedanern in der Türkei zu statten kommen müßte, welche ihre kirchliche Bewegung von dem Unterthanen=Verhältniß unab= hängig machte. Hier also wird von den Türken nicht verlangt, daß sie ihre Herrschaft über Christen aufgeben und an die Russen die höchste Macht in ihrem Reiche abtreten sollen, wohl aber, daß sie eine Toleranz üben, die bis zur Fiction des religions= losen Staates gehe. Eine seltsame Forderung allerdings, im Namen der christlichen Humanität an den Stellvertreter des Pro= pheten Muhammed, den Khalifen auf dem Sultans=Throne, den moslemischen Papst gestellt, und zwar theilweise von solchen ge= stellt, die selbst dieser Forderung hinsichtlich anderer Christen in ihrem eigenen Lande nicht genügten. Nur Frankreich kann, Oesterreich aber erst in neuester Zeit, aus eigener Toleranz her= aus dieselbe vom Sultan fordern. Am freiesten in dieser Be= ziehung steht England mit Preußen da, die als protestantische Länder wirklich von dem Principe auszugehen vermögen, daß es die europäische Bildung und die sittliche menschheitliche Ordnung gebiete, Niemanden um seiner Religion willen bürgerlich schlechter zu stellen, als er stände, wenn er die herrschende Religion be= kennte. Auch England kann in dieser Hinsicht erst seit der Eman= cipation der Katholiken, also erst in neuerer Zeit, ohne böses Ge= wissen für die Freiheit der christlichen Unterthanen des Sultans reden. Preußen, das evangelische Deutschland vertretend, ist allein befähigt, auf diesem Standpunkte als dem ihm wesentlich inne lebenden sich gegen die türkische Pforte zu erklären.

Allein es ist doch nicht zu verkennen, daß diese mit oder ohne Berechtigung der Handelnden geltend gemachte Forderung

in die Religion der Moslemen zerstörend eingreift. Diese Re=
ligion fordert die Vernichtung oder Unterdrückung der Ungläubi=
gen, und alle Nicht=Muhammedaner sind solche Ungläubige. Der
Sultan sündigt gegen den Koran und kann Befehle zu freierer Stel=
lung der Rajahs nicht durchführen, die eben „Giaurs" sind, „Christen=
hunde", und als solche noch tiefer stehen, als selbst die „Kisil=Baschis"
(Rothköpfe), nämlich die häretisch=muhammedanischen Perser. Und
doch wird von diesen in fanatischem Hohne gesagt, sie seien „die
Schweine, auf welchen die Juden zur Hölle reiten." Der Koran, der
solchen verachtenden Haß einprägt, ist aber das Buch, welches dem
Gewissen jedes Muhammedaners, also nicht blos des Mufti, Mollah,
Imam, sondern auch jedes Paschas, Beys, Kadis Maß gibt,
und jeder Provinz=Statthalter, Militärbefehlshaber, jeder Richter,
Stadtschultheiß oder Dorfschulze hat so gut ein Gewissen, als
der Sultan und sein Diwan oder Groß=Wessir. Es gibt hier
ein „man muß dem Propheten mehr gehorchen als den Menschen,
und wären sie auch seine abtrünnigen Statthalter." Man wird
sich daher leicht denken können, daß, wenn schon die Erlassung
eines kaiserlichen Gesetzes zum Schutze der Religionsfreiheit eine
schwierige Sache ist, dessen Ausführung durch die Obrigkeiten
noch unwahrscheinlicher und die Erzwingung derselben als Regel
geradezu unmöglich ist.

Die Forderungen an den türkischen Sultan werden sich da=
her in Folge der nicht beobachteten Fermans, Hatti=Sherifs und
Hatti=Humajuns aus den Klagen der Betroffenen immer wieder er=
neuern, und es werden, nachdem einmal die europäischen Mächte
in der Befreiung Griechenlands, Serbiens und Rumäniens von
der unmittelbaren Türkenherrschaft ein gefährliches Beispiel ge=
geben haben, die Localfragen immer wieder zu der allgemeinen
Frage sich erweitern. Es wird bald eine montenegrinische, bald eine
albanesische, bald eine kretische Frage entstehen, und der Inhalt
derselben wird immer der sein: dürfen Christen als solche von
den Moslemen unterdrückt werden? An dieser Frage stirbt die
türkische Herrschaft und ist eigentlich schon gestorben. Mit Recht
hat ein geistreicher Mann gesagt, der „kranke Mann" des Kaisers
Nikolaus sei ein Leichnam, der nur zu stehen scheine, so lange
keiner der vier um ihn gedrängten Beschützer seinen Platz ver=

lasse. Die Lösung dieser Grund= und Hauptfrage, von der alle
übrigen abhängen, ist nur auf einem innerlichen Wege denkbar,
wenn nicht eine Auflösung des Reiches statt einer Lösung seiner
inneren Schwierigkeit eintreten soll. — Dieser innerliche Weg
kann nur sein die Christianisirung der Türkei. Allein welcher
Art soll sie sein? Groß wäre der Schritt des Sultans zur An=
nahme des Christenthums mit seiner Familie durch die Taufe
eigentlich nicht mehr, nachdem er erst durch die anti=moslemischen
Neuerungen, durch sein dem Koran direct widersprechendes Hatti=
Humajun mit der Religionsfreiheit den Islam ins Angesicht ge=
schlagen hat. Ein griechisches Reich an der Stelle eines türki=
schen würde ohne Zweifel nach nicht sehr langer Zeit auch das
doch nicht recht lebensfähige Königreich Griechenland in sich
aufnehmen und wäre aller weiteren Entwicklung, auch durch
eine gleiche Reformation, wie die russisch=griechische Kirche, fähig.
Es ist zu erwarten, daß sich die Bevölkerung einem solchen in
Massen zuwenden und daß es sich nach den Mittheilungen Dr. Mordt=
manns in Kleinasien zeigen würde, wie viele Moslemen dies nur
aus Noth geworden und geblieben, aber noch durch eine Wurzel
mit dem griechischen Glauben ihrer Vorväter verwachsen sind.
Damit wäre Rußland jeder Anlaß zur Einmischung genommen
und die Muhammedaner könnten in dem Reiche geduldet und ge=
schützt bleiben. Freilich sagt man: einem moslemischen Herrscher
gehorchen die Armenier gerne, ein griechischer würde nur wider=
willige Unterthanen an ihnen haben. Auch würden die Mu=
hammedaner wider einen „Götzendiener" jede Empörung für er=
laubt halten. Einem protestantischen Herrscher, wenn er der bis=
herigen Fürstenfamilie angehörte, würden sie sich leichter unter=
werfen, und auch die Armenier, deren ein guter Theil schon durch
die amerikanischen Missionäre evangelisch geworden ist, dem dann
vielleicht die anderen nachfolgen würden, möchten einem protestan=
tischen Sultan oder Kaiser sich leichter anschließen. Freilich die
Griechen und römischen Katholiken würden gegen einen solchen
Kaiser auch Einwendungen haben, zumal sie dazu von Frankreich
und Rußland her wohl gereizt werden würden. Allein der pro=
testantische Herrscher würde im Stande sein, der griechischen Kirche
dieselbe Freiheit zu gewähren, welche England und Preußen ihren

Katholiken und sonst Andersgläubigen gestatten. — Also dies der einzige und der innerliche Weg zu einer befriedigenden Lösung. Aber durch welche Empörungen, Mordanfälle, fanatische Auf= wühlungen hindurch, die ohne Hülfe der europäischen Mächte nicht niederzuhalten wären, würde es hindurch gehen! Gewiß, aber es würde zur dauernden Lösung der Frage in ihrem eigent= lichen Mittelpunkte führen und würde das westliche Europa vor der russischen Herrschaft im Mittelmeere schützen.

Die localen Fragen, sofern sie griechische sind, würden durch diese Lösung im Allgemeinen beseitigt werden. Denn es versteht sich von selbst, daß Freiheit der griechischen Kirche und ein ernstes Bemühen, dem Reiche in seinem staatlichen Leben emporzuhelfen, die Folgen solcher Schritte sein würden.

Nur die Donauländer blieben auch dann noch, und zwar dann, wenn die Herrschaft in Constantinopel der griechischen Kirche, derselben wie die Rumänier, angehörte, für Oesterreich und damit für Deutschland schwieriger, ein Theil der orientalischen Frage. In der jetzigen relativen Selbständigkeit, aber einem kräftiger heranwachsenden Reiche angelehnt, würden die Rumänen schwerlich nach der Oberherrlichkeit Rußlands, aber gewiß noch weniger nach der des katholischen Oesterreich sich sehnen. Die untere Donau wäre weder in russischen, noch in österreichischen Händen, sondern in denen des Griechenreiches, und was sollte dieses Reich hindern, mit Deutschland und Oesterreich solche Ver= hältnisse einzugehen, wie sie unter Mediat=Herrschaft des hohen= zollernschen Fürstenhauses den Handels= und Culturzwecken des südöstlichen Europa förderlich wären? Mit der reformirten Grie= chenkirche würden sie sich den Deutschen sehr viel mehr nähern, als mit der bisherigen bornirt=fanatischen ohne rechten christlich= sittlichen Gehalt. Allerdings ist eine innerliche Belebung dieser Kirche, die fast halb so tödtlich auf die Bevölkerungen wirkt, als der Islam, eine Grundforderung für das staatliche und volks= mäßige Gedeihen jener Länder.

Die syrisch=palästinische Frage ist nicht blos die des Besitzes der Heiligthümer in Jerusalem und Bethlehem für die Griechen oder die Römer und des Heiligthums auf dem Tempelberg für die Moslemen, sondern auch die der Theilnahme der Juden und

Christen für das heilige Land ihres Glaubens. So verkehrt auch, vom inneren Christenthum aus betrachtet, die Kreuzzüge waren, die um den Besitz des Grabes Christi rangen, so ist doch nicht zu leugnen, daß die Christenheit insgesammt den geweihten Boden nur mit Ehrfurcht betritt, und daß sich die von Tasso gemalten Empfindungen Gottfrieds von Bouillon beim Anblick der heiligen Stadt schon unzähligemal in dem Leben der Pilger wiederholt haben. Die Bisthümer, Klöster, Schulen, Krankenhäuser, Missionsstationen der Griechen, Römer, Armenier, Kopten, der englischen, amerikanischen, deutschen Protestanten, die Pläne und Versuche zu amerikanischen und deutschen Colonieen in Judäa und Galiläa, die Wünsche einer Eisenbahn von Jaffa nach Jerusalem und so viel Anderes, was dorthin die Blicke zieht, sie sind doch Zeugnisse eines unverwüstlichen Zusammenhangs mit diesem Lande der leiblichen oder geistlichen Väter. Hier also wäre zu sorgen, daß nicht etwa die Griechen durch die Herrschaft eines griechischen Kaisers zur Wegdrängung der Römer und der anderen Denominationen gestärkt würden, sondern daß die Waage gleichgehalten und jeder Gemeinschaft ihr Recht gewahrt würde. Die Türken thun dies in ihrer Art, weil sie eine negative Toleranz, die der gleichen Verachtung gegen alle christlichen Kirchen, üben. Allein dies ist eben das der Christenheit Unwürdige an diesem Verhältniß, und es wäre dringend zu wünschen, daß Jerusalem als die heilige Stadt dreier Religionen und innerhalb der christlichen aller Confessionen auch eine selbständige Stellung erhielte, und daß daher auch das heilige Land, in welchem ja der heiligen Stätten noch mehrere sind, an dieser Stellung Antheil nähme. Es müßte dieses Land aus der türkischen und auch aus der griechischen Herrschaft ausscheiden und ein Freiland aller Nationen werden, in welchem eine europäische Regierung aus England, Frankreich, Deutschland, Oesterreich, Rußland und dem griechischen Reiche die Verwaltung führte. Dieser Verwaltung könnten dann leicht, wo es religiöse Angelegenheiten gälte, die geistlichen Häupter der verschiedenen kirchlichen Denominationen beigezogen werden. Die Einkünfte des Landes müßten aber allerdings für die Erhaltung der Regierung, ihrer Unterbeamten, der erforderlichen Militärmacht und für die Verbesserung der Landeszustände, besonders durch Ansiedlungen aus Europa vorbehalten bleiben. Könnte Palästina in dieser Weise — es müßte dies die Bedingung der Erhaltung des Reiches durch die europäischen Mächte sein — eine seiner Geschichte und der Dankschuld der Nationen würdige Stellung erhalten, so würden ohne Zweifel von Seiten der Israeliten die Capitalien sich finden, um das unter der Jahrhunderte langen Vernachlässigung seufzende Land zu neuer Blüthe emporzuheben. Die unparteiliche Vertheilung der Rechte an die heiligen Stätten müßte eine wichtige Aufgabe der Regierung sein, die im Uebrigen die religiösen Gemeinschaften, auch die des Islam, neben und in denselben aber auch alle christliche Missionsthätigkeit frei gewähren lassen müßte.

Die ägyptische Frage endlich müßte ihre Lösung dadurch finden, daß dem Vice-König dieses Landes seine Unabhängigkeit von der griechischen Regierung zu Constantinopel gewährleistet, die jährliche Abgabe desselben an jene Regierung aber fortbezahlt würde. Dagegen wäre es durchaus Bedingung dieser Unabhängigkeit, daß die finanzielle Gräuelwirthschaft, die den Pascha zum Gutsbesitzer des ganzen Landes macht, einem anderen System weichen müßte, das einen zinsbaren Bauernstand, welcher allmälig der Freiheit entgegengeführt würde, zuließe und daher den Anbau Aegyptens wieder der früheren Höhe näher brächte.

Nur in dieser Weise werden die europäischen Mächte fähig sein, den osmanischen Orient und das osmanische Europa als Ein Reich zu erhalten. Falls sie zu diesen Schritten sich nicht entschließen werden, oder für dieselben in der türkischen Herrscherfamilie und ihren Rathgebern das nöthige Entgegenkommen nicht finden, fällt die ungegliederte und organisch nicht zusammenhängende Reichsmasse unfehlbar auseinander, und es kann sich dann nur noch fragen, was aus den einzelnen Theilen und Ländergebieten derselben werden soll? Und hier ist klar einzusehen, daß England weder Aegypten noch das Euphratland in eine fremde europäische Hand fallen lassen kann, und daß Deutschland dieser englischen Forderung, die nur von Frankreich oder von Rußland bestritten werden könnte, mit all seiner politischen Macht zur Seite stehen muß. Die Interessen von Englands indischer Herrschaft dulden es nicht, daß es in dem Willen einer Großmacht liege, ihm den kürzesten Weg nach Ostindien zu sperren oder selbst einen eben so kurzen dahin zu haben. Bei einer Theilung kann daher weder Aegypten noch das Euphratland in andere als die Hände Englands übergehen. Nicht minder aber und in Folge eben die= ser Zutheilung versteht es sich dann von selbst, daß die arabische Halbinsel, soweit sie fähig ist, ein Culturland zu werden, an die= selbe Macht fallen muß, weil jede andere dort das Mittel hätte, die Sperrung vorzunehmen, welche England unter keiner Be= dingung sich kann gefallen lassen.

Die kleinasiatische Halbinsel, als Fortsetzung der bereits von Rußland besetzten Gebiete Armeniens, des Hochlandes, von wel= chem sie ausläuft, und die südliche Umwallung des schwarzen Meeres, das bereits von zwei Seiten ein russisches Binnenmeer ge= worden ist und naturgemäß auch nur bleiben kann, wird das Czaren= reich im Falle eines Auseinandergehens der osmanischen Herr= schaft sich niemals können entreißen lassen. Denn nur durch sie gelangt Rußland zu derjenigen Theilnahme an der Herrschaft über das östliche Mittelmeer, welche anzustreben auf dem Wege seiner Geschichte liegt. Die überwiegend griechische Bevölkerung der Halbinsel kann und darf nicht einer römisch=katholischen Herrschaft unterworfen werden, wenn nicht etwas Unnatürliches geschehen und schließlich jenes Gebiet auf dem Wege der Empörung und des euro= päischen Krieges, in welchem Deutschland auf Rußlands Seite stehen müßte, doch in russischen Besitz kommen soll. Nur dürfte die russische Regierung der armenischen Kirche ihre evangelische Bewegung nicht mißgönnen, müßte sie eher fördern und der evangelischen Ein= wanderung aus Deutschland die Wege öffnen. Wenn, wie wir der griechischen Kirche ansinnen, dieselbe auf ihre alten reineren Grundlagen zurückkehrte, so würde sie ja auch den Charakter der Ausschließlichkeit, den Anspruch auf alleinige Rechtgläubigkeit, den hierarchischen Geist und die fanatische Beschränktheit verlieren, durch welche sie jetzt den Geist der ihr angehörigen Völker bannt und verstumpft, statt ihn lebendig zu entwickeln.

Für Deutschland nehmen wir unter den Umständen, welche hier vorausgesetzt sind, gerade aus dem Grunde, welchen wir bei der palästinensisch=syrischen Frage geltend gemacht haben, Syrien und Palästina in Anspruch. Das überwiegend evangelische Deutsch=

land (außer Oesterreich)) ist geeigneter als irgend ein anderer Staat, die russisch = griechische und die römisch = katholische Kirche mit Gerechtigkeit und Billigkeit zu behandeln und — da es selbst ein innerlich = religiöses Interesse an den heiligen Stätten nicht, sondern nur eines der heiligen Erinnerung und des poetisch an= geregten Gemüths hat, so kann es, fremder Kirchen Art und Ge= fühle achtend, denselben diese Stätten überlassen und die Rechte an dieselben austheilen. Es hat der preußische Staat es bewie= sen, wie er, protestantischen Ursprungs und Wesens, der katholi= schen Kirche die Freiheit ihrer Bewegung schützt. Alle die Vor= theile, welche eine freie Ausnahmestellung Palästinas gewähren würde, sie würden dem deutschen Besitze des Landes ebenfalls folgen. Syrien aber ist das Gebirgsland, dessen ein europäischer Besitzer Palästinas bedarf, überhaupt derjenige, welcher zwischen der englischen und der russischen Macht Stellung nehmen soll, weil es in sich selbst eine Festung und zugleich ein Land ist, dessen europäische Cultivirung dem Orient und seinen Völkern ein Muster davon zu geben vermöchte, welche Segnungen ihre Länder entfalten können, wenn jene mit treuer Arbeit hervorgelockt werden. Deutschland kann nicht länger unter den Nationen Europas zurück= treten, und bei der Occidentalisirung des Orients hat es die Macht und das Recht, seine bedeutsame Stelle einzunehmen.

Daß Oesterreich in dem Zerfallen des Osmanenreichs seinen Antheil an der unteren Donau und in Serbien und den Land= schaften nördlich des Balkan, vielleicht auch in dem Gebirgslande, welches hinter Dalmatien aufsteigt, finden müßte, läßt kaum einen Zweifel zu. Denn hier ist das Feld seiner Politik schon lange, und wenn es von den Banden der Knechtschaft gelöst sein wird, die es bisher an Rom gekettet haben, wenn es die freie Bewe= gung haben wird, deren es vor Allem bedarf, wenn ihm jenseits Ungarn eine neue Macht erblühte, die es ihm erleichterte, trotz aller Ausgleichung und dualistischen Verfassung, doch sich den Besitz Ungarns für die Zukunft zu sichern und dem Magyarenthum fühlbar zu machen, daß es noch nicht die Kraft hat, mit der Königskrone zu schalten, so würde seine innere Macht wachsen und es würde sich durch deutschen Fleiß, den es in diese reichen Län= der verpflanzte, eine Quelle der Kraft schaffen, die ihm seine frü=

here deutsche Stellung mehr als ersetzte und es zu einem Kaiser=
reich von großer Wucht emporwachsen ließe.

Die eigentliche transbalkanische Halbinsel aber möchte auch
dann ein griechisches Königreich, mit Einschluß des jetzigen Grie=
chenlands, werden, stark genug, um mit der Freundschaft Oester=
reichs oder Englands zu hindern, daß Rußland, sein Nachbar
jenseits der Meerengen, diese für den Welthandel schlösse. In
die Hände einer der großen Mächte Europas dürfte dieser
Schlüssel des schwarzen Meeres und eben damit auch der Donau
nicht kommen, denn keiner derselben würden die übrigen See=
mächte diesen köstlichsten Preis, das edelste Erbe der Türkenherr=
schaft, lassen können.

„Aber Frankreich?" tönt mir entgegen. „Wo soll Frank=
reich entschädigt werden? Es wird Aegypten, vielleicht auch
Syrien in Anspruch nehmen." Dieser Frage antworte ich mit
entschiedener Gewißheit, daß Frankreich nur an seiner nord=
afrikanischen Küste, in Tunis und Tripolis und ins Innere die=
ser Länder sich ausbreiten kann, und daß ihm sicher noch einst
das marokkanische Reich ein Gegenstand der Eroberung und der
Herrschaft sein wird. Die Frage, ob es sich diese für seine
Wünsche unbefriedigende Theilung wird gefallen lassen wollen,
beantworte ich mit Rückweisung auf das bereits über die An=
sprüche und die Zukunft Frankreichs Gesagte, und weiß recht
wohl, daß ich damit die Möglichkeit, ja die Wahrscheinlichkeit
eines europäischen Krieges um die östliche Frage ausspreche. Die=
sen Krieg, überhaupt die schließliche Abrechnung Europas mit
Frankreich muß man ja auch abgesehen von derselben erwarten.
Ein Herrschen Frankreichs in Aegypten aber wird weder England
noch Deutschland, sein Ergreifen der Halbinsel wird keine Macht
in Europa, sein etwaiges Ansprechen Kleinasiens wird weder Eng=
land noch Rußland dulden, und sein Eindringen in Syrien zwischen
Rußland und England werden weder diese beiden Mächte, noch
Deutschland jemals zulassen. Frankreich ist römisch=katholisch und
bei seinen inneren Zuständen nach Umständen dazu geneigt, den
Impulsen des priesterlichen Fanatismus zu folgen, um sich An=
erkennung der eben herrschenden Gewalt zu erkaufen. Darum
aber ist es in Palästina nur geeignet, der griechischen Kirche

feindlich entgegenzuſtehen und das Gleichgewicht der Bekenntniſſe
zu ſtören. — Es ſind dies Gedanken, wie ſie aus der geogra=
phiſchen und politiſchen Lage ſich hervordrängen. Weiſſagungen
gibt es auf dieſem Gebiete nicht, aber Forderungen der Gegen=
wart an die Zukunft.

Daß aber dieſe Dinge mit Deutſchland bis in ſein innerſtes
Herz zuſammenhängen, leuchtet Jedem ein, der an einen Zuſam=
menhang des Orients mit der deutſchen Auswanderung und Co=
loniſation, an ein erweitertes Athmungsſyſtem der deutſchen Na=
tion, an Oeſterreichs mögliche größere Zukunft, an Rußlands mehr
aſiatiſche Ziele, an Frankreichs Zurückdrängung aus der erſten
Stelle in der europäiſchen Politik, an die Germaniſirung der
Slawenländer und an die Evangeliſirung der morgenländiſchen
Kirche denkt. Mit deutſchen Kräften muß das Meiſte in dieſen
Aufgaben der Zukunft vollbracht werden, und die wahre Heer=
predigt wider den Türken und die weit ſchallende lauteſte Türken=
glocke muß das Evangelium ſein, das in den Ländern des Oſtens
den alten Bann des falſchen Propheten bricht.

IX.

Ein Blick jenseits der Meere.

Schon das alte Deutschland berechtigte zu einem Ausblick in die Weite, wenn wir auch nur den Schaaren seiner Kinder auf ihren einsamen Pfaden über das atlantische Meer nach Nord= amerika und nach Brasilien, den La=Plata=Ländern und Chile und durch das indische Meer nach Australien folgen wollten. Das Deutschland von 1866 aber und was es nothwendig werden muß mit seiner heranwachsenden Marine und seinen berechtigten Ansprüchen auf eine andere Stellung zu denen, die von ihm aus= gegangen sind, drängt geradezu mit Gewalt, sich einmal von diesem Deutschland aus die transmarine Welt anzusehen.

Nordamerika wird auch hier nothwendig der erste Aussichts= punkt sein. Alljährlich wächst die deutsche Bevölkerung in seinen Westländern um 100,000 Menschen, die aus allen Gauen des deutschen Vaterlandes in Süd und Nord dieses Eldorado der fleißigen Arbeiter aufsuchen und als Hinterwäldler eine neue Exi= stenz sich erringen. Die Bevölkerung Nordamerikas wird in we= nigen Jahrzehnden auf dem Punkte angelangt sein, daß der deutsche Westländer die Entscheidung bei den großen Wahlschlach= ten der Bundesrepublik gibt und daß ihm daher die Mittel in die Hand gelegt werden, den deutschen Charakter, die deutsche Sprache und Sitte dem unaufhaltsamen Assimilations=Prozesse ans Englische zu entziehen. Die amerikanische Welt, wie sie immer klarer aus dem Dunkel der Unbekanntheit hervortritt, er= weckt sehr ernste Gedanken. Nicht etwa nur die Menschenschläch=

terei von fünf Jahren, die eine Republik von dieser Riesengröße hervorrufen konnte, um einen Staatsgrundsatz durchzufechten, der der Natur der Sache nach doch nicht ewig gelten kann, und eine Maßregel der Menschlichkeit, die Abschaffung der Negersklaverei, welche mit dem dritten Theile der Millionen, die der Krieg verschlungen, vollständiger und ersprießlicher hätte erzielt werden können, durchzuführen, sondern auch die wunderlichen Gestaltungen der Gesellschaft, die wirklich in ihren Spitzen, den Mormonen mit ihrer Vielweiberei, den Shakers mit ihrer Ehelosigkeit, dem weiten Kreise der Frauen=Emancipationsleute und der Spiritualisten, nicht blos einen Luxus der freien Bewegung der Geister und der beliebigen Gemeinschaftsbildung, sondern noch viel tiefere Einflüsse wahrnehmen lassen, das Alles nöthigt uns ernste Erwägungen auf.

Auch hier kann nur ein rascher Blick in die Geschichte das Richtmaß geben. Wir wissen, daß Amerika erst hat entdeckt werden müssen und daß die Entdecker auch Ansiedler waren, die jedoch den Boden besetzt fanden, im Süden und auf den Inseln mit einem weichen, fast waffenlosen Volke, dem sie schnell das Joch der Knechtschaft auflegten, im Norden aber mit kampfgeübten Jägerstämmen, die jeden Fußbreit ihres Bodens sich für Blut abkaufen ließen. Es ist nicht mehr der Rede werth, von den französischen Ansiedlungen in Florida und Louisiana zu reden, kaum noch von denen in Canada, denn Frankreich hat eine tiefere Spur im Geiste Amerikas nicht hinterlassen. Die Calvinisten=Colonieen gingen fast alsbald wieder unter, und die katholischen wurden von dem englisch=protestantischen Charakter rasch überwogen. Die englische Colonisation Nordamerikas begann zwar schon unter der Königin Elisabeth durch Sir Walter Raleigh und hatte nur die Uebervölkerung der Heimath und die Absicht, ein genügendes Auskommen in der Fremde zu gewinnen, zum Ausgangspunkte. Dieser folgte eine zweite Welle, die nach dem Vorgange der Spanier und Portugiesen in Mittel= und Südamerika Goldberge zu erwerben hoffte. Endlich fand man unter starker Betheiligung des englischen Adels die rechte Weise, die Colonisation durch Ackerbau in Virginien, und die mehr aristokratisch angelegte Gesellschaft der Südstaaten von Nordamerika fand ihre erften Anfänge. Es war eine politisch sehr freisinnige, social aber exclusive Gesellschaft, welche sich hier durch zahlreiche Einwanderung bildete und die auch bald genug (1620) die Negersklaverei der westindischen Inseln nachahmte. Die Ansiedler dehnten ihre Pflanzungen über die Jagdreviere der Rothhäute aus. Diese rächten sich durch Ueberfall und Mord zu Hunderten, aber das Ende war ihre Ausrottung durch die Weißen. Während in England der Despotismus der Stuarts seine unheilvollen Wege ging, blühte Virginien in freier Verfassung und fast gänzlicher Unabhängigkeit vom Mutterlande auf; nur kirchlich war man dort ausschließlich der Staatskirche zugethan. Die Gründung der Colonie Maryland durch den freisinnigen, aber katholischen Lord Baltimore mit der im siebenzehnten Jahrhundert seltenen Zulassung aller religiösen Secten zu allen bürgerlichen Vortheilen, während er doch zugleich den Katholiken Englands ein Asyl in Amerika bereiten wollte, ging wesentlich in derselben politischen und socialen Richtung, die in Virginien herrschte. Der Lord war in seiner Colonie wie ein freisinniger König.

Ganz anderer Art war die Gründung Neu-Englands. Dort waren die ersten Pflanzer jene englischen Puritaner, die sich vor Jacob I. und Carl I. nach Holland geflüchtet und dort auf bessere Zeiten gewartet hatten, denen es aber allmälig zu lange wurde, und die den Vorschlag, ein neues Vaterland jenseits des Oceans zu erbauen, mit Freuden aufnahmen. Es waren dies die „Pilgerväter", welche ohne reichliche Hülfsmittel einer Londoner Colonisations-Gesellschaft von liberalem Adel, ohne fürstliche Spenden eines Lord Baltimore, nur mit ihrem calvinistischen frommen Ernste, mit Fleiß und Thatkraft ausgestattet waren. Sie kämpften einen harten Kampf mit dem unwirthlichen Klima, dem öden Lande und den wilden Einwohnern, aber sie siegten durch fast übermenschliche Ausdauer, wenn auch die Hälfte von ihnen zu Grunde ging. Sie waren Republikaner aus religiöser Ueberzeugung, und in ihnen liegt der Grundstamm des harten, trockenen, arbeitsfähigen, ausharrenden und schroff republikanischen Charakters, der den Anglo-Amerikaner noch heute kennzeichnet. Der steigende Druck des Despotismus in England führte dieser ersten Republik von Massachusetts Schaaren puritanischer Emi-

granten nach), die allmälig die Colonien Rhode=Island, New=Hamp=
shire, Vermont, Connecticut, Kentucky entstehen ließen, und trotz aller
inneren meist religiösen Parteiungen erhielt sich der republikanische
Geist, obwohl die Colonieen noch von England abhängig waren*).
Die Indianer=Kriege wurden auch den später vereinigten Colonieen
von Neu=England nicht erspart, aber schon· der religiöse Ernst
ihrer Bewohner, die durch Zehntausende der Puritaner in Eng=
land verstärkt waren, mußte ein anderes menschlicheres Verhält=
niß zu den Rothhäuten schaffen, welches an den Grenzen zu An=
näherungen und Heirathen, zu Annahme europäischer Sitten durch
einzelne Indianer, aber auch indianischer Art durch einzelne Eu=
ropäer führte. Selbst der Krieg mußte die beiden Gegner ein=
ander gleichartiger machen. Hier zeigt sich nun eine geistige
Wurzel für Erscheinungen, die sonst kaum erklärt werden könnten.
Noch entschiedener als in Neu=England wurde in der Quäker=
Colonie Pennsylvanien jedem Verfolgten, sei es wegen Politik,
sei es wegen Religion, ein Asyl gewährt, und kam dadurch ein
kosmopolitisches Volk zusammen, das auch die Indianer als
Menschen betrachtete, mit denen sich menschlich leben lasse. Nicht
bloß die indianische Rohheit wurde nachgeahmt, auch die india=
nische Art des Familienlebens wurde in milderem Lichte betrach=
tet, und durch diese Betrachtung kam es im Einzelnen schon da=
mals vor, daß Europäer mit mehreren Frauen, sogar mit rothen
und weißen, zusammenlebten. Hier ist die Heimath des mormo=
nischen Polygamismus in neuester Zeit von einem scharfsinnigen
Manne gesucht worden, dessen Zunahme kaum erklärbar wäre,
wenn ihm nicht etwas in der Natur der amerikanischen Gesell=
schaft entgegen käme.

Die rasche Entstehung und die ungeheure Entwicklung der
amerikanischen Colonien hat dem Bürger dieser Staaten ein Selbst=
gefühl gegeben, das, mit Reichthum und Erwerbsfähigkeit vereint
und bei sittlicher Haltung und religiösem Eifer, zu fanatischer

---

*) Nähere Darstellung f. bei Kottenkamp: Geschichte der Colonisation
Amerikas. Frankfurt a. M. 1850. Bd. 2. S. 253 ff. Neumann: Ge=
schichte der Vereinigten Staaten von Amerika. Berlin 1863. Bd. 1. S. 6
bis 104. Bancroft: History of the United States. London 1851. Vol. 1.
p. 89 ff. Vol. 2. p. 641 ff.

Energie für die Glaubensartikel, seien es nun calvinistische oder lutherische, katholische oder baptistische, unitarische oder metho= distische, ja sogar seien es Artikel des Glaubens oder des Unglau= bens, und zu einer großen Wirkung in der Geschichte führen muß. Würde der Yankee=Charakter, wie er bisher eine ungemein um= bildende Macht über die Einwanderer englischen, selbst deutschen Stammes geübt hat, mit der zunehmenden Einwanderung und Vermehrung der Volkszahl, für welche ein selbstbewußter Ameri= kaner auf das Jahr 1900 nicht weniger als 88 Millionen in Ansatz bringt*), sich herrschend erhalten, so würde wahrlich die amerikanische Union die Aussicht haben, wenn Europa in seiner jetzigen Vertheilung der Staatsmacht verbliebe, ein gewaltiges Uebergewicht zu erlangen. Freilich bliebe immer das atlantische Meer zwischen dieser Riesenmacht und den europäischen Staaten, und es würde am Ende doch nichts weiter, als eine Theilung der Welt zwischen den Amerikanern und den Germanen Europas entstehen.

Allein glücklicher Weise ist der puritanisch=englisch=indianische Yankee nicht der bleibende Herr von Nordamerika, sondern von den 88 Millionen, welche man am Ende dieses Jahrhunderts zu erwarten hat, werden 50 eingewanderte Deutsche und deren Nach= kommen und Irländer sein, die niemals sich eigentlich in das englische Wesen dort verarbeiten lassen, so daß auch in der öst= lichen Hälfte der Union nicht der ungebrochene Yankeeismus be= stehen kann, um so weniger, als der durch den letzten Krieg un= terdrückte aristokratische Süden denn doch nicht ausgestorben ist und niemals mit Neu=England dieselben Wege gehen wird. Eben zwischen den so national begründeten verschiedenen Richtungen im Osten wird künftig der Westen die Entscheidung zu geben haben, und die Frage wird schließlich die werden, ob das tolle Neue, welches die neue Welt in ihren Träumen von der Möglichkeit einer ganz neuen Gesellschaft hervorbringt, in welcher die Männer polygamisch herrschen, in welcher Mann und Weib nur in geist=

---

*) Tucker: Progress of the United States in population and wealth in fifty years. New-York 1843. p. 106.

lichem Verhältnisse zu einander stehen und Alle in Gemeinschaft der Güter und der Arbeit leben, in welcher das Weib eben so wie der Mann an der Spitze der Heere, der Volksversammlungen, auf dem Katheder und der Kanzel wirken, oder in welcher von Religion, von höheren sittlichen Motiven gar nicht die Rede sein, wohl aber hier und da ein verrücktes Weib Offenbarungen ihres Tiefblickes in Natur und Geschichte geben und einen gutmüthigen Professor zum Dolmetscher haben, in welcher endlich der Hand= arbeiter im verhältnißmäßig größten Wohlstand leben und des= halb auch ohne Gefahr für die gesunde Politik sich mit den Staatsangelegenheiten befassen und sie entscheiden wird, ob dieses Neue weltbeherrschend sein soll, oder das alte nüchterne Europa doch noch ein wenig mitzureden haben wird?

Man hat ja schon längst*) den Gang der Weltgeschichte von Osten nach Westen, wie er in der alten Welt unzweifelhaft vor= liegt, auch als Verkündiger der Zukunft Amerikas betrachten und uns mit dem Alterstod bedrohen, das junge Leben aber in den Prairieen aufblühen sehen wollen. Aber man hat sich vergebens nach diesem Aufblühen umgesehen, sofern nicht eben durch Aus= wanderung ein Anfang zu neuer Lebensbildung dort gemacht worden ist. Und wer wird denn leugnen, daß weder politisch, noch social in der neuen Welt schon eine dauernde Gestalt er= reicht worden, sondern Alles noch im ersten Werden begriffen ist? Einen Staat oder Staatenbund im politisch ausgeprägten Sinne des Wortes kann man doch den losen Zusammenhang souveräner Staaten nicht nennen, der einen fünfjährigen Krieg über die Frage führen konnte: ob ein einzelner Staat nach Belieben aus dem Bunde wieder austreten könne? Es war ja dies eben die Frage, ob ein Bundesstaat oder nur ein Bündniß von Staaten bestehe? und diese Frage ist durch den Sieg des Nordens doch nur so beantwortet, daß der Süden sie nicht wieder erheben kann aber der Westen wird es ohne Zweifel können, wenn er will. Die Verarbeitung aller Nationen Europas in der amerikanischen Gesellschaft müßte ganz anders vorgeschritten sein, und zwar so,

---

*) Schon Luden hat seiner Zeit, und mit ihm haben Viele in der po= litischen Verdrießlichkeit der Uebergangszeit nach den Freiheitskriegen so geredet.

daß der neuenglische puritanische Republikanismus die herrschende
geistige Strömung darin noch wäre und bliebe, wie sie es nach
der großen Revolution unter Washington und seinen Nachfolgern
war und lange blieb. Engländer und Franzosen, Irländer und
Deutsche, Holländer, Spanier und Indianer mußten diesem
Strome folgen, bis er breit genug geworden war, um langsamer
und seichter zu fließen. Als dies eintrat, tauchte die französisch=
nationale und englisch=aristokratische Richtung der Gesellschaft im
Süden hervor, und sie regierte wesentlich die Union, und der
Widerstand gegen ihre Regierung war schließlich noch mehr als
jene Austritt=Frage, und als selbst die Sklaverei, wiewohl diese
eben das Fundament des südlich=aristokratischen Lebens war, die
Ursache des ganzen furchtbaren Krieges. Der Sieg aber wurde
durch die Einheit des neuenglischen Ostens und der englisch=
deutschen und der ganz deutschen Staaten des Continents und
Westens in der Abneigung gegen den Süden erlangt. Wäre der
Westen auf die Seite der Südstaaten getreten, so war der Osten
besiegt. — Die Zeit wird aber kommen, ja sie kann gar nicht
ausbleiben, da dem deutschen Westen die Herrschaft des neu=
englischen Ostens eben so unerträglich erscheinen wird, als dem
neuenglischen Osten die des Südens war. Allerdings ist ein so
guter Anhaltspunkt für die Trennung, wie die Sklaverei war,
nicht da, auch ist überhaupt nicht eine sociale Verbitterung zwi=
schen den Puritanern und den Deutschen zu erwarten, es müßte
denn die traurige sein, daß die Deutschen sich nicht in die Fröm=
migkeit, Nüchternheit und die strenge Sonntagsheiligung der Pu=
ritaner finden können. Wenn aber die letzteren in jenen Extra=
vaganzen gerade in socialer Hinsicht fortgehen sollten, die bei
ihnen entschiedener entweder entstanden oder doch ausgesprochen
sind, so möchte sich selbst dieser Anhaltspunkt für trennende Ge=
fühle und Pläne finden.

Ist aber einmal der Westen vom Osten geschieden, so kann
kaum ein Zweifel obwalten, daß in dem ersteren die aus dem
innersten Grunde der Nation, aus der ersten Einwanderung und
den hinter ihr liegenden Erinnerungen stammende republikanische
Gesinnung nicht vorhanden sein, sondern die Gesellschaft einer der
Monarchie angenäherten Verfassung zustreben wird. Die meisten

der Ursachen, welche von Tocqueville*) für die Fortdauer der Bundesverfassung der Vereinigten Staaten geltend macht, treffen jetzt nicht mehr zu, wie auch seine Voraussicht, daß es einen großen Krieg in Amerika nicht geben werde, keineswegs zutraf. Es ist auffallend, daß dieser geistreiche Betrachter Amerikas zwar über die mögliche und wahrscheinliche Zukunft der schwarzen und rothen Race in Amerika speculirt, aber sich auf die Frage zwischen dem deutschen und dem anglo-amerikanischen Stamm nicht näher einläßt. Allerdings berührt er die Gefahren, welche der Union durch ihre rasch anwachsende Ausdehnung drohen. Wer aber weiß, wie sehr das deutsche Gemüth durch die Thatsachen berührt wird, welche die Größe und Macht des alten Vaterlandes betreffen, dem kann der Gedanke nicht fern liegen, daß die Einigung Deutschlands in festem Bundesleben und die dadurch bedingte Machtentwicklung dereinst auf die deutschen Pflanzungen im fernen Westen der neuen Welt eine Rückwirkung üben werden, die ihr Selbstbewußtsein und den Wunsch nach selbständiger Staatsordnung mächtig heben wird. Es ist dies eine der Fernwirkungen, die wir jetzt schon wahrnehmen, wenn wir Amerika an der Errichtung eines Luther-Denkmals in Worms und an der feierlichen Enthüllung desselben nicht unbedeutend betheiligt sehen. Freilich wird das germanische Bündniß, wenn es in Europa zu Stande kommt, eher wieder den freundschaftlichen Gesinnungen des deutschen und des englischen Amerikaners gegen einander zu statten kommen. Wir denken uns aber auch die einstige Trennung nicht als eine durch Krieg der beiden Theile, sondern vermittelst des demokratischen Mechanismus durch einfache Volksabstimmung zu vollziehende. Wird sie aber vollzogen sein, so möchte sich schwer eine Annäherung des deutschen Mutterlandes und der Colonie von dreißig Millionen bezweifeln lassen. In Amerika selbst wird auf diese Weise die germanische Gegenwirkung gegen die anglo-indianischen Wunderlichkeiten und Umkehrungen der menschlichen Gesellschaft sich erheben, und Amerika wird sich selbst von den Krankheiten heilen, die aus seinem Boden erwachsen sind. Auch auf dem Gebiete der Religion dürfte die

---

*) Ueber die Demokratie in Nordamerika. Leipzig 1836. Bd. 1. S. 214 ff.

Divergenz der Gemeinschaften und das Streben nach Sonder=
bildungen auch jenseits des Oceans bereits die höchste Höhe über=
stiegen haben, und es will sich zu einer allmäligen Annäherung
der bisher getrennten Kirche anlassen. Geschieht dies, so werden
sich abermals die Deutschen im Westen fester unter einander zu=
sammenschließen, als sie sich mit ihren englisch-germanischen Brü=
dern vereinigen können, da es dem deutschen Charakter zwar eigen
ist, sich gern in kleineren Kreisen abzuschließen, indem er sich von
dem großen öffentlichen Kirchenganzen abwendet, aber keineswegs,
diese traulichen Formen des engen Conventikels in einer weit=
reichenden Gemeinschaft festzuhalten, wie dies die Art der einzigen
unter den Deutsch=Amerikanern Eroberungen machenden Denomi=
nation, nämlich der Methodisten ist. Niemals werden die Deut=
schen, welche lutherische Erinnerungen als Hintergrund ihrer re=
ligiösen Schule haben, auf die Dauer dem Methodismus huldi=
gen, es wird auch in Amerika auf diesem Gebiete nur lutherische
und unirte Kirchenform sich in die Länge zu halten vermögen.
Dies aber wird eben nur dazu mithelfen, Deutsch=Amerika mehr
in sich zusammenzuziehen, und es verräth wenig Verständniß für
diese Gemüthsseite in der amerikanischen Welt, wenn ein Fran=
zose*) ganz zuversichtlich weissagt, es werden nicht fünfzig Jahre
vergehen, ehe die Vereinigten Staaten die bedeutendste, die mäch=
tigste, die gleichartigste Republik seien, die je auf dem Erdenrunde
erschienen, und daß dann Europa mit einem Volke zu rechnen
haben werde, das schon im Begriffe sei, sich mit ihm in die
Herrschaft der Meere zu theilen. Wenn, wie ein eifriger Ver=
ehrer der nordamerikanischen Freiheit und Staatsform**) dem
Worte Hartpole Leckys zujauchzt: „Die Auferstehung der
„Völker ist das Wunder unseres Zeitalters. — Das Nationali=
„tätsprincip wird vor dem Schlusse des Jahrhunderts die aner=
„kannte Grundlage der Politik sein" dieses Princip auch in Ame=
rika zur Geltung kommen wird, so darf man nicht erwarten, daß

---

*) Laboulaye: Geschichte der Vereinigten Staaten von Amerika. Hei=
delberg 1868. Bd. 1. S. 21.

**) Döhn: Die politischen Parteien in den Vereinigten Staaten von
Amerika, mit Rücksicht auf die gegenwärtige politische Parteistellung in Deutsch=
land. Leipzig 1868. S. 306 f.

die amerikanische Gesammtrepublik sich als eine „Eine und un=
theilbare" wird erwiesen haben. Wenn die Amerikaner schon
selbst „die centralisirende Staatsform", wiewohl natürlich vorerst
„ohne Monarchie", für die Zukunft ihres Landes fordern*), so
wird man um so weniger auf die Versicherung eingehen können,
daß George Bancrofts Vergleichung des deutschen Bundes
mit der amerikanischen Union ein großer Fehlgriff sei**), weil
diese ein „fertiger und dauernder Zustand", jener aber nur ein
unfertiges Experiment sei. Auch wenn das Letztere zugegeben
wird, kann dann nicht der tiefblickende Geschichtschreiber und
Staatsmann auch in der Verfassung seines eigenen Landes das
Unfertige sehen, was dem schnell begeisterten Auswanderer sich
verbirgt? Mag auch die Versöhnung des Nordens und Südens
jene viel größere Frage noch so verstecken, daß selbst feinsinnige
Beobachter sie kaum grollen hören, so ist sie doch da und wird
ihre Stunde haben. Wir können dem Worte nur beistimmen,
das ein solcher Beobachter in Bezug auf den Kampf des Südens
wider den Norden gesprochen hat: „Zum Glück für die Welt
„ist der Plan der Südländer mißglückt und ihre Sache verloren,
„mißglückt durch ein Gesetz der Natur, verloren durch die Fügung
„des Himmels. Kein politisches Unheil wäre dem Sieg eines
„Sklavenreichs gleichgekommen, das auf den Untergang einer
„starken Republik sich gegründet hätte. Alle freien Nationen
„würden es gefühlt, alle ehrlichen Menschen darunter gelitten
„haben***)." Der Süden wird sich von der Sklaverei, aber
nicht von der Sklavenarbeit befreien, denn das Bedürfniß, die
Noth wird die freien Sklaven doch zu derselben Arbeit treiben,
welche sie als Eigenthum ihrer Herren gethan haben. Was wird
aber aus den Lords des Südens, aus der Aristokratie der Re=
publik werden? Die Aufgabe der Vereinigten Staaten ist nicht
gelöst, ehe die ganze nördliche Hälfte des Erdtheils, Mexiko und
Westindien mit eingeschlossen, unter ihrem Banner steht. Hier
ist die Aufgabe der tapferen, kriegerischen, ritterlichen Südherren.

*) Draper: Gedanken über die zukünftige Politik Amerikas s. bei Döhn.
S. 310.
**) Ebendas. S. 307 f.
***) Dixon: New America. Vol. 2. p. 296.

Die Eroberung Mexikos wird sich vollziehen, und sie werden die geeigneten Männer sein, um den spanischen Süden an den eng= lischen Norden zu ketten. Ob aber nicht dann erst, wann die Ausweitung zwei Seiten des mexikanischen Golfs und seine Eilande umfaßt, dennoch eine dauernde Trennung von Süden und Nor= den, der dafür die britischen Gebiete nach dem Eismeere zu mit Canada an sich schließen möchte, stattfinden wird? Die drei Racen, welche jetzt in Nordamerika sich berühren, Weiße, Schwarze, Rothe, zu welchen im Westen noch die Gelben (Chinesen) in immer steigender Zahl sich sammeln, werden den drei Nationen, Anglo=Irländer, Deutsche und Anglo=Spanier, den Platz räumen, und dann erst wird das nächste Ziel der amerikanischen Entwick= lung erreicht sein.

Daß auch Nordamerika in seiner Art mit der europäischen Arbeit befaßt ist, aber mehr nur in äußerlicher Weise, indem es die Millionen der Schwarzen befreit, und in krankhafter Ueber= treibung, indem es dem Weibe die Herrschaft in die Hand spielen und alle Wissenschaft und Erkenntniß den weiblichen Orakeln un= terwerfen will, daneben jedoch wirklich auch im rechten Ausbau der Familie, der Berufsarten, des Staates, besonders in der Hebung des Arbeiters aus dem Staube der Knechtschaft zur Frei= heit des Selbstbewußtseins, in Heiligung und Befriedigung des Lebens durch Sonntagsruhe und durch religiöse Gemeinschaft, das wird Niemand wollen in Abrede stellen. Gleichwohl können wir denen nicht beistimmen, welche die eigentliche Lösung des Räthsels der Cultur von jenseits des atlantischen Meeres erwarten, sondern halten das alte Europa für lebensfrisch genug, um seine Arbeit selbst zu thun und von ihr auch die Transatlantiker leben zu lassen.

Freilich, es ist noch ein großes amerikanisches Gebiet, der ganze Süden des Erdtheils, dessen republikanischer Theil in fast steten Uebergängen und Zuckungen lebt, während der monarchische, breit hingestreckt in tropischem Reichthum schwelgend, eine festere Bahn der Entwicklung einhält. Brasilien, schon in seinem Hoch= lande von deutscher Ansiedlung besetzt und immer mehr dieselbe an sich ziehend, arbeitet sich zu einem mächtigen Reiche empor, und es kann kaum fehlen, daß die es umringenden Republiken zuletzt unter seinem Banner Ruhe finden. Ob hier die deutsche

Nationalität, wie sie in Rio Grande do Sul, auch in St. Catha=
rina und in Minas Geraes, eine, wie es scheint, dauernde Stätte
gefunden, wie sie auf den Llanos von Uruguay und Buenos=
Ayres sich in den Hirten= und Ackerbau=Colonieen weit verbreitet
hat, noch eine sociale und staatliche Zukunft habe, lassen wir da=
hingestellt. Wahr ist aber, daß sie bereits anfängt, von dem ka=
tholischen Staate Zugeständnisse auch für den Protestantismus zu
erringen, die schließlich ein behaglicheres Dasein für unsere Emi=
granten erwarten lassen und einen heilsamen Verkehr mit dem
maritimer werdenden deutschen Heimathlande versprechen.

Merkwürdig genug ist der uns nächste Erdtheil Afrika uns
am fremdesten geblieben. Was von Deutschen auf seinen Nord=
küsten verstreut ist, bleibt wohl auch ferner, wenn es auch dem
Handel dient, für das Mutterland verloren. Die ganze West=
küste hat mit Deutschland nichts zu thun, wenn wir von den paar
Handelsleuten und der kleinen Schaar der Missionäre absehen,
die von Basel her und von Bremen in den nördlichen, von der
rheinischen evangelischen Missionsgesellschaft in den südlichen Theil
derselben gesendet worden sind. Auch das Capland mit seinen
östlichen Anhängseln ist holländisch=englisch, und der Deutsche dort
ein selten gesehener Fremdling auf den Missionsplätzen der Brüder=
gemeinde, der Rheinländer und der Berliner. Die Arbeit Euro=
pas ist hier eine erst angefangene Civilisationsarbeit unter rohen
Stämmen. Die ganze Mitte des Erdtheils harrt noch im Dunkel
ihrer Zukunft entgegen. Nur die Ostküste lockt zu Niederlassun=
gen, besonders im Lande der Gallas und in Abessinien. Hier
aber ist und bleibt die Sphäre des beherrschenden englischen Ein=
flusses.

Das östliche Asien, die indischen Halbinseln und Inseln hat
gleichfalls der Finger Deutschlands noch kaum berührt. Wohl
waren das germanische Holland und Dänemark einst mächtig auf
diesen Gestaden, und das erstere ist es noch auf den Eilanden,
wohl stehen deutsche Männer als Handelsleute, als Beamte, als
Missionäre und Lehrer (aus dem Süden Deutschlands, aus Leipzig,
aus Berlin) weit zerstreut in allen diesen Landen, aber die Hand
Englands liegt breit und mit sicherem Griff auf diesen reichen
Erdgebieten, und es kann keinem Vernünftigen beikommen, sie ihr

entreißen oder auch nur mißgönnen zu wollen. Gerade diese öst=
lichen Colonieen Englands, nachdem sie aus der ungeeigneten Hand
der mercantilischen Compagnie in die des Staates übergegangen
sind, müssen die feste Unterlage des britischen Meerstaates bleiben.
China dagegen und Japan sind keine Länder der eigentlichen
Colonisation, sie sind übervölkert, und das erstere sendet selbst
Schaaren seiner zopfigen Kinder nach den malayischen Inseln und
nach Australien, selbst nach Californien hinüber. Aber Handels=
niederlassungen neben den Missionsstellen aus Basel, vom Rhein
und von Berlin werden auch dort sich noch mehr bilden, als sich
schon gebildet haben. Daß die Wege unserer Schiffe längst dort=
hin gehen, daß wir Verträge für den deutschen Zollverein mit
Japan, China und Siam geschlossen haben, daß es Frankreich
gelungen ist, festen Fuß, und zwar erobernd, in Cochinchina zu
fassen und daher ein Gegengewicht auch in dieser Richtung (For=
mosa?) nicht unerwünscht wäre, bedarf keiner Bemerkung. Das
Festland von Australien endlich ist längst schon der Sitz deutscher An=
siedlungen geworden, und es wird Niemand anders wünschen, als
daß diese große Colonie ein Schwerpunkt der englischen Macht in
den Süd= und Ostmeeren bleibe, daß aber deutsches Leben unter
englischer Flagge dort als solches fortgedeihe.
Alle diese Ausblicke führen uns zu dem Schlusse, daß die
kräftige und gesunde innere Entwicklung Deutschlands in der euro=
päischen Arbeit nach allen diesen Richtungen hin heilsam und
kräftigend, aber auch schützend und pflegend wirke.

X.

Deutschland in seiner europäischen Arbeit.

⁓⁓⁓

Wir haben gesehen, in welchem Maße, auf welcher Stufe, zu welchen Zeiten die Nationen Europas sich an der Aufgabe betheiligt und sie sich particularisirt haben, welche ihnen allen zusammen die Weltgeschichte unverkennbar gestellt hat. Wir sahen Spanien und Portugal aus den Vorderreihen der Bewegung um diese Aufgabe längst verschwinden, sahen Italien zurücktreten, nahmen wahr, wie Holland nach einer früheren reichen Thätigkeit sich fast nur noch in verkehrter Weise bethätigt, wie Schweden in die Stille eingekehrt, wie Dänemark und wie die Schweiz nur von Deutschland oder von Frankreich abhängig geworden, wie Rußland erst neuestens in den Vordergrund gelangt, wie der Orient Europas gerade so wie sein Occident zur bloßen Empfänglichkeit herabgesunken ist, und selbst diese nur langsam sich entwickelt. Nur drei große Culturnationen haben wir auf der Bühne der jetzigen Weltgeschichte gelassen und diese drei unter sich verwandt gefunden, England mit Frankreich und mit Deutschland zugleich, und zwar dem nordischen und dem centralen, Deutschland überwiegend mit England, nur wenig noch mit Frankreich, desto stärker aber mit den germanischen Kleinstaaten Europas, wo es aber in Belgien, wie in der Schweiz, mit Frankreich sich begegnet, Frankreich endlich verhältnißmäßig am wenigsten mit

den beiden anderen. In der Vergleichung derselben trat auch
Frankreich, statt, wie es sich einbildet, „an der Spitze der Civilisation zu marschiren", weil es den Begriff der Civilisation ver-
fälscht und dieselbe sowohl der falschen Freiheit (Revolution) als der
falschen Gebundenheit (Ultramontanismus) anbequemt hat, zurück,
und die beiden germanischen Länder bleiben allein im Vordergrunde.
Auch zwischen ihnen gab es eine Theilung, indem Deutschland
mehr die geistige, ideale und theoretische Seite der Aufgabe Europas, England mehr die praktische, materielle sich erwählt oder
zugewiesen erhalten zu haben schien. Aber mit Deutschland ist
eine Veränderung im Werke und schon im Gange, die erst seine
eigenthümliche Kraft und Gabe zu ihrer vollen Aeußerung zu
bringen vermag, und wir haben nun näher zu betrachten, was
denn Deutschlands inneres Leben, das Bewegen seiner Staaten
und Kirchen, seiner geistigen Gemeinschaften bis jetzt der europäischen Arbeit zugebracht hat und was es noch zu leisten haben wird.

Wenn man von Deutschlands innerem Leben spricht, so wird
damit seit langer Zeit nur ein Wort der Sehnsucht nach einem
solchen einheitlichen Leben gesprochen, wie es allerdings früher
bestanden hat und wie es am mächtigsten in den letzten vierzig
Jahren vor und in den ersten vierzig Jahren nach der Reformation als ein klarer und tiefer Strom durch die deutschen
Stämme gegangen ist. Von da an wurde es krank und ver-
siechte allmälig in der abgeschlossenen Besonderheit. Nur die
Lutherbibel nebst Katechismus und das Kirchenlied blieb in den
evangelischen Landen ein gemeinsames geistiges Band, das aber
ja die katholischen Volksglieder nicht mitumfaßte. Allerdings gab
es eine deutsche Litteratur, älter als Shakespeare, Rabelais und
Tasso, eine classische Blüthe des deutschen Bewußtseins, die auch
da noch hätte das deutsche Volk in Einem Bewußtsein geistiger
Güter zusammenhalten können, aber sie war aus dem Gemüthsleben der Nation verschwunden. Wer dachte außer einigen Bücher-
würmern im Jahre 1580 an Walter von der Vogelweide und
Wolfram von Eschenbach, wer an Gudrun und der Nibelungen
Not? Höchstens Dichter wie Fischart und Hans Sachs, die mit
dem geistigen Ringen des Volkes auf dem innersten Gebiete des

geistigen Lebens zusammenhängen, konnten hier zum weitreichen=
den Worte kommen, und bald war durch die Helden der Refor=
mation selbst es zur Ehrensache der Gelehrten geworden, in der
griechischen und römischen Litteratur besser zu Hause zu sein, als
in den alten Gedichten deutscher Sänger. Auch in dieser Zeit,
ja in ihr zumeist, war es das evangelische Kirchenlied, welches
den Herzschlag deutsch = evangelischen Volksthums von Königs=
berg, wo ein Simon Dach), und von Schlesien, wo Martin
Opitz und Flemming sangen, und von Berlin, wo Paul Ger=
hards Klänge erschollen, und von Holstein, wo Johann Rist die
Harfe schlug, bis an die südlichen Grenzmarken des Vaterlandes
sandte. Sogar aus der katholischen Kirche tönten geistliche Klänge
herüber in die evangelische (Spee, Schäffler). Nur in den theo=
logischen Schulen waren Männer zu finden, die weit über ihren
nächsten Kreis hinaus wirkten und deren Namen als theure Na=
men durch die deutschen Stämme genannt wurden, es waren die
Andreä, die Johann Arndt, die Gerhard in Jena und nach
ihnen Philipp Jakob Spener. Damit sind wir in die Zeit nach
dem dreißigjährigen Kriege versetzt, in welcher sonst die Trennung
der deutschen Stämme und Fürstenländer die größte seit der Zeit
vor Carl dem Großen geworden ist. Es war, als ob der Flü=
gelschlag, welcher in der ersten Hälfte des sechszehnten Jahr=
hunderts durch Deutschland gerauscht, für immer erlahmt wäre.
In den katholischen Gebieten Deutschlands lag alle Wissenschaft
und Poesie unter dem Druck. des lateinischen Jesuitismus ge=
bunden, und die Deutschen beider Confessionen waren einander
fremder, als die Deutschen und Spanier, ja selbst die Lutheraner
und Reformirten sahen sich mit fremden Augen an. Die Kirche
bot also ein Schirmdach der Einheit nicht dar, und der Staat
war noch weiter davon entfernt. Den ersten Schritt, auf dem
religiösen Gebiete aus der Gebundenheit in die Freiheit zu ge=
langen, that Spener, und wenn er auch dem Gefühle, der indi=
viduellen in sich gehenden Persönlichkeit vielleicht ein zu großes
Gebiet einräumte, so war doch immer der Persönlichkeit ein Asyl
eröffnet, in welches sie sich vor der banalen Herrschaft des Or=
thodoxismus, wie vor dem Korporalsstock des Despotismus im
Staate flüchten konnte. Das ist ja eben des deutschen Volkes un=

verweltlicher Ehrenkranz, daß es nicht ruhen kann, bis es im freien und bewußten Verhältnisse zu Gott seinen festesten Anker= grund für alle Freiheit der Persönlichkeit gefunden hat. Die Rechtfertigung allein durch den Glauben, als Losungswort der Reformation, hat eben diesen alleinigen Sinn, daß sie die Be= friedigung nicht des Wissens, sondern des Gewissens aus= spricht, „die Erschaffung einer frei, ohne einer menschlichen Mitt= „lerschaft zu bedürfen, ihrem Schöpfer gegenüberstehenden Crea= „tur, die Füllung dieses freigewordenen sittlichen Ich mit dem „reinen und ungeschmälerten Inhalt der ihm in Christo zur Ver= „söhnung und Erlösung erschienenen Offenbarung*).“ Es ist eine Geschichtsfälschung, wenn mit immer erneuerter Schamlosigkeit das Wesen des deutschen Protestantismus in die bloße Empörung der Intelligenz gegen den Zwang der Autorität gesetzt wird und wenn die freie Forschung nicht als Folgerung der Lehre vom recht= fertigenden Glauben erkannt werden will. Aber allerdings ist der Protestantismus „die Synthese des freiesten und schärfsten „intellectuellen, milden, reinsten, ernstesten und tiefsten ethischen „Geistes**).“ Eben darum ist auch Speners Wirken ein echt deutsches und ein reformatorisches gewesen, weil es dem innersten Selbstbewußtsein, in welchem die Strahlen des ethischen und in= tellectuellen Bewußtseins noch ungeschieden sind, die Einigung der Person mit Gott zuschrieb und dadurch die Person vom Banne der Auctorität von Neuem befreite***). Die schon durch Luther geschehene Hervorhebung des geistlichen Priesterthums jedes Chri= sten war eine Befreiung von der Knechtschaft unter dem geist= lichen Amte, wie sie in der lutherischen Kirche entstanden war. Wenn diese Befreiung zum Pietismus und Separatismus aus= artete, so war dies nicht im Principe selbst gegeben, sondern die Schuld des Widerstandes von Seiten der Träger des kirchlichen

---

*) (Hundeshagen): Der deutsche Protestantismus, seine Vergangen= heit und seine heiligen Lebensfragen. Frankfurt a. M. 1847. S. 28. — Dieses Buch ist es im höchsten Grade werth, in unseren Tagen wieder gelesen zu werden.

**) Ebendas. S. 44 ff.

***) Julian Schmidt: Geschichte des geistigen Lebens in Deutschland von Leibnitz bis auf Lessings Tod. Leipzig 1862. Bd. 1. S. 2 ff.

Amtes und Regimentes. Denn in Folge derselben hätte der Ge=
meinde Mitwirkung-an der Leitung der Gemeindethätigkeiten und
an der Führung der ganzen Kirche gewährt, es hätte eine pres=
byteriale und eine synodale Verfassung in die Kirche eingeführt
werden müssen. Dies geschah nicht, wohl am meisten darum
nicht, weil die Kirche territorialistisch vom Landesherrn und den
Beamten des absoluten Staates regiert wurde. Die Furcht vor
irgend einer Mitregierung des Volkes ließ den großen echt evan=
gelischen und christlichen Gedanken der Reformation nicht zu sei=
ner Verwirklichung kommen, und bald gewöhnte man sich, Spener
nur noch als den Vater des Pietismus zu betrachten. Aber auch
dieser, wo er nicht in wirkliche, süßliche, weltflüchtige Kränklich=
keit ausartete, hätte mit seinen Conventikeln noch lehren können,
wo es dem deutschen evangelischen Volke fehlte.

Was waren denn diese Erbauungs=Versammlungen anders,
als eine beständige Mahnung an das evangelische Mündigkeits=
recht der Lebendigen in der Gemeinde? Was wollten sie denn,
als die religiöse Ueberzeugung und Erfahrung in volksmäßiger
Weise von Mund zu Munde aussprechen? Statt dessen ver=
langte die Kirche, die, durch den absoluten Staat an jeder selb=
ständigen Lebensregung gehindert, zur „Protestantenkirche" ge=
worden war, daß diese „Conventikel" unterdrückt oder wenigstens
auf bloße „Reproduction der pfarrlichen Predigt" unter genaue=
ster Aufsicht reducirt, also durch und durch verkümmert würden,
weßhalb sie auch überall wieder verschwanden, wo ihnen dies
Hinderniß entgegenstand. Nur in den deutschen Reichsstädten,
wo der absolute Staat sich nicht durchführen ließ, in den Land=
schaften, Jülich, Cleve, Berg, wo durch die von Ostfriesland her
eingewanderte Kirchenordnung Johann v. Lascos die Classe von
Wesel schon in der Reformationszeit mustergültig geworden war,
wo daher das Presbyterial= und Synodalsystem seit der Refor=
mation auch bei den Lutheranern durchgedrungen war, konnte
auch diese Seite des kirchlichen Volkslebens sich ungehemmt ent=
wickeln, und in Würtemberg, wo der Pietismus nicht ein von
A. H. Franke erst herstammender, sondern ohne diesen Namen
ein älterer war, wo er durch Männer wie J. A. Bengel und
seine Schüler seinen wesentlichen Charakter erhielt und wo, mitten

in der Zeit der absoluten Kirchenherrschaft des Staates im übri=
gen Deutschland, durch Prälaten und Landschaft vielmehr eine
relative Herrschaft der Kirche über den Staat bestand, war das
„Stundenhalten", wie man dort das Conventikelwesen nannte,
durch weise Gesetze geschützt und geregelt und somit als ein be=
rechtigtes Gebiet des kirchlichen Volkslebens anerkannt. — So
war in Deutschland von der Reformation her und seit dem An=
fange des achtzehnten Jahrhunderts dem erkannten Principe nach
und in relativer Durchführung vorhanden, was in Frankreich,
weil es der Reformation sich verschlossen hatte, gänzlich fehlen
mußte und in den Niederlanden und England nur in übertrei=
bender, einseitiger, gewaltsamer Weise als ein ungesundes Ge=
wächs der Revolution hervorgetrieben wurde. Der deutsche Geist
in der Reformation hatte das lebendig positive „Priesterthum der
Gläubigen" als einzig wahren Ausgangspunkt des selbständigen
Gemeindelebens, zu dem das geistliche Amt mit seiner leitenden
Aufgabe unerläßlich gehörte, erkannt, er war also allen Landen
und Kirchen der Christenheit auch in dieser hochwichtigen Frage
vorangeeilt und, als seine Entwicklung gehemmt wurde, wieder zu
derselben durch Spener zurückgekehrt. Gleichwohl trat auch der
Auswirkung seiner Anregung Hemmniß auf Hemmniß entgegen,
die Kirche selbst in ihrer orthodoxistischen Unfähigkeit, zur Volks=
kirche zu werden, weil Alles von der theologisch=gelehrten Kennt=
niß abhängig gemacht wurde, der Staatsdespotismus in seiner
Angst vor jeder freien Bewegung, der Pietismus, wie er sich —
nicht von einsichtsvoller Kirchenleitung benutzt — in sich selbst
verkümmernd abschloß, der staatliche Beamtenstand nebst Lehrern
und Aerzten, Advocaten und Schreibern, welche als die „Hono=
ratioren" die alleinigen Träger der öffentlichen Meinung, und
zwar der allmälig steigenden „Aufklärung" waren*). Daß der Pie=
tismus eben diesen Verlauf nahm und nicht auch eine organische
Verfassung der Gemeinde und Kirche ausprägte, war sein Fehler
und Ursache seines Untergangs. Es war das Große in Speners

*) Hundeshagen a. a. O. S. 79 ff. (Das Beamtenthum der abso-
luten Monarchie als Erzeuger des gebildeten Mittelstandes in Deutschland und
seiner abstracten Intelligenz.)

Ideen recht kleinlich ausgelaufen, und die deutsche evangelische Welt mußte erst die Aufklärungs=Periode durchmachen, in welcher die Religion aus der Angelegenheit des Volkes zur Privatsache des Individuums herabgesetzt wurde, ehe wieder von Neuem seit 1817 dieselbe Frage der Umbildung und Ausbildung der Kirche mit Hoffnung auf Erfolg konnte aufgenommen werden. Die Ge= winnung einer evangelischen Volkskirche ist und bleibt die Auf= gabe der deutschen Reformation, und ohne diese muß Deutschland in seinem innersten Herzen entzweit und zerrissen sein und bleiben. — Alle Einheit Deutschlands bleibt eine unbefriedigende Vor= stufe, so lange dies Ziel nicht mit ganzem Ernst in die Augen gefaßt und angestrebt wird.

Man antworte nicht, diese Bestrebung sei vorhanden, sei schon zur Zeit Speners auf anderem Wege angebahnt worden, indem Leibnitz zuerst unter den Deutschen die ewigen Dinge der Offenbarung mit der Vernunft zu versöhnen gesucht und seitdem der deutsche Geist unabläßig an diesem Probleme gearbeitet habe. Es ist wahr, daß wir Deutschen nicht allein zuerst auf dem Wege des Glaubens, sondern auch auf dem des Wissens an der Be= freiung der Persönlichkeit von den Banden der menschlichen Auc= torität gearbeitet haben und daß diese Arbeit mit dem von Spener angegebenen Wege oft in Widerstreit gerathen ist. Dies ist jedes= mal geschehen, wenn das rationalistische Streben (wir gebrauchen dies Wort im weitesten Sinne) die Glaubens=Objecte und den Glaubens=Inhalt zu beseitigen oder so zu verändern suchte, daß die Befreiung, die es versprach, auch zugleich eine Lösung von der Gemeinschaft mit Gott, und zwar dem in Christo geoffenbarten Gott, also von der ewigen absoluten Auctorität zu werden drohte. Damit eben war es auf dem Wege, das Werk der Reformation zu zerstören und konnte den Zusammenhang mit demselben nur dadurch scheinbar wieder herstellen, daß es eben jene bloße in= tellectuelle Befreiung als ihren wahren Kern darstellte. Daß diese Richtung mit dem Volke als solchem nichts zu thun hatte, sondern über seine Köpfe wegging, nicht deutsch, sondern europäisch, ja weltbürgerlich war, ist längst anerkannt worden*). Die großen

---

*) J. Schmidt a. a. O. S. 76.

Ideen eines Leibnitz wollten nicht etwa in diese Richtnng weisen, sondern sie gingen darauf, den Glauben in seiner Substanz fest= zuhalten, aber seinen Inhalt speculativ zu erkennen, so daß die Befreiung eine doppelte geworden wäre, wenn nicht seine Nach= folger von seinem Wege sich abgewendet und ein alleiniges Ver= trauen auf die Verstands=Erkenntniß geltend gemacht hätten.

Der Vertreter dieses übermüthigen Verstandescultus war Christian Thomasius, dem die umfassende Bildung und der histo= rische Geist eines Leibnitz fehlte, der daher geradezu, wie dem Aberglauben, so auch Elementen des christlichen Glaubens sich mit scharfer Negative gegenüberstellte. Wenn Christian Wolf viel mehr professorhaft im Panzer ging und ebenso die menschliche Vernunft als die Quelle aller wahren Erkenntniß des Ewigen verfocht, so wurden durch die Arbeiten dieser Männer, während neben ihnen Speners Gedanken in die kleinlichere Gestalt des halleschen Pietismus sich verpuppt hatten, die Geister zu einem unklaren Angreifen und Vertheidigen auf dem Gebiete des Glau= bens gedrängt, das in den sogenannten gebildeten Classen weiter griff und auch die pastoralen Leiter der Gemeinden in ihrem Glauben allmälig erschütterte. Der Rationalismus und der Pie= tismus zernagten um die Wette, was die Orthodoxie und die Consistorial=Herrschaft aufgebaut hatten, und Friedrichs des Großen kirchlicher Indifferentismus brach der Fluth der Aufklärung eine weite Bahn. Stärker aber als alle die einzelnen Männer des achtzehnten Jahrhunderts wirkte Lessing, welcher der deutschen Nation eine blank polirte schneidige Waffe gegen die sklavische Ausländerei, gegen die Nachahmung der Franzosen, zugleich aber auch die Waffen gegen einen Orthodoxismus darbot, der nur noch eine gebrochene und im Rückzuge fechtende Rechtgläubigkeit dar= stellte. Er war der Erste, der, in weiteren Kreisen der Nation verständlich (Leibnitz berührte nur ihren Gipfel), das deutsche Selbstbewußtsein reinigte und hob und die Frage der bloßen Be= freiung im Wissen und der im Gewissen, die der intellectuellen und der religiösen Persönlichkeit klarer stellte, aber ohne sie seiner= seits zu lösen. Man nennt es die humanitarische Bildung der Nation und ihr Christenthum, was von nun an in immer weite= ren Bahnen aus einander zu gehen schien.

Die Welt der Poesie und Litteratur schien eine neue Phase des deutschen Lebens eröffnen zu wollen und in steigendem Maße dasselbe der Kirche zu entfremden. Es ist gewiß, daß dieser Zwiespalt im Herzen des deutschen Volkes zum schmerzlichen Gefühle wurde. Indem wir durch Klopstock, Goethe, Schiller den vollsten schönsten Ausdruck unseres poetischen Geistes in raschem Stufengange errangen, nachdem noch vorher den Klängen Gellerts, Hallers, der anderen Schweizer, hernach Gleims, Wielands und Kleists das ganze Deutschland gelauscht, war es allgemein ins Bewußtsein getreten, daß die Anschauungen der durch diese Heroen der deutschen Litteratur Gebildeten und die der evangelischen Schrift- und Kirchengläubigkeit weit auseinander gingen. Die Romantiker mit ihrer Anlehnung an das Altgermanische, eben darum auch an die mittelalterliche Kirche und religiöse Art konnten diese Kluft nicht ausfüllen. Besonders war der Pietismus, wie er sich weiter gebildet, oder vielmehr innerlich verkleinert hatte, der ganzen neuen Welt des Idealen fremd und sogar feindlich. Längst war auch auf dem Gebiete der Philosophie der Formalismus von Wolf mit dem Inhalte von Leibniß vor der Bewegung gewichen, welche mit Immanuel Kant begonnen und in Fichte, Jakobi, Schelling, Hegel sich fortgesetzt hatte. Während in Kant der Idealismus eine einsame Höhe erstieg, von welcher herab die realen Mächte des Lebens einen erhabenen Impuls im unbedingten Sittengesetz und der strengen Regel des allen Täuschungen der Phantasie entfliehenden Gedankens erhielten, so daß eben hier eine Stählung der Persönlichkeit durch ihre Beziehung auf das Allgemeine, also auch eine Förderung der geistigen Arbeit, welche der Persönlichkeit galt, also der deutschen europäischen Aufgabe hervortrat, so versank dagegen in Fichte das Einzelne im Ganzen der Weltordnung und wurde blos in der Form der Thätigkeit vorübergehend von Werth. Die ganze ethische Richtung dieses energischen Mannes in seinen späteren Schriften und Reden schlug aber den Bann seiner früheren pantheistischen Anschauung entzwei, und er war es gerade, der die deutsche Nation schwungvoll und mächtig zu ihrer Arbeit rief. Auch Schelling tauchte aus seinem früheren Versinken in der Identität von Geist und Natur wieder zu ethisch-persönlicher Betrachtungsweise in seiner glänzenden Schluß=Epoche empor, während in Hegels Schule die Einheit der kirchlichen Orthodoxie mit seinem panlogischen Idealismus täuschte und doch die Persönlichkeit zur bloßen Welle, zum Durchgangspunkt in der Selbstverwirklichung des Weltgeistes wurde. Aus dieser Krankheit, an welcher die mit Gott durch Christum geeinigte Persönlichkeit nur sterben konnte, die also ge=rabezu die deutsche Arbeit, wie sie in der deutschen Reformation ihre Richtung bekommen hatte, vernichtete und ziellos werden ließ, mußten die wissenschaftlich Gebildeten, welche auf das Volk wir=ken, herausgehoben werden. Diese Heraushebung ist geschehen, das Hegelthum hat sich in der Untheologie und Antitheologie eines D. F. Strauß selbst vernichtet.

Die deutsche Aufgabe hat weder der Pietismus, noch hat sie die Philosophie gelöst. Nur in den hochbegabten Geistern, wie einem Herder, einem Hamann, noch mehr aber einem Schleier=macher ist sie ihrer Lösung näher gekommen, denn sie haben das Gewissen und die Intelligenz zugleich umfaßt, sie haben in der innersten Tiefe des Gemüths die Einheit beider erkannt und aus diesem Quell die Gottesgemeinschaft der menschlichen Persönlich=keit hervorströmen lassen, die in der festesten und doch freie=sten Gebundenheit an Gott, an den lebendigen Gott, wie ihn das Herz des Menschen bedarf, zugleich ihre machtvolle Selb=ständigkeit hat. Das Gefühl der absoluten Abhängigkeit in seiner Bestimmtheit der Erlösung durch Christum, wie es Schleiermacher als das christliche Gottesbewußtsein erkennt, und zugleich die Energie der persönlichen Thätigkeit, wie sie ihm der ethische Pol des geistigen Lebens ist, läßt eben die deutsche Arbeit in der Entwicklung des Geistes hervortreten, welche den Menschen fest und stark auf ewigem Grunde stehen und den irdisch=materiellen Wirkungskreis zu einer Sphäre des Geistes und des Reiches Gottes verklären läßt. Daß Schleiermacher den gesunden Ra=tionalismus und den reformatorischen Glauben versöhnt hat und daß in dieser Versöhnung durch die Männer seines Kreises, wie C. J. Nitzsch, J. Müller, Rothe weitere Schritte gethan sind, daß in Denkern wie Trendelenburg die wirkliche Fortbildung der ethisch gerichteten, also gleichfalls das Gewissen mit dem Wissen vermittelnden Philosophie, also die Bewährung dessen, was Kant und seine Nachfolger wirklich errungen haben, stattgefunden hat, daß daher mit einem Worte die Versöhnbarkeit der echten Humanität und der christlichen Religion, ja die wesentliche Einheit beider ans Licht getreten ist, das ist deutsche Arbeit, und zwar für die Menschheit, nicht für ein einzelnes Volk. Denn wo ist im ganzen romanischen Völkergebiete solche Versöhnung auch nur denkbar? Ihr bloßes Aufstreben wird von dem römischen Stuhle verdammt, wie Hermes, Bautain, Günther, Frohschammer, Hirscher, selbst in seiner Art auch Lamennais, beweisen. Nie wird die Einheit des Wissens und Gewissens in der wissenschaftlich erkannten göttlichen Offenbarung im katholischen Europa zur Anerkenntniß gelangen, so lange die römische Kirche nicht als solche aufgehoben und in die katholische verwandelt ist. Darum kann auch die Einladung zu einem ökumenischen Concil nur mit Voraussendung des Syllabus stattfinden, der in der nächsten Nähe des Papstes, dann aber noch mehr in Frankreich, auch in Deutschland innerhalb der katholischen Kirche erst zerschmettert, was nicht römischen Gemächtes ist. Das Concil kann nur eine Fratze der alten ökumenischen Kirchenversammlungen werden, denn die Einheit des Glaubens ist nur noch in der Formel der Kirche, als Glaubensgesetz, nicht aber in den katholischen Völkern, als Glaubensleben, vorhanden. Die Bischöfe haben nicht einmal alle ihre Pfarrer, noch weniger ihre gemeindlichen Diöcesanen hinter sich, sie vertreten nicht die Peripherie bei dem römischen Centrum, sondern nur umgekehrt dieses in der weit zerstreuten Welt. Darum ist die katholische Welt eine Verfälscherin der weltgeschichtlichen Arbeit Europas und kann nur die falsche Freiheit der Apostasie zur Begleiterin haben.

Die übrige protestantische Welt, die englische, schweizerische, französische, niederländische, skandinavische u. s. w., sie kann nur mit Deutschland und durch Deutschland zu der wirklichen Darstellung der bisher geschilderten Geistesarbeit kommen. Bisher hat sie, mit Ausnahme Englands, nur von Deutschland empfangen, was sie an dieser Arbeit im innersten Gebiete des Lebens mitleistet. Wie hat sie in Schweden die Orthodoxie in äußerlichem Formalismus gepflegt und den inneren Zwiespalt unter goldgestickten Bischofsgewändern versteckt, ohne seine Lösung ernstlich auch nur zu suchen! Wie hat sie in Holland der französischen katholischen Verzweiflung an der Möglichkeit der Einigung von Christenthum und Bildung gefröhnt, und wie fängt selbst die deutsche Schweiz an, diesem zerreißenden Thun zuzustreben! — Aber England? Wir haben früher gesehen, wie haltlos dort die Nation zwischen der Staatskirche und dem Independentismus, wie innerhalb der Nationalkirche zwischen Evangelismus und Legalismus, wie in den kleineren Gemeinschaften zwischen Atomismus und Union schwanke. Die Befreiung des Gewissens ist dort in der Revolution, viel später als in Deutschland, wo es in der Reformation geschah, aber dann auch in einseitiger, das Wissen nicht befreiender Weise geschehen. Der todteste Orthodoxismus ist in den independentischen Gemeinden heimisch geblieben, das Nachbeten der kirchlichen Formel, wie sie eben geprägt war, ist dort nicht minder zu Hause, als in der Staatskirche, und in der letzteren hat die deistische Armuthseligkeit und die maurerische Allerweltsreligion ihre besten Schützer und Vertreter gehabt. Eher wird England auf der Linie, worauf die Meisten gehen, zu einem Zerfallen in orthodoxistische Absperrung gegen Wissenschaft und freies Geistesleben und in ritualistische Gesetzlichkeit, aber auch in libertinischen Skepticismus und materialistische Geistlosigkeit gelangen, als daß es aus sich selbst die rettende Macht hervorbrächte. Nur so weit Schleiermachers und anderer deutschen Geistesgrößen Schatten auf England gefallen ist, wie in Männern vom Schlage Arnolds in Rugby, wird es Oasen haben, auf welchen die Theilnahme an der großen Arbeit sich anbaut.

Wir sehen uns nach Deutschland zurückgewiesen, das protestantische Deutschland, wie es jetzt in ernster, politischer Arbeit begriffen ist, sich einheitlich und mächtig zu gestalten. Freilich, es trägt katholische Bevölkerungen, vielleicht zum dritten Theile, in sich, und auch ihm ist neuerlich vom Papste bedeutet worden, daß es nur zur Einheit des Glaubens zurückzukehren brauche, um an dem ökumenischen Concile Theil zu haben. Der Mann zu Rom redet, als wäre die protestantische Welt mit ihren fünfzig Millionen evangelischer Christen nur ein Häuflein Verirrter im Schooße der katholischen Kirche, über die sein Oberhirtenstab auch hinüberreiche. Man hat gesagt, der Papst habe einer alten Uebung sich gefügt, indem er auch sie nach Rom gerufen. Dies ist aber unwahr. Freilich ist es eine Verlegenheit für den Papst, von einer weltumfassenden Kirchenversammlung zu reden, wenn Europa allein fünfzig Millionen zählt, die nicht seinem Stabe gehorchen, der siebenzig Millionen Griechen nicht zu gedenken. Freilich hat man zum letzten ökumenischen Concil zu Trient vor dreihundert Jahren die Protestanten auch eingeladen. Aber damals rief man sie, scheinbar wenigstens, um ihre Ueberzeugungen zu vernehmen und zur Erörterung zu bringen. Jetzt hat man den Muth, sie einfach als Abtrünnige von der gottgestifteten Einheit, als Fremde dem Schaafstall Christi, als der Wahrheit feindliche, wenn auch mit süßen Worten, zurückzurufen, und von ihnen zu verlangen, sie sollten ihre Geschichte wegwerfen, sich an die romanische Verfälschung des Christenthums klammern. Man weiß freilich wohl, sie werden es nicht thun, aber man kann sich denn doch einbilden, sie ehrlich zum Concil eingeladen zu haben. — Hinweg von diesem unwürdigen Spiel mit so ernsten Dingen! Antworten wird der evangelische Christ mit dem Rufe, daß sie zu uns kommen, aus der Knechtschaft in die Freiheit, aus der Blindheit zum Sehen, antworten wird er mit der Bibel, aber auch mit Leibnitz und Kant, mit Lessing und Goethe, mit Schiller und Schleiermacher, am stärksten aber mit dem Gebete zu dem lebendigen Gott, daß Er das Evangelium der von Rom bethörten Christenheit aufschließe und sie zur echt-katholischen Kirche in Gemeinschaft mit uns entwickle.

Schon als Papst Pius IX. das Dogma von der unbefleckten Empfängniß der Maria, der Mutter des Herrn aufstellte, wornach sie selbst in ihrem ganzen Leben frei vom Zusammenhang mit der Sündhaftigkeit des Menschengeschlechts gewesen sein soll, ohne daß doch für die Geburt Christi als des Sündlosen aus ihr etwas damit gewonnen war, weil diese nur ihre Freiheit von der Sünde in einer gewissen Periode ihres Lebens forderte, mußte in der protestantischen Welt die Frage entstehen, ob hier nicht das Widersinnige zum Glauben, zur Bedingung der Gemeinschaft mit Gott, gemacht werde? Denn um die unsündliche Geburt der Maria begreiflich zu machen, mußte ja wieder von ihren Eltern dasselbe ausgesagt werden, und zwar hier nicht, wie um der unsündlichen

Natur Christi willen, nur von der Mutter, sondern von beiden
Erzeugern, und wenn man nicht Gewaltthat brauchen wollte, war
man dann genöthigt, rückwärts weiter zu gehen und zuletzt von
allen Menschen, weil sie schließlich gemeinsamer Abstammung sind,
dasselbe zu behaupten, dadurch überhaupt den Begriff anererbter
Sündhaftigkeit aufzuheben und hiermit wieder den Vorzug für
Maria, selbst den für Christus zu beseitigen. Allein dies war
das Anstößigste nur für den denkenden Verstand, dessen Be=
freiung durch eine solche Zumuthung aufs Stärkste negirt wurde;
es war noch ein schlimmerer Anstoß, und zwar auf der religiösen
Seite, zu überwinden. Dieses neue Dogma war und ist ohne
allen Zusammenhang mit den Aussagen der heiligen Schrift, und
die katholische Kirche hat nicht versucht, diesen Zusammenhang
durch, sei es auch noch so falsche, Auslegung herzustellen. Dies
hat sie bei keiner anderen ihrer Glaubenslehren unterlassen, und
es lag daher in dieser erstmaligen Unterlassung ein wichtiger prin=
cipieller Schritt. Zum erstenmale verließ die römisch=katholische
Kirche die allen christlichen Kirchen und Confessionen gemeinsame
Basis der heiligen Schrift und erklärte, daß sie in einem Dogma
— warum nicht in allen? — dieser Grundlage entbehren könne,
weil die Auctorität der Kirche und für diese ihres Hauptes aus=
reichend sei. Der König Friedrich Wilhelm IV., dessen weites
Herz für alles Christliche, auch wie es in der römischen Kirche
sich findet, so sehr allgemein bekannt ist, daß nicht Wenige ihm
eine Hinneigung zu der letzteren fälschlich zuschrieben, war über die=
sen Schritt, den er eine „Lossagung von gemeiner Christenheit"
nannte, so empört, daß auch seine persönliche Verehrung für
Pius IX. ihn nicht über das Gefühl der Pflicht hinwegheben
konnte, diesen Schritt von Seiten der evangelischen Welt nicht
unbemerkt zu lassen. Er sprach seine Ueberzeugung aus, daß von
allen Kanzeln der evangelischen Christenheit in Europa und in
Amerika ein kurzes ernstes Wort darüber gesprochen werden
müßte, daß man die katholische Kirche im Ganzen nicht mehr als
eine auf festem Grunde der göttlichen Schriftoffenbarung mit
ihren Hauptwurzeln ruhende betrachten könne, wenn man auch
den einzelnen Angehörigen derselben nicht anders als bisher an=
sehen müsse. Ja er erklärte, es müsse ein redlicher Katholik diese

Kirche nach solchem Schritt eigentlich verlassen. Seine Absicht war, mit der englischen, schwedischen, dänischen Kirche Hand in Hand darin zu gehen und die preußische Landeskirche dann sich an die übrigen deutschen evangelischen Kirchen wenden zu lassen. Es wurden auch einleitende Schritte gethan, aber Schwierigkeiten, die in der Verfassung der englischen Staatskirche lagen, ließen es zu dem entscheidenden Acte nicht kommen, so daß der König mit Schmerz davon abstand, weitere Verhandlungen zu pflegen.

Es war dies derselbe evangelische Herrscher, der den römischen Katholiken alle ihre Rechte zurückgab, ja ihrer Kirche in seinem Staate eine Freiheit der Bewegung gewährte, wie sie sie nicht in Oesterreich, nicht in Baiern besaß. Er, der von Verletzung seiner katholischen Unterthanen so weit entfernt war, konnte wahrlich ein Solches wagen und recht finden. Wie würde er auf die päpstliche Einladung zum Abfall vom Glauben der Reformation, wie er jetzt laut geworden ist, geantwortet haben?

Aber eben, nach Deutschland zurückgewiesen, in das evangelische Deutschland, finden wir denn hier die Arbeit vollzogen? Ist die Befreiung der Persönlichkeit von menschlicher Auctorität vollbracht, ohne auch das Band der Gemeinschaft mit dem ewigen Gott zu lösen? Lebt und bewegt sich die Gemeinschaft der befreiten, in Gott ruhenden Persönlichkeiten? Wirkt diese geistige Freiheit in der Kirche, der Wissenschaft, der Erkenntniß der Wahrheit für Alle, auf die sittliche Gemeinschaft der Familie, des Standes, des Staates? Ist in diesem das Joch der Knechtschaft Allen abgenommen und der Mächtige nicht allein frei, der Schwache aber gedrückt und gefangen? Dahin deutet mit ausgestrecktem Finger nicht blos der päpstliche Syllabus mit seinem unwissenden Wirrwarr von Verdammungen, sondern so manches umwölkte Auge, ja mancher höhnische Blick auch aus unserer eigenen Mitte. Gibt es doch in diesem Augenblick eine ganze Litteratur, welche Humanität und Christenthum in ihrem wesentlichen inneren Verhältnisse, ihrer Einheit und Gegensätzlichkeit zum Gegenstande hat*). Es ist ja gerade eine Erscheinung der Gegen-

---

*) Wir nennen nur: Scheuel: Christenthum und Kirche im Einklange mit der Culturentwicklung. Wiesbaden 1867. 2 Bde. Hanne: Der Geist

wart, die uns mit dem Anspruch entgegentritt, das mit der jetzi=
gen Culturentwicklung nicht mehr vereinbare Christenthum, wie es
in und seit der Reformation sich dargestellt hat, und mehr noch
dessen mittelalterliche Erscheinung, aufzugeben und eine neue Ge=
staltung des Christenthums selbst in Lehre und Leben aus der
modernen Weltbildung, der philosophisch=ästhetisch=politisch=natur=
wissenschaftlichen, herzustellen. Dies hat ein geistvoller Mann,
der selbst die Kräfte des Christenthums im Leben und Sterben
erfuhr und bewies, der selige Dr. Rothe durch Erklärungen ein=
geleitet*), denen wohl die Meisten in der Gegenwart beistimmen
können, denn sie fordern nur, daß Christus zeitgemäß, verständ=
lich und faßbar für die Zeit und ihre Bildung gepredigt werde
und daß die evangelische Kirche wirklich werde, was sie zu sein
bestimmt ist, eine Volkskirche. An Rothes Ansicht schließt sich
Baumgarten mit der Forderung, daß, gleichwie Christus selbst
in seiner historischen Erscheinung nur national begreiflich sei, so
auch die ethische Wirkung des Christenthums an die Nationalität
sich fest anschließe. — Wer wird hiermit nicht ganz richtige Ge=
sichtspunkte und Forderungen ausgesprochen finden? Wenn aber
dann die an diese wirklich theologischen Größen sich anheftenden,
gerade am lautesten sich kundgebenden Männer zweiten Ranges
die blos menschliche Betrachtung Christi als die allein berechtigte
proclamiren, wenn sie den Bruch mit der Dogmatik der Refor=
mation bis in die Leugnung der Trinität, der Gottheit Christi,

des Christenthums, seine Entwicklung und sein Verhältniß zu Kirche und Cultur der Gegenwart. Elberfeld 1867. Auf der Gegenseite: Kritzler: Humanität und Christenthum. Gotha 1867. 2 Bde. Hamberger: Christenthum
und moderne Cultur. Erlangen 1863. Koopmann: Das evangelische
Christenthum in seinem Verhältnisse zu der modernen Cultur. Hamburg 1866.
Schröder: Ueber die moderne Bildung in ihrer geschichtlichen Entwicklung.
Rostock 1862. — Schriften wie Renaus: Questions contemporaines. Paris
1868. und Senac: Christianisme et civilisation. Paris 1863. 2 Vol. gehören nur theilweise hierher und beweisen, wie wenig die katholische Kirche mit
dieser Frage zurecht kommen kann, und welche Gegensätze gerade sie ins Leben
ruft. Ebenso: von Ketteler: Freiheit, Autorität und Kirche. Mainz 1862.
und was dieser Schrift weiter gefolgt ist.
*) Seine Thesen s. Schenkel: Der deutsche Protestanten-Verein. Wies-
baden 1868. S. 112 ff.

der Auferstehung des Herrn, aller Wunder, und somit überhaupt der durch Christum vollbrachten objectiven Erlösung forttreiben, so kann Niemand, der den Zusammenhang mit der Reformation der Kirche für unentbehrlich hält, dies eine Entwicklung der Kirche nennen, sondern er kann nur untheologische und unevangelische, daher auch undeutsche und eben deshalb antinationale Bestrebungen da finden, wo man mit der Allerweltsreligion des Unglaubens die heute wohl anklingenden Worte von Nationalität und Deutschheit in falschen Zusammenhang bringt. Wenn man, wie dies Schenkel gethan, das Christenthum mehr „in die ethische Gemeinschaft als in das Dogma" setzt, dabei aber durch andere Schriften klar macht, was unter dem Namen „Dogma" außerhalb des Kreises des christlich Unerläßlichen fallen soll, nämlich der ganze gott-menschliche Christus und die ganze Offenbarungsnatur des Christen-thums, wenn man in „Volksschriften" die Gemeinschaft wahr-nehmen läßt, die gesucht wird, so ist klar und unmißdeutbar ge-sagt, um welche Güter des Glaubens das deutsche Volk gebracht werden und was es für dieselben eintauschen soll. — Die ethische Gemeinschaft, wie man sie an die Stelle der Glaubens= und Be-kenntniß=Gemeinschaft setzen will, ist im allerbesten Falle eine Gemeinschaft der Bildung, wie sie das Christenthum in seiner Aneignung auch des Alt=Classischen und des Nationalen hervor-gebracht hat. Diese Bildung beruht aber auf dem Glauben der Reformation und des ihr folgenden deutschen Volkes. Die ger-manische Gestalt des Christenthums ist nicht die mittelalterliche, denn im Mittelalter wurden die Deutschen erst romanisch christia-nisirt, sondern sie ist die der lutherischen Reformation, und es gehörten daher die Grundgedanken dieser, das Schöpfen aus der durch sich selbst erklärten heiligen Schrift und das Verhältniß der einzelnen Persönlichkeit durch Christum zu Gott, d. h. die Recht-fertigung durch den Glauben, zu der echten deutschen religiösen Stellung. Was diese wegräumt, ist entweder von romanischer oder nihilistischer Undeutschheit ausgegangen. Und dahin gehört auch die grobe Täuschung, als ob die moderne Bildung irgend Bestand haben könnte, wenn die auch in ihr wirkenden Gedanken der heiligen Schrift und Kräfte der Rechtfertigung entfernt wür-den. Es ist gerade, als ob man ein schönes Gebäude dadurch zu seiner Vollendung und Harmonie bringen wollte, daß man sein unsichtbar gewordenes Fundament herausrisse, nicht um es fester zu ersetzen, sondern um dem Gebäude den Wunderglanz zu geben, daß es sich selbst trage.

Es bleibt daher dabei, daß die deutsche Nation in ihrem evangelischen Theile, und der katholische wird daran seinen An= theil nehmen, sobald seine Fähigkeit dazu durch den Untergang des mittelalterlichen Papstthums und das Wiedererstehen der ihm wesentlich angehörigen Episcopal=Verfassung wieder hergestellt ist, die Aufgabe durcharbeiten muß und wird, um welche es sich vor Allem handelt. Wir wiederholen nicht das anderwärts Ausge= führte von der Unerläßlichkeit der evangelischen Union, wie sie die deutsche Nationalität und das Wesen gerade der deutschen Re= formation fordert, und lassen uns hierin durch Erklärungen so unevangelischer und so undeutscher Art, wie eine Versammlung sogenannter Lutheraner, d. h. sich lutherisch nennender Theologen, hauptsächlich aus den mit dem evangelischen Preußen grollenden politischen Kreisen, denen sich particularistische Hannoveraner an= schlossen, sie zu Hannover gefaßt hat, nämlich alle Unirten vom Abendmahl der lutherischen Kirche ausschließen zu wollen, nicht irre machen. Wird doch diese Erklärung innerhalb des nord= deutschen Bundes schon an der Gesetzgebung desselben eine un= durchbrechbare Schranke finden und nur dazu führen, daß, wie es leider zu geschehen pflegt, mit dem unwahren Lutherthum auch das wahre von der Mehrzahl verworfen und dadurch dem deut= schen religiösen Leben unsäglich geschadet wird. Diese pseudo= lutherischen Hierarchisten sind die besten unabsichtlichen Vorarbeiter des Protestanten=Vereins, der sich für Beschlüsse, wie die in den Leipziger und Hannoverischen Conferenzen gefaßten, nur bestens be= danken kann. Sie werden aber der evangelischen Kirche Preu= ßens von elf Millionen Deutscher doch wohl schwerlich durch einen bairisch=sächsisch=hannoverisch=mecklenburgischen Parteibeschluß, der keineswegs eine Entschließung des Kirchenregiments in diesen Ländern ist und dem auch schwerlich jemals Hessen und Würtem= berg beitreten würden, wenn er jene Bedeutung hätte, den Nerv der Gemeinschaft mit dem übrigen deutschen Protestanismus abschnei= den. Auch wird nie die Landeskirche Preußens, nebst Kurhessen,

Naſſau und wohl auch den Elbherzogthümern, nebſt dem Thü=
ringiſchen, Sachſen und der Mehrzahl der Geiſtlichen und Pres=
byterien im königlichen Sachſen, nebſt Würtemberg und Baden
einer ſo unevangeliſchen Herausforderung anders als mit der Zu=
verſicht antworten, daß der chriſtliche Sinn der Bevölkerungen
dieſem pfäffiſchen Thun die Spitze abbrechen wird. Die Schande
aber, welche dem deutſchen evangeliſchen Weſen durch dieſe ver=
bitterte Feindſchaft ſogenannter Lutheraner gegen andere Luthe=
raner, blos weil dieſe ganz dem Weſen der deutſchen Reformation
gemäß in kirchlicher Gemeinſchaft mit den deutſchen Reformirten,
d. h. der melanchthoniſch = calviniſtiſchen deutſchen Reformations=
kirche ſtehen, in den Augen der übrigen evangeliſchen Welt und
der römiſch=katholiſchen Kirche angethan wird, mögen die Berufer
und Leiter der Conferenz verantworten.

Wir ſehen, daß die Arbeit, welche die Weltgeſchichte Europa
aufgetragen hat, in Deutſchland wohl längſt begonnen, ja im
innerſten Gebiete zuerſt mit durchſchlagender Kraft begonnen, aber
noch lange nicht durchgeführt iſt.

Erſt wenn die den Glauben an die ewige Welt nicht ver=
leugnende und nicht in der äſthetiſch übertünchten Barbarei des
Materialismus unfehlbar endende Freiheit des Gewiſſens für die
Einzelnen und in den Einzelnen hergeſtellt iſt, wenn dieſe Frei=
heit aber auch aus dem allgemeinen Prieſterthum der Gläubigen
heraus zur Theilnahme Aller an der Kirche, der Gemeinde, dem
Gottesdienſt, der Erkenntniß erweitert, wenn alſo die freie Kirchen=
verfaſſung von den Presbyterien an bis zur Landes=Synode ins
Leben getreten iſt, erſt wenn die ſo verfaßten und innerlich ge=
einigten, alſo auch in der Union zuſammengeſchloſſenen kirchlichen
Abtheilungen Deutſchlands, die Vermächtniſſe ſeiner Zerriſſenheit,
durch einen feſten Kirchenbund mit oberſter gemeinſamer Ver=
tretung in eine kirchliche Einheit auf evangeliſchem Boden verwan=
delt haben, ja erſt, wenn auch die katholiſche Kirche ihren romaniſch=
mittelalterlichen Charakter wird abgethan und ſich der Cultur=
bewegung Deutſchlands wird angeſchloſſen und in Conföderation
mit der evangeliſchen Kirche ihre wahre Stellung wird gewonnen
haben, iſt auf dieſem Gebiete die deutſche europäiſche Arbeit in
den weſentlichſten Punkten gethan. Daß auch alsdann noch die

Durchdringung und Weihung des ganzen Volkslebens mit allen seinen Cultur-Elementen durch das Evangelium ohne hierarchische und theologische Knechtung der Weltbildung und ohne Sclaverei der Kirche eine Aufgabe bleiben wird, kann Niemand bezweifeln. Aber auch darüber wird kaum ein Sachverständiger im Zweifel sein, daß die gegenwärtigen kirchlichen Einrichtungen dazu nicht genügen, daß, abgesehen von der Verfassung, auch auf dem gottesdienstlichen Ge- biete des Freien mehr werden muß als des Gebundenen, daß nicht etwa nur die alten, oft verkommenen Versammlungen der Pietisten zu wirklichen Volksgemeinschaften im Evangelium werden, daß außer den oft so wenig wirksamen Predigten noch andere, die Gebilde- ten in der Gemeinde stärker anfassende Vorträge, wie sie jetzt von Vereinen vorgebahnt werden, daß aber nicht blos akroamatische, sondern auch bei dem Rechte der Gemeindeglieder converjatorische (man verzeihe den Ausdruck) Mittel des Austausches der christ- lichen Erkenntniß, daß also Unterredungen mit den Erwachsenen, durch die preußischen General- und Special-Visitationen gleich- falls schon angebahnt, daß auch außer den oft so trockenen Kate- chisationen Gespräche mit den Jünglingen und den Jungfrauen der Gemeinde, daß Gewinnung derselben für die Arbeit an den Kindern in den jetzt sich entwickelnden Sonntagsschulen und eben damit ihre Zubereitung für die Gemeindearbeit in Armenpflege, in Pflege der edlen Sitte und Zucht, ja für die Gemeindeleitung mit in die Reihe der geistlichen Amtsthätigkeiten treten müssen. Nicht daß von allen diesen Dingen nichts noch im Leben be- stände, vielmehr ist da und dort Treffliches auf diesen Ge- bieten geleistet, aber es ist auf wenige Punkte beschränkt. Diese Thätigkeiten des kirchlichen Lebens müssen allgemein und überall geübt werden, wozu dann die ganz besonders auch den Nichtgeistlichen obliegende Missionssache unter Heiden und Juden tritt, die viel zu sehr nur als Anhängsel des Pfarrwirkens be- handelt wird.

Wer wird verkennen, daß in unserer deutschen Kirche weder die Zahl, noch die Kraft, Gabe, Ausbildung der Geistlichen und Nichtgeistlichen gegenwärtig dieser Aufgabe gewachsen ist. Wenn Einiges davon in der würtembergischen Kirche als Product des durch das Volk dort in etlichen Gegenden stark hindurchwirkenden

Pietismus, jedoch auch nicht selten mit dessen Schattenseiten, be=
steht, so ist dafür Anderes weit mehr im Norden ins Werk ge=
setzt worden. Wer aber soll die Kräfte wecken und rufen, die
Mittel zu weiterer und tieferer Ausbildung schaffen, wer die An=
regungen geben, als die Kirche selbst in ihren lebendigsten Glie=
dern, wie sie in den größeren Synodal=Körpern vereinigt sein
werden. Also hier ist zuerst Hand anzulegen, und überall wird
Hand angelegt. Wie lange hätten wohl Kurhessen und die Elb=
herzogthümer noch auf diese Verfassung zu warten gehabt ohne
die Ereignisse von 1866?

Wir lächeln über das encyclopädische Wissen und Können
der Lehrer und Theologen früherer Zeit, über einen Albertus
Magnus, der ein Wunder der Vielseitigkeit war, wie nach ihm
nur ein Melanchthon, über die Professoren der Theologie, welche
erst orientalische oder classische Sprachen und Litteraturen, Ge=
schichte, sogar Medicin gelehrt und dann erst den theologischen
Lehrstuhl erstiegen haben, wir haben noch blos die Orientalia
und die Philosophie, von denen man etwa zur Theologie über=
geht. Auch wäre ja bei der Fülle der heutigen Wissenschaft eine
wirkliche Tüchtigkeit in so vielen Fächern nicht mehr erreichbar.
Aber kein Vorzug, sondern ein wesentlicher Schaden unserer Zeit
ist es, daß der Jurist und noch mehr der Mediciner gewöhnlich
geradezu Ignoranten in allen theologischen, ja oft in den religiösen
Dingen sind, daß man es für einen Zwang halten würde, wenn
sie angehalten wären, in allgemeiner Religions= und christlicher
Bildungsgeschichte, in der Geschichte der Bestreitung und Ver=
theidigung des Christenthums, in Missionsgeschichte, kirchlicher
Statistik, in Kenntniß der Glaubenslehre ihrer Kirche und in der
Symbolik (Unterscheidung und Einheit der christlichen Kirchen) mehr
Kenntnisse zu erwerben, als der Lieutenant und der Apotheker ge=
winnt. Ein unsäglicher Nachtheil muß es genannt werden, daß der
Geistliche von dem an den Barbier grenzenden Chirurgen in jeglicher
Frage der Naturerkenntniß als ein Unwissender übersehen, und
daß er von dem Arzte vollends hoch herab als einer betrachtet
wird, der nicht mitreden kann. Wenn Geistliche sich mit der Na=
turwissenschaft auch nur in dem Maße vertraut machten, wie es
einige Bearbeiter der von dem Central=Ausschuß für innere

Mission aufgestellten Preisaufgabe thaten, wie ganz anders würde es auch mit der populären Litteratur in diesem Fache stehen*)! Daß ein ärmliches Triennium für eine umfassendere Bildung nicht ausreichen kann, ist klar wie der Tag. Man helfe, wie in Würtemberg die Stiftungen aus dem Kirchengut es thun, die ein vier- ja ein fünfjähriges Studium dem Theologen, dem Philologen, dem Realistiker möglich machen! Was hilft alle staatliche Sparsamkeit, alles Geizen der Kirche gegenüber, wenn die eigentlichen Ziele des Volkslebens nicht erreicht werden können, und diese Unerfüllbarkeit des Berufes der Kirche als drückende Krankheit auf demselben lastet? Die würtembergische Kirche bleibt in vieler Hinsicht musterhaft, weil sie productiv ist. Man werfe nicht ein, sie habe in Hegel und Schelling nicht die der Kirche dienlichsten hochragenden Geister an Deutschland abgegeben, sie habe sogar an D. F. Strauß einen der zerstörenden Feinde der Kirche großgezogen, und an F. Vischer und E. Zeller nicht eben Vertheidiger des Christenthums geliefert. Durch Nennung dieser Namen bezeugt man ihre Productivität. Aber welche Reihe von Namen auf fast allen deutschen Universitäten (wir nennen Berlin, Königsberg, Breslau, Halle, Leipzig, Zürich, Basel, Bern, Kiel, Göttingen, Bonn, Erlangen, Marburg, die seit hundert Jahren die wirksamsten Kräfte aus Würtemberg und dem ihm so nahe verwandten Baden bezogen) und in den Spitzen der theologischen Litteratur könnte man an einander fügen, um Würtembergs theologisches und allgemein wissenschaftliches Leben zu bezeugen! Doch nicht diese, sondern die Geistlichkeit, die Gemeinden Würtembergs wären zu nennen und zu zeichnen, um die schöne Gabe des lieblichen Landes zu schildern. Union ist ihm von der Reformation her eingeboren, sie bedurfte in ihm nicht geschaffen zu werden, die Volksgemeinschaften sind ihm von jeher eigen, es verdankt sie nicht erst Spenern und Franken. Nie hat in ihm der plumpe

*) Wir verweisen auf die gekrönte Arbeit von Zollmann (preußischer Pfarrer zu Buenos-Ayres in Südamerika): Bibel und Natur in der Harmonie ihrer Offenbarungen. Hamburg 1868, und möchten wünschen, daß ein anderer geistlicher Bearbeiter (in Sachsen) seine Arbeit auch durch den Druck möchte zugänglich machen. Der Verfasser kennt sie als gewesener Preisrichter und steht nicht an, sie hiermit öffentlich zum Drucke einzuladen.

und vulgäre Rationalismus geherrscht, wenn er auch seine Ver=
treter hatte, nie ist die Entkirchlichung ein allgemeiner Land=
schaden geworden, wie anderwärts, nie hat sich in ihm eine er=
hebliche schroff=confessionelle Partei, nie ein romanisirendes Be=
streben gebildet, nie ein verfälschender Unionismus, und der Pro=
testanten=Verein ist ihm fremd geblieben. An Bibelverbreitung
und anderen freien evangelischen Thätigkeiten hat es in erster
Reihe Theil genommen, für die Mission ist es ein Heimath= und
Musterland seit einem halben Jahrhundert geworden und ge=
blieben. — Wohl hat es auch seine unkirchlichen Gebildeten, seine
an die Schreibstube gefesselten Bureaukraten, neben dem echten
auch seinen falschen Liberalismus, und die ultramontanen Bestre=
bungen sind, oft von Oben geschützt und gestützt, nicht bekämpft
worden, wie es hätte geschehen sollen. Aber immer soll dieses
kleine süddeutsche Land als der Beweis genannt werden, daß die
Arbeit Deutschlands im religiös=kirchlichen Gebiete nicht ungethan
geblieben ist.

Wir sehen Deutschland in der vollen Bewegung seiner Arbeit,
und die Hindernisse ihres Gelingens, die zur Linken und die zur
Rechten, sie werden wohl aufhalten, aber nicht den Strom des
deutschen Lebens in der ihm geordneten Richtung lange zurück=
stauen können; nur Abläufe nach der linken Seite können die
Dämmungen von rechts herbeiführen und haben sie schon herbei=
geführt. Das Ende der Kirche ist aber nicht da, und es wehen
nicht die Märzlüfte über ihr Grab, wie man noch eben weissa=
gen hört*).

Aber nun auf dem Gebiete des Staates! Daß hier Deutsch=
land ein Spätling ist, wer kann es leugnen? Die Leibeigenschaft
hat erst in diesem Jahrhundert ihre Lösung gefunden, aber die
ständische Ordnung blühte nirgends wie in Deutschland, bis durch
Frankreichs verführendes Beispiel und die Beschädigungen des
dreißigjährigen Krieges diese alte germanische Ordnung, weil ihre
damalige Gestalt nicht mehr befriedigte, in Zerfall gerieth. Eine
Mitregierung des mündigen Volkes bei voller Geltung des mon=
archischen Regimentes war wohl kaum irgendwo außer England

---

*) M. Wolff: Die natürliche Religion in neuer Auflage. Hamburg 1864.

in dem Maße vorhanden, wie in Deutschland. In Frankreich, in Italien waren die Stände längst geknechtet, als sie in Deutsch= land noch lebten; schleppten sie doch bei uns ein unwirkliches Leben noch über die Sturmzeit der französischen Revolution hinüber in das laufende Jahrhundert herein, als sie im romanischen Gebiete längst verschieden waren. — Freilich den Niederlanden und noch mehr England gegenüber erscheint Deutschland als Nachzügler mit seinen freien Verfassungen. Aber sind diese mehr als die ersten Versuche, und werden sie ebenso wie dort bei der Republik mit einem erblichen König=Präsidenten anlangen? Dies ist die Frage. Deutschland strebt nicht in der Richtung wie jene Länder, sondern es ringt nach der Lösung der Aufgabe, die volle Theilnahme des Volks am Staate mit dem starken, selbstwirkenden Königthum, und die bestehende Fürstenherrschaft mit der Conföderation in möglichst enger und kräftiger Zusammenschließung zu vereinigen. Daß es auf diesem Gebiete den preußischen Staat als Vorgänger hat, bedarf keiner Bemerkung, wohl aber, daß es Deutschland nicht bestimmt ist, auch ferner in der Behandlung aller concreten und praktischen Begriffe von Recht und Staat nur französischen Mustern und Anstößen zu folgen, sondern daß es seine eigenen, von dem Wesen der Nation und von ihrer Einheit ausgehenden Antriebe und Ziele hat, ja daß zuletzt, „wie der französische Geist „dem deutschen den Anstoß gegeben hat, so umgekehrt von dem „deutschen aus die letzte ergänzende und vollendende Rückwirkung „erfolgen muß, durch welche für Frankreich wie für die übrige „Menschheit erst die allgemein rechtliche Versöhnung und die wahre „Freiheit möglich sein wird*)."

Es ist nicht unsere Aufgabe, hier die Staatsordnung, wie sie der deutschen Nationalität und Geschichte gemäß ist, weiter zu besprechen, und wir können uns auf die anderwärts schon gege= benen Andeutungen zurück beziehen**).

---

*) K. Ch. Planck: Katechismus des Rechts, oder Grundzüge der Neu= bildung der Gesellschaft und des Staates. Tübingen 1852. S. 261. — Wir erkennen in dieser Schrift des Guten und zum Ziele Treffenden Viel, ohne des= halb alle ihre Grundlagen und Ansichten uns anzueignen. Sie ist aber sicher nicht im Verhältniß ihres Werthes beachtet worden.

**) Deutschland einst und jetzt. S. 242 ff., 344 ff., 516 ff.

Wir haben nur zu bemerken, daß der Volksunterricht die erste Aufgabe des Staats ist, die er mit der Kirche gemeinsam hat, weil die Gemeinschaft der freien Persönlichkeiten nur im Elemente der Selbst=, Welt= und Gotteserkenntniß sich bewegen kann. Jede dieser Erkenntnißseiten fordert die andere, und die tiefste Grundlage ist und bleibt die Gotteserkenntniß, weil nach ihr sich die beiden anderen Stufen des menschlichen Bewußtseins modificiren. Wer den lebendigen, unendlich persönlichen Gott kennt, wie er sich durch die Jahrtausende geoffenbart und in Christo sich mit der Menschheit geeinigt hat, der kennt sich selbst als Geschöpf und als zu Gott berufen in dem erhabensten Gefühl ewiger Würde und Bestimmung, und die Welt als eine geschaffene Gotteswelt, welche zu der Entwicklung der Menschheit zu ihrem ewigen Ziele wirken muß und in der Gott lebendig waltet, also auch das Wunder schafft, mit welchem er nicht eine ihm fremde Ordnung aufhebt oder störend durchbricht, sondern eben durch die freie Behandlung derselben sie als die seinige bezeichnet und bestätigt. — Wer diese Gotteserkenntniß nicht hat, von der Offenbarung nichts weiß, dem tritt die Welt als einziges Mittel seiner religiösen Befriedigung entgegen, er muß Heide werden oder in Weltflucht innerlich versinken und untergehen. Der Aberglaube ist die sichere Folge des Unglaubens, auch die Gebildetsten entgehen seinen Klauen nicht, und wäre es auch nur in feigen Tagewählereien und alberner Zählung der Tischgesellschaften. Das Selbstbewußtsein aber eines Menschen ohne Gottesbewußtsein wird zum sklavischen Abhängen von der übermächtigen Stoffwelt, es führt zu thierischer Stumpfheit oder zu gemeinem und sittenlosem Genußleben, zur abgematteten Gleichgültigkeit gegen die höhere Welt. Eine Gesellschaft in diesem Zustand ist zu keiner anderen staatlichen Existenz fähig, als zu dem grauenvollen Wechselspiel zwischen Säbelherrschaft, höchstens aufgeklärtem Despotismus, und revolutionärem Grimm und entsittlichender Verwüstung der Gesellschaft, in welcher Jeder den Anderen blos als Mittel seiner selbstischen Zwecke betrachtet und behandelt. Ein Blick nach Frankreich hinüber und selbst nach England, wenn man die jetzt noch schützenden, aber allmälig schwindenden Mächte in Staat und Kirche hinwegdenkt, kann die Wahrheit dieses Gemäldes illuſtriren, und es ist gerade die römiſch-katholiſche civiliſirte Welt, welche am ſicherſten durch das Geſetzesjoch der Kirche zum Un= glauben und von da zu dieſen Wirkungen führt. Darum aller= dings darf die evangeliſche Kirche nicht zu einer Geſetzeskirche herabſinken, ſondern ſie muß die freie und befreiende bleiben. Sie ſinkt aber zu einer ſolchen wirklich herab, wenn in ihr die Beſtrebungen, welche die Kirchenzucht an die Stelle der Seelen= pflege, das Wort= und Formelbekenntniß an die Stelle des le= bendigen Glaubens und Einlebens in die Offenbarung, die Or= thodoxie alſo an die Stelle des Geiſtes und der Freiheit, das Conſiſtorialregiment an die Stelle der ſynodalen Ordnungen und den Paſtorenwillen an die Stelle des Gemeindeſinns ſetzen wollen, ihr Ziel erreichen. Das werden und ſollen ſie nicht. Aber eben deshalb ſoll die Kirche auch nicht aus der Schule, die weſentlich ihre Stiftung und ihr Werk iſt, hinausgedrängt werden. Es iſt die kurzſichtigſte und kleinmeiſterlichſte Afterweisheit einer halbgebil= deten Bourgeoiſie, welche von Zeit zu Zeit das Geſchrei für die confeſſionsloſe Schule erhebt. Denn was iſt dieſe Schule? ſie iſt die geſchichtsloſe, zufällige und daher durch und durch unwahre, auch nicht minder undeutſche, antinationale, weil falſch kosmo= politiſche, Abrichtungs=Anſtalt für den Staats= und Conſtitutional= Mechanismus, und ihr Reſultat würde uns Männer mit großen Worten im Munde, aber blos nachgeplauderten, und mächtigen Scheuklappen an den Augen liefern, die von der ganzen großen Culturwelt des Evangeliums nichts erblickten, als das bißchen Gewächſe, welche in einem Sonnabendclubb ihr kümmerliches Leben friſten. Es gibt — Gott ſei Dank — noch eine Tradition des Regierungsverſtandes in Deutſchland, ſonderlich in Preußen, und er wird ſich durch dieſes Geſchrei nicht aus ſeiner ſicheren Bahn rücken laſſen. Der preußiſche Staat mit ſeinen 25,120 öffent= lichen Elementarſchulen und 38,053 Claſſen mit 36,819 Lehrer= kräften, wovon zwei Drittheile evangeliſche und ein Drittheil ka= tholiſche und jüdiſche Schulen ſind*), neben welchen noch 1460

---

*) Statiſtiſche Nachrichten über das Elementar=Schulweſen in Preußen für die Jahre 1862—1864. Berlin 1867. S. VII. Herausgegeben vom Mi= niſterium der Unterrichts=Angelegenheiten (bei W. Hertz, Beſſer'ſche Buch= handlung).

Privatschulen mit 3105 Classen bestanden, umfaßt 3,026,743 Kinder, also den sechsten Theil der gesammten Bevölkerung, und zu ihnen tritt noch in den höheren Schulen aller Art eine erhebliche Zahl.

Diese ganze, die Zukunft unseres Landes und Volkes in sich tragende Menge von Kindern und Jünglingen mit einem Male oder allmälig von der Einwirkung des Evangeliums als einer öffentlichen Angelegenheit losreißen zu wollen, ist ein freches und glücklicherweise albernes Unterfangen. Es kann der Staat zu einem solchen sich nicht bewegen lassen, wenn es auch vielleicht in manchen Städten Gelingen hoffen könnte. Auf dem Lande, wo das Gehalt, die Wohnung, die sonstige Beschäftigung des Lehrers von der Kirche dargereicht wird, kann an ein solches nicht gedacht werden, weil die Unterweisung in der Religion den Pfarrern zuweisen in der größeren Zahl der Dörfer geradezu hieße, dieselbe unmöglich machen, und weil die Kirche, im Besitze der ihr gehörigen Einkünfte und Stiftungen durch die Staatsverfassung ausdrücklich geschützt, keineswegs dieselben in dem fraglichen Sinne verwenden ließe, sondern genöthigt wäre, Kirchschulen zu gründen, für welche meist das Schulhaus und die Lehrerwohnung, sowie ein Theil des Gehaltes schon vorhanden wäre, der Staat aber dann neben den Kirchschulen kaum mehr mit einer besonderen Schule bestehen könnte. Allein es ist von Seiten des Staates ein Eingehen auf ein verworrenes Geschrei, auch wenn es einen Wiederhall im Landtage finden sollte, nicht zu befürchten, vielmehr wird er auf Durchführung der von ihm ausgehenden christlichen Schulordnungen einfach weiter dringen und den Leuten, welche sich in neuester Zeit so sehr vor den Geistlichen und ihrer Einwirkung auf die Schule fürchten, es überlassen müssen, ihre Kinder in Privatschulen ohne Religion bilden zu lassen, wobei dann aber ihre Aufnahme in den Confirmanden-Unterricht, überhaupt ihre Angehörigkeit an die Landeskirche in Zweifel gestellt würde.

Der preußische Staat hat Deutschland ein mit Erfolg nachgeahmtes und dem übrigen Europa ein viel bewundertes und auch zur Nachfolge reizendes Beispiel gegeben, und Niemanden ist es verborgen geblieben, was seine Volks- und seine Gelehrtenschule zu den Erfolgen Preußens in der politischen Machtstellung beigetragen hat. Diese Erfolge aber verdanken wir eben der religiösen Schule, nicht der geträumten religionslosen — denn diese ist in den bezeichneten Bestrebungen gemeint —, und nur die paar hundert Judenschulen und das Dutzend Dissidentenschulen brauchten dann nicht mehr zu bestehen, wenn die Christenschule dem Reformjüden leistete, was er für seine Kinder haben will. Man hat in diesem Sommer erlebt, was jeden Preußen und Bewohner der Hauptstadt schamroth machen könnte, daß Männer der Wissenschaft und der Verwaltung, weil Ein Geistlicher eine minder besonnene Aeußerung that, die auf eine wissenschaftliche Unkenntniß oder Befangenheit in der Astronomie und auf eine kleinliche Art der Auslegung der heiligen Schrift schließen ließ, in hochtönigen Protesten gegen die Einwirkung der Kirche auf die Schule und sogar über die Absicht, ein neues Kirchengesangbuch den Gemeinden zur Annahme vorzulegen, sich ergingen. Es waren dies Staubwolken des kreisenden Berges, hinter denen schließlich die geborene Maus komisch zum Vorschein kam. Daß unsere Schulen nach wie vor in fast ganz katholischen Gegenden katholische, in fast ganz evangelischen Bezirken evangelische, in beiden Fällen aber christliche bleiben werden, ist von der Intelligenz der Behörden und dem gesunden Sinne der überwiegenden Zahl der Bevölkerung zu erwarten; ebenso wird unzweifelhaft auch ferner eine Einwirkung der Kirche durch die Geistlichen auf den Religionsunterricht in den Schulen, auf dem Lande wohl auch im Interesse des Staates auf den übrigen Unterricht, bestehen. Auch die Volksvertretung wird kaum darin etwas ändern wollen oder zu ändern vermögen. Man pflegt auf die sogenannten Schul-Regulative zu weisen, um den engherzigen orthodoxistischen Geist zu bezeichnen, in welchem der Religionsunterricht in unseren Volksschulen und die Bildung unserer Elementarlehrer gehandhabt werden. Es mag sein, daß einiges Beiwerk in der Fassung dieser Regulative, welches mehr einem Bekenntniß der Schulbehörde zum Christenthum im Sinne der Reformatoren, als der Phraseologie ähnlich sah, in welcher die der jetzigen vorausgegangene Phase in der Leitung unseres Schulwesens zu klingeln pflegte, auch hätte wegbleiben können, um die kitzlichen Ohren derer zu schonen, welchen jene Redeweise ungewohnt geworden. Aber wenn Jemand diese Regulative liest, so kann er aus ihnen nur

zwei wesentliche Principien herausfinden, das erste, daß die Volks=
schulbildung eine christliche auf die Bibel sich gründende sein und
bleiben müsse, das zweite, daß der Lehrer nicht den Unterricht
beliebig erweitern dürfe, sondern derselbe in concentrirter Einfach=
heit auf das der Fassungskraft und dem Gedächtnißvermögen der
Kinder, besonders auch derer in den Landgemeinden, Angemessene
beschränkt werden müsse. Beide Grundsätze sind richtig und be=
währen sich so, daß, wer preußische Volksschulen, wie sie durch=
schnittlich vor der Anwendung dieser Regulative waren und wie
sie seitdem geworden sind, aus eigener vielfacher Anschauung
kennt, wie der Verfasser, die fernere Durchführung derselben nur
bringend wünschen und, wo es nöthig wäre, anrathen kann. Daß
man bei der Bildung der Seminaristen nicht in eine das von
ihnen künftig zu Lehrende in weitem verschwommenem Umkreis
umgebende allgemeine Wissenssphäre eingeht, wie es vordem ge=
schah, sondern in der Nähe des praktisch Anwendbaren bleibt und
nur demselben eine feste Unterlage gibt, das kann doch wohl kein
überlegender Mann, der in die Lage des Dorfschullehrers einen
Einblick hat, der leitenden Behörde zum Vorwurfe machen; er
muß es vielmehr loben und nur bedauern, daß nicht auch das
ganze Leben des Seminars den Zögling in der Sphäre erhält,
welcher er künftig angehören wird, daß es nicht im Dorfe unter
den Dorfbewohnern, und zwar in kleinerer Anzahl der Semi=
naristen steht. Das sogenannte „Verbot der deutschen Classiker“
besteht bekanntlich in Wahrheit nur darin, daß als die anzu=
rathende Lectüre der Seminaristen nicht Schiller und Goethe,
nicht Wieland und Herder, sondern solche Bücher empfohlen sind,
die dem Lehrer nicht seinen demüthigen Lebenskreis im Voraus
verleiden, vielmehr ihn in denselben geistig emporheben und hei=
misch darin werden lassen. Daß auch die Classiker deutscher Na=
tion nicht wie Gift vor ihnen verwahrt werden, zeigen die Lese=
bücher, in welchen dieselben vielfach vertreten sind. Aber man
denke sich den angehenden Schulgehülfen mit Schillers Räubern
im Kopfe, oder den Filialschulmeister mit Goethes Wahlverwandt=
schaften im Herzen! Möge man erst die Dinge, um die es sich
handelt, denken, ehe man verurtheilt. Wie viel besser wäre es,
wenn die öffentlichen Blätter, statt der Schulverwaltung ihre saure

Aufgabe durch beständige mißtrauische Angriffe zu erschweren, sie vielmehr dazu stärkten, preußische Schulbildung auch da möglich zu machen, wo, wie in Preußen, Posen, Schlesien, so oft die Kinder einer halben Quadratmeile in Eine Schule gewiesen sind, die sie kaum besuchen können, oder wo unter den Polen die deutsche Bevölkerung aus Mangel an Schulen halb verkümmert.

Wir fragen wieder ohne Selbstüberhebung, wo denn auch nur annähernd eine Volksbildung und eine so weite Verbreitung der gelehrten Bildung sich finde, wie in Deutschland, wiederum Würtemberg (etwa nebst Sachsen) hinsichtlich der Elementarschule und Preußen hinsichtlich aller Schulen an der Spitze? Von Italien, Spanien, Rußland nicht zu reden, wann hat England jemals eine Volksbildung erzielt, wie die deutsche? Daß es, um diesen Mangel endlich nachzuholen, erst zu den freiwilligen Sonntagsschulen hat greifen müssen, ist bekannt. Aber wie können sie jemals die Wochenschule und die Nöthigung zu deren Gebrauch für Alle ersetzen? Und wenn endlich der Staat zur Einsicht kommt und, um öffentliche Volksschulen zu schaffen, sich der Auskunft, religionslose, neutrale Schulen zu schaffen, bedienen muß, so ist dies ja bei ihm die Wirkung der Zerrissenheit des Volkes in die vielen kirchlichen Gemeinschaften. Sollen wir bei uns ohne diese Ursache dennoch die Wirkung einführen? Und Frankreich — wie weit steht es gegen Deutschland in diesem Gebiete des Volkslebens zurück! Auch hier wird also die germanische Mitte Europas als die am weitesten in der Arbeit des Erdtheils vorgeschrittene zu erkennen und als Muster für die übrigen Nationen zu betrachten sein.

Es ist auf dem Felde der Wissenschaft nicht anders, als auf dem des Jugend-Unterrichtes. Mag man unseren Universitäten Manches vorwerfen, von den englischen Einrichtungen Manches auch auf sie Anwendbare empfehlen können, das Eine wird ihr Ruhm bleiben, daß sie der wirklichen Wissenschaft dienen. Wie wird der englische Advocat und Richter gebildet? Wir kennen den Weg der Abrichtung, das äußerliche Gesetzeswesen, den ganzen statutarischen Kram und die Unmöglichkeit, darin der Idee, dem Gedanken, die doch allein auch in Anwendung auf die Praxis befriedigen können, Weg und Bahn zu lassen. Wie erhält der

Geistliche seine Ausbildung? Die Universität gibt ihm die Vor-
bildung in Philologie, Mathematik und dergleichen, aber seine
Theologie sucht er sich selbst zusammenzuschaffen, und zwar nach
traditioneller Weise in sogenannten standard books, und im Schrift-
studium wiederum nach den Aussprüchen angesehener Ausleger. Die
praktische Tüchtigkeit der Geistlichen der Staatskirche in England ist
nicht selten bewunderungswürdig, aber wissenschaftlich, echt theologisch und daher gegen den Irrthum schlagfertig, wie sind sie dies
so selten! Die Methodisten, die Baptisten reichen aber noch nicht
einmal an sie heran. Nur die Independenten, vornehmlich aber
die Schotten, deren Universitätsstudium dem unsrigen sich nähert,
leisten hierin Besseres. Man kann die deutsche Universitäts-
bildung für den Theologen, wie sie durchschnittlich ist und wirkt,
zu überschätzen sehr weit entfernt sein, sogar dem deutschen Geistlichen den englischen in praktischer Hinsicht zum Muster stellen
und dennoch Deutschlands Ueberlegenheit in diesem Felde fest behaupten. — Die Sprachwissenschaft, die Kenntniß des Alterthums
und des Orients ist in England und Frankreich heutzutage, so
weit sie der deutschen eines G. Hermann, O. Müller, A. Böckh,
J. Bekker, eines Ritschl, Meineke, Lachmann, Kirchhoff und
Haupt, der Gebrüder Grimm, eines Bopp, Weber, eines Gesenius,
Ewald, Fleischer, Rödiger, Brockhaus irgend die Waage halten
kann, fast nur durch deutsche Absenker gepflanzt, und hier wie in den
orientalischen Dingen haben die Engländer nach ihrer Weltstellung
das reichste Material gesammelt, die Deutschen aber es durchgearbei-
tet. Wenn man die Sammlungen des British Museum, des East
India House (in welchen der Verfasser die indischen Manuscripte auf
Palmblättern in einer Kammer wie Kartoffeln aufgeschüttet fand)
anschaut, so staunt man über die Ueberfülle des Stoffes, und eben
diese stoffliche Natur ist in der englischen Wissenschaft durchaus
zu finden. Aber die französische Ordnung und Eleganz ist nicht
das rechte Gegenbild, denn ihr fehlt wieder die gründliche, reich
ausgestaltete Mitte zwischen Stoff und geistigem Resultat, diese
gewaltige Arbeit, wie sie der deutsche Geist vollbringt.

Wenden wir uns nach der Seite der Kunst, wer wird verkennen, daß der Reichthum Englands dort die Schätze derselben
einträgt und vertheilt, daß in Frankreich die Herrlichkeit des

Louvre mit seinen Eroberungen aus allen Landen weithin strahlt? Aber was haben beide Culturnationen hervorgebracht, das unseren Holbeins und Dürers, unseren Niederländern, unseren Mengs, Cornelius und Schadows, Bendemanns und Lessings an die Seite zu stellen wäre, und wo findet sich außer dem Louvre ein Juwel wie die Gallerie zu Dresden? Wir könnten Vieles reden über die Art der gegenwärtigen deutschen Kunst, und wollen nicht behaupten, daß sie ein so mächtiger Strom sei, um dem Auslande lebendige Befruchtung zu bringen. Doch werden wir wenigstens sicher sein, in der Musik unseren Bach und Händel, unseren Haydn, unseren Gluck, Mozart und Beethoven nur nennen zu dürfen, um sofort die Anerkennung zu haben, daß Deutschland höher dasteht, als irgend eines der jetzigen Culturländer in ihrer neueren Zeit.

Wenn wir demnach auf allen rein idealen Gebieten des Lebens für Deutschland den unbestreitbaren Vorrang ansprechen müssen, so wird es nicht nöthig sein, etwa auch auf dem Gebiete der exacten Wissenschaften eine Betrachtung darüber anzustellen, in wiefern selbst hier Deutschland die mächtigsten Anstöße hat ausgehen lassen, wie unsre Copernicus, Kepler, Huyghens, Tob. Meyer, Gauß, wie unsre Abraham Werner, Leopold v. Buch, unsre Weiß, Mohl, Rose, Alexander v. Humboldt, Ehrenberg, Carl Ritter, unsre Weber, Klaproth, Bunsen, Kirchhoff, Kopp, Wöhler, Liebig, Mitscherlich, unsre Blumenbach, Rudolph Wagner, Johannes Müller, Hyrtl, Virchow, Dubois-Reymond, Helmholtz (wir greifen die Namen aus einer ganzen Milchstraße heraus) mindestens ebenbürtig den größten Namen Englands und Frankreichs an die Seite treten. In diesem Gebiete den gleich ehrenvollen Wettstreit den drei großen Culturnationen und selbst den kleineren romanischen und germanischen Völkern zugestehen, heißt immer noch nicht, die Ehre und das Recht Deutschlands in den Schatten stellen.

Treten wir auf das Gebiet der socialen Wissenschaften und der socialen Bestrebungen über, so stand zwar England erst allein mit seinem Jeremias Bentham, der aber den Staat auch nicht tiefer, als auf der Oberfläche des Nutzungszweckes zu verstehen wußte; aber welcher Ernst ist in Deutschland neuerdings den Social-Wissenschaften zugewendet worden? Welche Selbstanschauung hat uns Riehl in seinen meisterlichen Werken von „Land und Leuten" an bis zu der „deutschen Arbeit" gewährt, und wie sind wir in umfassenden Werken und in Specialschriften durch unsere National-Oekonomen und Statistiker (wir nennen nur Hoffmann, Dieterici, Engels, Schubert und wieder Roscher, Hansen, Rau, O. Mangoldt) auch in der Entwicklung klarer Erkenntniß begriffen. Mit vollster Energie hat Deutschland sein Denken und Schaffen dieser Lebensseite zugewendet, und es kann nicht bezweifelt werden, daß die Arbeiten und Errungenschaften von Schulze-Delitzsch und selbst die Lassalle's, so gefährlich die letzteren in dem abstracten Ansprechen des Staates zur Selbstvernichtung in den Händen einer atomistischen Majorität auch sind, doch ein ganz anderes Resultat zu liefern im Stande sind, als die Träumereien eines Owen, eines St. Simon, Fourier und die kruden Begriffe eines Proudhon. Und wie ganz anders geht in Deutschland, und zwar im katholischen wie im evangelischen, in letzterem zuerst und am innerlichsten, die eine ganze Welt von Thätigkeiten umfassende „innere Mission" diesen Bestrebungen heilend und bewahrend zur Seite! Die große sociale Frage, wie sie gerne genannt wird, ist in voller Arbeit bei uns, und Staatsmänner und Reichstage, Landtage und Vereine greifen sie mit energischem Willen an. Nicht minder aber wird die Erkenntniß gefördert, daß weder die Gesetzgebung, noch die Selbsthülfe der Arbeiter allein, sondern nur die ernstliche und allseitige Bethätigung der Kräfte des Evangeliums mit ihnen zusammen die Hydra überwinden können, die in dem schrecklichen Pauperismus und dem jammervollen Proletariat ihren Rachen gegen die heutige Gesellschaft öffnet. Wo sind in Deutschland die Ikarien und die Phalanstères, mit welchen an anderen Orten große Uebel mit kleinen Mitteln geheilt werden wollten? Es fällt uns nicht ein zu behaupten, daß die Frage bei uns praktisch gelöst und das Paradies herbeigeführt sei, auch wollen wir nicht leugnen, daß wichtige Theile ihrer Lösung bei uns noch nicht einmal sehr tiefgreifend erfaßt worden seien, daß England in der Frage der Sonntagsruhe uns vorangeeilt sei und daß noch heute eine der schwersten Krankheiten unseres Volkslebens mit einem concreten Namen sich bezeichne, nämlich die Sklaverei der Arbeit.

Hier ist erst Freiheit zu erwerben, selbst erst die Sehnsucht nach Freiheit zu wecken, ehe dem Sklaven der Druck seiner Kette recht fühlbar wird. Und nicht in den Fabriken allein ist diese Unfreiheit zu suchen, dieser schnöde, zermalmende Mammonsdienst des Capitals, der die menschlichen Existenzen zerreibt, die Familien vernichtet, den Geist verstumpft und den Sinn für das Ideale, das Ewige, die Nährung der heiligen Flamme des zu Gott sich emporringenden Menschengeistes abtödtet. Ebenso in den Schenken, den Kaufläden, auf den Comtoiren, in den Schreibstuben sind die armen Opfer dieses Götzen versteckt und die Seelen eingemauert, die nach Luft des persönlichen, in Gott gestillten Lebens schmachten. So lange die Staatsnutzung nur die physischen Kräfte und die Ertragsfähigkeiten auch der Zukunft bei ihrer Wirthschaft berechnet, so lange die Finanzthätigkeit nur die Zahlen ihrer Einnahme auf dem Gebiete der Domänen und der Forsten in Rechnung bringt, ohne die Zahlen auf der Seite der Justiz und der Strafanstalten, welche die stetig wachsende Verschlechterung von Tausenden füllt, in richtigen Abzug davon zu bringen, so lange der Landwirth die unsterbliche, zur Ewigkeit geschaffene Seele des Tagelöhners nicht in Betracht zieht, und überhaupt mit den sittlichen Größen des Volkslebens nicht eben so entschieden gerechnet wird, als mit den physischen, bleiben wir immer verblüfft vor der ungelösten Frage stehen und mögen immerhin über den Ad.l, seinen Werth und seine Würde, seine Reconstruction und seinen möglichen Segen für die Gesellschaft, über die Pflichten und Leistungen der höheren Stände, über die beste Vertheilung der Lasten und Rechte treffliche Dinge sagen*), eine eigentliche Wirkung wird doch dieses Alles nicht thun, ehe in diesen Dingen die That, die selbstverleugnende, ausdauernde, zugleich die sittlich erziehende That sich einsetzt, die einzige Kraft, die unwiderstehlich zum Ziele bringt. Hier aber gilt es nicht das blen=

---

*) Wie: Die Stellung deutscher Standesherren seit 1866. Berlin 1868., und selbst eine Frau, neben manchen Ueberschwänglichkeiten doch oft sehr schön: Gräfin Poninska: Grundzüge eines Systems der Regeneration der unteren Volksclassen durch Vermittlung der höheren. Leipzig 1854. B. 1. Auch manches gute Wort in: von Lavergne-Peguilhen: Die conservative Sociallehre. Berlin 1868. Heft 1.

bende und rasch verschwindende Meteor einer Einzelthat, die zu hoch fliegt, um nachgeahmt zu werden, und die auch durch bloße Nachahmung nicht wirken würde, sondern es gilt die Gesammt= that. Wo aber ist das Gebiet der Gesammtthaten, als auf dem der Einheit im Verschiedenen, des organisch lebendigen Zusammen= schlusses im Mannigfaltigen, mit einem Wort, der Allgemeinheit bei voller persönlicher Besonderheit, also auf dem Gebiete der im Glauben an Gott freien und doch gebundenen Persönlichkeit. Dieser germanische, dem innersten Leben unserer Nation so we= sentliche Zug ist doch, man mag von der Kirche und der Dar= stellung und Behandlung der Religion in ihr noch so ungünstig denken, noch so viel an ihr vermissen und zu bessern und umzu= gestalten haben, das von ihr gepflegte heilige Feuer, das erst in weiter Flamme wieder durch unser Nationalleben schlagen muß, ehe wir auch auf dem sittlichen und socialen Felde unsere Arbeit mit sicherem Erfolge thun und uns als das schlagende Herz Europas erweisen können.

Mag die Kirche dann, wie Rothe einst weissagte, im Staate aufgehen; dieser Staat ist nicht mehr die Gemeinschaft, welche die ewigen Güter bei Seite wirft, um der zeitlichen froher zu werden, er ist dann der die Kirche oder wenigstens ihren le= bendigen Inhalt in sich tragende, er ist der zum Reiche Gottes auf Erden vollendete und verklärte Staat. In ihm mag die Kirche wohl aufgehoben werden, sie kann es aber nur in dem bekannten Sinne Hegels von tollere et servare, sie wird stets in ihm als lumen occultum wirken, und das Licht, wenn es latent vorhanden war, wird auch wieder zu seiner Stunde auf= leuchten, und der Staat wird als ein solcher echter Kirchenstaat die Kirche immer neu wieder aus sich hervorbringen. Sie wird also eben nicht aufhören, wenn auch ihre zeitliche Gestalt ver= wandelt wird, sondern sie wird ihre Aufgabe erfüllen, und es wird eben der unvergängliche Glanz der germanischen Welt= geschichte sein, nicht eine vorüberschwindende Zeitgestalt zur ab= schreckenden Lehre etwa für die neue Welt jenseits der Meere ge= schaffen zu haben, sondern sie wird bleiben, bis das Weltgericht Europas hereinbricht und, wie uns geweissagt wird, wieder ein= mal die jetzigen Festländer zum Meeresboden werden und der

jetzige Meeresboden neue Continente emporhebt, um die großen
Schöpfungs = Epochen auch über die Zeit der jetzigen Menschheit
hinweg sich erneuern zu lassen, oder aber bis durch die Weltgluth
unseres Sonnensystems „die Elemente", wie St. Petrus schreibt,
„vor Hitze zerschmelzen." Das: wie lange? ist aber eine uns
nicht angehende Frage. Ihre Antwort ruht in Gottes allmäch=
tigem Willen. Wir aber leben unsere Zeit, und daß wir die
europäische Aufgabe derselben in unserer nationalen Besonderheit
und in der handreichenden Gemeinschaft mit den übrigen Cultur=
völkern erkennen, und in voller Arbeit, die Hand am Pfluge, die
Stimme Gottes hören, der Jeden zu seiner Stunde vom Schau=
platz ruft, daß wir in Demuth groß und in hohem Sinne be=
scheiden und demüthig bleiben, weder vor der Größe und dem
Glanz der Aufgabe zurücktreten, noch zu eng werden, um Himm=
lisches und Irdisches zugleich in uns zu erleben und zu verar=
beiten: dies ist die Forderung auch der gegenwärtigen neuen
Epoche in der Geschichte Deutschlands und — Europas.